U0840251

现代终身教育体系论

中国终身教育发展的路径与机制

吴遵民 等著

Theories on the modern lifelong education system-development approaches and mechanisms in china

上海人民出版社

全国教育科学“十二五”规划2015年度国家重点课题
项目编号　AKA150013

课题组名单

课题组组长、首席专家：吴遵民

课题组副组长：张宝辉　邓璐

课题组成员：

吴冠军　黄　欣　松口武雄（日）　末本诚（日）

赵长兴　李正连（韩）　张翠珠　贝文力

赵　华　马丽华　国卉男　张　咪

目 录 CONTENTS

序 PREFACE

遵民教授主持2015年国家社科基金重点课题“中国终身教育体系构建的路径与机制研究”的研究成果即将付梓，我感到十分高兴，在此并向遵民教授表示衷心的祝贺。终身教育是当代世界教育变革进程中最具生命力的新的教育理念。它是在人类社会从工业经济向知识经济转变的大背景下，传统学校教育已经不能适应人的自身不断发展和社会深刻变革要求的基础上提出并不断发展的。终身教育理念的提出也是对教育本质的回归，教育是促进人自身发展提高的必要途径，也是人的权利。终身教育与传统教育的最大区别就是教育成为社会成员普遍参与和终身学习的活动。终身教育体系的构建不仅从制度、环境和组织等方面对公民学习和受教育的权利提供切实保障，而且有利于帮助广大学习者根据自己的志趣和需要，不间断地获取和更新知识，提升个人的素质和各种能力，促进自身的全面发展，以适应社会和自身发展的需求，实现人在追求美好生活和推动社会发展进步中的宝贵价值和巨大潜能。终身学习体系的构建将为实现人类最美好的“人人皆学、处处有学、时时可学”的学习型社会理想奠定重要的基础。

现在，我们国家已经进入了一个新的伟大时代，举国上下都面临着决胜全面建成小康社会、提升国民整体素养以及满足个体多样化学习需求的任务，而这些都有赖于终身教育体系的构建及其作用的发挥。建设终身教育体系既是教育和社会发展最伟大的创举，也是一项庞大而复杂深刻的系统工程，不仅需要从顶层进行设计和规划，从政策法律层面予以保障和推进，全方位深入调动社会各个层面的积极性；而且需要从育人的视角来重新审视社会的各类设施与活动，尤其是以促进人的全面发展及精神素养的提升来重新梳理各类教育之间的关系，并通过制度的变革创新来实现教育服务于人民、服务于国家的战略发展目标。

我从 20 世纪 90 年代开始关注我国终身教育体系构建的问题，这一方面来自终身教育思想在中国的快速传播和实践探索，另一方面也来源于国家高度重视人才、发展经济和促进社会进步等重大战略部署和方针制定的要求。特别是由于我国推动终身学习的实践与一些发达国家比较，相对来说起步比较晚，如何科学、准确认识终身学习的理念及其对教育和整个社会发展的重要作用还存在不少误区，认识也有待学习和提高；对如何以终身教育理念改革传统的学校教育制度，培养学生自主学习的兴趣和能力；如何大力发展和建立学校后继续教育的制度；如何促进和加强学习型组织和学习型社区的建设；如何通过运用信息技术和制度创新推进全民终身学习、落实教育公平的理念以及如何有效满足社会公民个性化的学习需求等，都还处于酝酿和研究探索的阶段。21 世纪初，我在过去从事中国教育发展战略，特别是中国教育结构体系研究的基础上，把研究的重心放在了终身学习领域，深入探讨与研究我国构建终身教育体系与建设学习型社会的理论、发展战略、实践探索和有关制度建设等重大命题。我在对终身学习某些重大理论和实践问题研究的基础上，于 2006 年 6 月、2010 年 9 月和 2015 年 3 月，先后编著出版了《跨进学习社会——建设终身学习体系和学习型社会的研究》《建设学习型社会的重要支柱——中国继续教育的发展》《视野　战略　实践——郝克明终身学习研究文集》，并于 2015 年接受教育部社会科学司委托，研究编写了终身学习科普读物《让学习伴随终身》，于 2017 年 1 月出版。这些研究成果都由高等教育出版社出版，受到了教育和社会各界以及国家教育领导部门的关注、重视和鼓励，所提的一些观点和政策建议被吸收到“国家教育改革和发展纲要（2010—2020）”等重要决策中。这些都说明国家和社会对在我国研究终身教育体系和学习型社会的重视。我深深感到我和我的团队所做的这些研究成果还是很初步的，许多问题还需要从理论和实践的结合上进行更深入的思考和研究。我也清醒地认识到国家和社会对我在终身学习领域某些研究成果的鼓励是抛砖引玉，以倡导和鼓励更多的专家和研究工作者参与到与我国广大社会成员以及国家前途命运息息相关的终身教育体系与学习型社会建设的研究和实践的伟大事业中来。

在我国教育和社会发展正处于新的重要战略机遇期的今天，我非常欣喜地收到了华东师范大学教育学部吴遵民教授关于中国终身教育体系构建的研究报告。吴遵民教授也是我们中国教育发展战略学会的常务理事、终身学习专业委员会学术委员会副主任。他的这份研究报告来源于三年前国家在制定"十二五"规划时再次将终身教育体系构建的问题列为国家重点课题，当时我就期待着有更多的学者能在这一领域继续进行深入探索。吴遵民教授的成功立项，说明他在终身教育理论研究与实践推进方面具有着深厚的功底。遵民教授也是我在终身教育领域一直关注的一位学者。他在终身教育、社区教育领域的研究成果颇丰，尤其是他长期的留学背景，使其具有非常宽广的国际视野与扎实的学理基础。我相信他一定能从不同的视角，通过扎实的研究，为进一步提出促进中国终身教育体系成功构建的路径与机制，作出重要的贡献。

从遵民教授和他的研究团队已经完成的研究成果来看，该研究立意很高，内容丰富。此项研究既扎根中国的终身教育实践，又不乏对世界各国终身教育体系构建的重要经验进行梳理、分析与比较。尤其可贵的是，这一研究还着重对为什么要推进终身教育以及为什么要进行体系构建的问题进行了哲学思考。改革开放四十年来，中国教育发展取得了辉煌成就，在教育思想理论与教育实践探索方面，终身教育的研究与实践都作出了自身独特的贡献。终身学习理念在神州大地正逐步深入人心，终身学习实践也取得了积极成果，涌现出一大批学习型社区、学习型组织和学习型城市的先进典型，人人、时时、处处皆学的良好社会氛围正在逐步形成。特别值得提出的是，终身学习思潮与日新月异的科学技术发展结合，正在酝酿和引发当代教育领域从教育理念到教育内容、模式和方法的深刻变革，将对中国和世界教育的发展产生极为重要的影响。同时，我们也必须看到，我国终身教育的发展现状，与广大学习者对它的要求和期待以及社会发展对教育发展提出的新要求，还有很大的差距。遵民教授在调查研究的基础上，从理论认识、立法保障以及在管理体制上缺乏跨部门的对终身教育特别是继续教育的领导和协调机构，导致对各种教育资源整合与协调推进相对无力等方面所面临的现实困境与存在的突出问题，做了非常中肯和深刻的分析，这对推进终身教育体系的构建与健康发展具有重要的参考价值。

“伟大梦想不是等得来、喊得来的，而是拼出来、干出来的。”终身教育理论与实践的发展虽“已走过千山万水，但仍需跋山涉水”。摆在我们面前的使命和任务将更为艰巨和光荣。我衷心期待吴遵民教授所领衔的研究团队能在终身教育领域继续深入耕耘，奋斗创新，不断通过理论的先导研究进一步引领实践层面的改革，也期待更多的专家学者和教育工作者进一步凝聚智慧与心力，攻坚克难，砥砺奋进，共同为我国终身教育体系的构建和学习型社会建设的伟大事业不懈奋斗，作出新的更大贡献。

郝克明

2018 年 12 月 30 日于北京

第一章　中国终身教育体系构建的价值基础

第一节　当代中国遭遇的“教育焦虑”

教育，在当今世界的各个阶层中，都是牵涉社会方方面面的核心问题。其在当代中国尤其如此。就在2017年，“减负”“高考集中营”“吼妈”等新名词、新概念先后出现在新闻和社交媒体并激起了现象级的激烈讨论。中国家长们在下一代教育上的金钱与精力的超强投入也已经到了骇人听闻的程度。如从“天价学区房”“租房陪读”“影子教育”等成为社会性热词就能感受到它的热度与烈度。而伴随这种投入的另一面，便是高强度的“教育焦虑”。这种“教育焦虑”，其实最真实、最直接体现的就是孩子对学习的焦虑。

2007年，由北京大学儿童青少年卫生研究所发布的历时三年多的一项涉及全国13个省约1.5万名学生的《中学生自杀现象调查分析报告》揭示：当时中学生每5个人中就有一个人曾经考虑过自杀，其占样本总数的20.4%，而为自杀做过计划的占6.5%。①2014年发表的另一项涵盖全国大多数省份的大样本(2000—2013年间的153 245例)实证研究显示：“青少年中学生自杀意念报告率为17.7%，自杀计划报告率为7.3%，自杀未遂报告率为2.7%”，并且“学习成绩越差，自杀相

① 谭萍、王灿、姜天骐:《中学生自杀现象调查报告:5个中就有1人想过自杀》,搜狐新闻,http://news.sohu.com/20140219/n395245766.shtml, 2017年10月7日。

关行为的报告率越高”。①早先还有一项实证研究也显示,“初中生存在的最严重的焦虑问题便是学习焦虑,检出率为 49.2%”。②《中国教育发展报告(2014)》显示,2013 年媒体上关于中小学生自杀的报道共计 79 例,其中自杀率从小学六年级开始攀升,初中最高,高中次之。2017 年新春开学之初,上海市初中生三天三起跳楼自杀事件,惊动了新闻与社交媒体。③正是在这样的背景下,时任上海市委书记的韩正提出,必须要为学生“减负”,并强调要正视如下现象:“孩子们的上课时间、做功课时间,已经远远多于大人的上班时间。”④

其实,“教育焦虑”还并不只是落在孩子的身上,家长自身亦充满极度焦虑,并且,孩子的焦虑很大程度上恰恰是家长焦虑的产物,其在同时亦刺激着家长焦虑的进一步加剧。2017 年 12 月,人工智能教育平台“阿凡题”基于其线上近亿注册用户与线下近百家实体店用户的调研数据,发布了互联网的教育大数据报告——《中国中小学写作业压力报告》,数据显示中国中小学生写作业的时间一般比全球平均水平长达近 3 倍,而 91.2%的家长都有过陪孩子写作业的经历,78%的家长则每天陪写。换言之,陪写作业已经成为影响中国家长幸福感的主因:每天上班、陪作业无缝衔接,使人身心俱疲,并且 75.79%的家长和孩子因写作业发生过矛盾。⑤ 根据东方网报道,“秉承着‘一陪成学霸,不陪成学渣’的原则,家长们纷纷对孩子进行 360 度全方位无死角一对一的 VIP 辅导,可是孩子不自觉、做功课动作慢、思想不集中,而妈妈们‘好好说话’的基本没用,讲话一般靠‘吼’,这也成为很多家有学生娃家庭的晚饭后常态。”该报道中,精神心理科医师在接受采访时谈到,“家长发现孩子因学习压力大及焦虑压抑而来医院进行心理疏导的,现在已经

① 董永海、毛向群等:《中国中学生自杀相关行为报告率的 Meta 分析》,《中国学校卫生》2014 年第 4 期,第 535 页。

② 曾雪梅:《中学生焦虑状况的实证研究》,《教学与管理》2009 年第 6 期,第 39 页。

③ 孙庆玲:《初中生自杀个案警醒:生命该如何“教育”》,人民网,http://edu.people.com.cn/n1/2017/0327/c1006-29170255.html, 2017 年 10 月 7 日。

④ 《韩正关心学生减负:孩子们太苦了,要真正减轻课业负担》,新华网,http://www.sh.xinhuanet.com/2017-01/16/c_135984973.htm, 2017 年 10 月 7 日。

⑤ 《阿凡题〈中国中小学写作业压力报告〉,告诉你什么是亲子关系最大杀手》,中国大数据,http://www.thebigdata.cn/ITDongTai/35233.html, 2018 年 1 月 9 日。

成为一个普遍现象”。并且，“有的家长带着孩子前来就诊，但发现他们的焦虑情绪明显比孩子更严重”。[①]换言之，**在当代中国，“教育焦虑”已经同时发生在孩子与家长身上，并且互为影响、互为加剧**。

家长的“教育焦虑”，并不仅仅肇因于超长时间的陪写作业。发表于2016年的一项关于中国家庭收入与教育投入关系的实证研究（1981—2009年）揭示了，中国家庭教育投入的增速大于（对于农村家庭而言甚至是远大于）家庭收入的增速，“家庭收入每增加1%，城镇和农村家庭的边际教育投入分别增加1.1%和1.48%”。[②]另一项实证研究则显示，在2013年，“家长的月收入每增加1元，每年在每名子女上的教育花费就增加2.442元”。[③]通过上述两项实证研究的结果来看，我们可以进一步窥测到近几年来中国家庭在教育投入的巨幅增速。可以想见，在当下（2017年）这个数据应还要高于2013年的2.442%。2010年的又一项关于中国个人教育投资风险的实证研究，亦揭示了在2002年中国教育投资的风险值已经“高于大部分欧洲国家”，“中国个人教育投资具有相对低收益、高风险的特征”。[④]在十五年后的当下，可以想见这个风险值还在远远蹿升。换言之，中国家庭在下一代教育上的超强投入，其实并不能在孩子日后的就业收入中获得预期“回报”，而是必须创痛性地面对如下状况：“完成高等教育后或仍然面临各种类型失业，或为了就业不得不从事不满意的工作，或获得的工作收入远低于预期，由此就出现了与高等教育投资预期存在较大落差的结果”。[⑤]尤其是晚近这些年来大学毕业生就业形势异常严峻，高学历低就业的现象十分普遍，很多大学生甚至面临“毕业就失业”的状况。这种日益蹿升的“高投入低回报”的现状，才是当代中国

① 刘轶琳、熊芳雨：《“吼妈”吐槽陪读辛酸史，“牛蛙”家究竟怎么教作业？》，东方网，http://sh.eastday.com/m/20170925/u1ai10882319.html，2017年10月7日。

② 周红莉、冯增俊：《恩格尔定律下中国家庭收入与教育投入关系的实证研究》，《当代教育科学》2016年第3期，第47页。文章指出：“1981—2009年间，城镇家庭教育需求的收入弹性系数为1.10，农村家庭为1.48，代表着随着收入的增加，城乡家庭的教育投入能力也在增加，而且增速大于收入的增速。”

③ 谷宏伟、杨秋平：《收入、期望与教育支出：对当前中国家庭教育投资行为的实证分析》，《宏观经济研究》2013年第3期，第73页。

④ 刘丽芳：《个人教育投资风险实证研究与国际比较》，《清华大学教育研究》2010年第3期，第105页。

⑤ 马文武、李中秋：《我国高等教育个人投资风险影响因素分析》，《创新》2017年第4期，第71页。

“教育焦虑”的更深层次肇因(cause of anxiety)。

无可争议的是,当代中国教与学的实践,基本都是围绕以高考为核心的诸般升学考试而展开的,而其最终目的,则落在就业上。当代中国家庭在教育上同其收入“不成比例”的巨额投入,事实上是被理解为对未来的“投资”。而用日常生活用语来看,硬扛高负荷(孩子家长的双重负荷)而成为“学霸”的目的又是为了什么?答案很明显,就是为了高考。那么高考又是为了什么?是为了进入“名校”,以便日后找到好工作。然而问题恰恰在于:在现时代的中国,高校已经越来越不能有效地帮助毕业生应对随之面临的挑战。这样一种现状,无疑已经实质性地导致了当代中国教育在投资上的高风险值。对于这种状况的产生,我们可以分析出一组细部的并有望通过政策调整加以克服的社会肇因,如高校扩招、教育过剩、用人成本奇高等。然而,它又有两个很难克服的根本性的时代肇因。

肇因之一,是**知识的迭代更新越来越快**,在大学中获得的知识,毕业时已是大多趋于陈旧。当代中国高校的激励模式,已经致使科研能力强(意味着持续保持自身知识更新)的教师不愿意投精力于教学,而大量站在教学岗位第一线的教师们的知识结构,则往往还停留在他们自己当年的求学期。在现时代的中国,大学生在课堂上获取的知识,已远远不足以用来应对快速变化的社会。快速推陈出新的时代关键词(“共享经济”“区块链”“物联网”……),使得大批高等院校毕业生转瞬间就成为了“知识性的失业大军”。正是在这样的背景下,罗振宇等人提出了“知识焦虑”这个热词。[①]换言之,极其反讽的事实是:经历十几年的“教育焦虑”而最后闯出来的高校毕业生,却仍然深陷于“知识焦虑”的漩涡之中而不能自拔。

两位当代教育研究者曾写道:

> 在农民工与大学生之间,隔着一张学历证书,即高等教育。而高等教育是一种投资。如果毕业即失业,或者低工资就业,则意味着投资失败。那些

---

① 罗振宇:《逻辑思维:我懂你的知识焦虑》,北京:中国友谊出版公司2016年版。

倾全家之力、举债供读的家庭，如果最后因教返贫，他们难免会怀疑“知识改变命运”的意义何在。①

上述分析成立的前提就是：大学生在学校里所获取的知识，无法为毕业后的人生做好有效准备。在这种情形下，大学可能就会演变成学历文凭的提供者。大学生也面临着深度的知识贫乏，只不过手中持有大学所给予的一张证书而已。

肇因之二，这也可能是更根本性的肇因，即**人工智能的崛起**，它正在快速地挤压人类的就业市场。2017 年 8 月 8 日四川九寨沟发生 7.0 级地震，中国地震台网随即发布由机器人用时 25 秒自动编写的报道，这篇 540 字加 4 张配发图片的稿件介绍了速报参数、震中地形、人口热力、周边村镇、历史地震等大众普遍关注的内容。②25 秒内机器人就完成了数据挖掘、数据分析、自动写稿的全过程，这一事实意味着除了深度调查型记者，目前由为数众多记者所承担的面上的“通稿”类报道很快就将会被人工智能所替代。再一个快速发展的事实是，2016 年无人驾驶汽车已经出现，2017 年阿里巴巴的无人超市也已登陆北京、杭州等大城市，这就意味着司机、营业员等工作正在同步走向式微。而前些年因其员工频繁自杀而丑闻缠身的电子制造业巨头富士康，2016 年开始在中国部署了超过 4 万台的机器人，同时裁员 6 万人。③**人工智能，正在迫使我们进入一种“后人类状况”**，也即在不远的未来，99%的人很快就将变成“无用之人”。甚至连今天还看上去很高大上的医生、律师、股票交易员等工作，人工智能都做得远远比人好。于是不远的将来将没有人再去找医生看病，因为后者比起人工智能医生来说，误诊比例高出太多太多……④而根据赫拉利(Yuval Harari)提供的信息，教师亦正在受到人工智能的尖锐挑战：

Mindojo 之类的公司，正在开发互动算法，不止能教授数学、物理、历史，

---

① 卓光英、徐珊：《“大学生就业难”和“民工荒”问题透视高等教育投资风险》，《武汉商业服务学院学报》2010 年第 2 期，第 32 页。

② 杜峰：《机器人极速编写地震新闻，人工智能成产业升级助推器》，新浪科技，http://tech.sina.com.cn/it/2017-08-16/doc-ifyixias1486233.shtml，2017 年 10 月 7 日。

③ 《富士康裁员 6 万，机器人取代人工大潮已经开始》，凤凰财经，http://finance.ifeng.com/a/20161018/14944376_0.shtml，2017 年 10 月 7 日。

④ 进一步分析请参见吴冠军：《人工智能与未来社会：三个反思》，《探索与争鸣》2017 年第 10 期。

还能同时研究教授对象这个人。这种数字教师会仔细监测我答了什么,花了多长时间。一段时间后,它们就能判断出我个人独特的优缺点,也知道什么能让我精神一振,什么会叫我眼皮下垂。它们可以用最适合我人格类型的方式来教我热力学或几何学,无需担心这种方式并不适合其余的99%的学生。这些数字教师永远不会失去耐心,永远不会对我大吼大叫,也永远不会罢工。①

显然,作为人的教师在教学实践中不可能抵达"数字教师"相同程度的细致、耐心与个性化。至于诸种重复性的教学工作(如讲授知识点、批改作业等),人类教师则更是无法在质和量上同"数字教师"比肩。赫拉利提出的更尖锐问题是:"都已经有了这样有智慧的计算机程序,我为什么还需要学习热力学或几何学?"②

这,就是"后人类状况"对教育的致命挑战。**如果我们即将大量地成为"无用阶级",教育对于我们还意味着什么?** 从这个后人类状况进行反思,今天家长和孩子的双重"教育焦虑",恰恰就成为了"庸人自扰"的象征,即便是在应试教育的赛车道上硬拼成"学霸"乃至"高考状元",这样的人也恰恰最容易成为"智能时代"的无用之辈。那是因为,仅靠死记硬背、大量做题脱颖而出者,是最容易被人工智能所替代的。换言之,越是今天家长老师眼中的"学霸",就越容易最终遭遇"毕业即失业"的尴尬境遇。而"名校光环"(学校作为学历文凭发放机构)这个当下支撑着"学霸"高就业的关键因素,在"智能时代"亦将被边缘化,职场招聘会将会由掌握了相关领域全部知识以及人才选拔要求的智能机器人对求职者进行全方位的测试,这种智能机器人能根据大数据分析评判一个人所具有的知识图谱和能力水平,性格特征与思维方式,职业匹配度与未来发展的前景等,由此提供给用人单位一份详尽而全面的分析报告。那时,名校的光环将现出真实的原形,如果它们只是作为一所学历文凭提供者的高校,其存在的价值和意义也将大打折扣。③

①② [以色列]赫拉利:《未来简史》,林俊宏译,北京:中信出版社2017年版,第282页。

③ 关于"名校光环"贬值的分析,我得益自王竹立:《人工智能时代的教育畅想》,《今日教育》2017年第9期,第13页。

第二节 前人类的“教育终结”迈向后人类的“终身教育”

诚如以上所述，“后人类状况”将不以人的意志而来临。届时，教育有可能出现两种境况：(1)教育的总体性式微；(2)从前人类普通教育的终结迈向后人类“终身教育”(lifelong education)的开始。赫拉利写道：“由于我们无法预知2030年或2040年的就业形势，现在也就不知道该如何教育下一代。等到孩子长到40岁，他们在学校学的一切知识可能都已经过时。传统上，人生主要分为两大时期：学习期，再加上之后的工作期。但这种传统模式很快就会彻底过时，想要不被淘汰只有一条路：一辈子不断学习，不断打造全新的自己。”不过，他也随即警示性地指出：“只不过，许多人，甚至是大多数人，现在还都做不到这一点。”①

当下深陷“教育焦虑”的那一代家长或学生，他们正在创伤性地遭遇着“学霸梦”的破碎，其中 大半是付出了巨大投入但仍做不成“学霸”而梦碎的，另一部分则是成了“学霸”却仍然无法获得预期“回报”的梦碎。对于前一种状况而言，焦虑下的自杀是最创痛性的梦碎形态；而后一种梦碎，尽管较少采取那种决断的形式，但也根本性地因为“教育焦虑”而坠入困境。在这种黑洞式的境况中，他们的梦想亦随着“学霸梦”而一起破碎。于是人们开始对“学习”本身产生怀疑，当不管怎么学习热力学或几何学却都比不过身边作为“教辅工具”的人工智能的机器人之际，那么费心费力的学习还有什么意义？人与人比拼知识储量，即便竞争激烈但仍有指望(少数学霸能够“梦圆”)；而人与人工智能进行比拼，胜出则无限趋近绝望。当“阿尔法狗”(AlphaGo)一路战败人类最出色的围棋棋手并且取胜的过程越来越轻松以后，围棋这项挑战脑力的活动，本身亦将越来越难以再吸引人去投入苦功。柯洁曾表示：“我看过AlphaGo自己跟自己对战的棋谱，简直就像天书一般，因为它算得太远了，我根本看不懂为什么这一步要这么下。”②当人类最优秀的棋

---

① [以色列]赫拉利：《未来简史》，林俊宏译，北京：中信出版社2017年版，第294页。

② 周飞亚、何桂锦：《柯洁：“我是不规则的多边形”》，搜狐网，http://www.sohu.com/a/167611196_565998，2017年10月7日。

手们已经看不懂人工智能对手时，围棋本身也就已经成为了一个“后人类”的赛事了。谷歌最新推出的“零度阿尔法狗”（AlphaGo Zero），其学习能力更为强大，它可以从“婴儿般的白纸”开始只用3天学习并且不接触任何人类棋谱，就以100∶0的成绩完胜曾用好几个月学习大量人类棋谱后才击败李世石的那版“阿尔法狗”。[①]面对“零度狗”，柯洁亦在微博上发出慨叹，人类学习围棋已成为多余。“一个纯净、纯粹自我学习的AlphaGo是最强的，对于AlphaGo的自我进步来讲，人类似乎是多余的了。”[②]围棋的高水准对决，已然彻底把现代人类抛向脑后。

人工智能在就业市场上快速地、整体性地挤压着人类，这亦将成为一个不可逆转的进程。比尔、盖茨（Bill Gates）不久前曾提出，国家应该对机器人收税，企业与政府部门用机器人代替人工作，也要交税。[③]实际上，盖茨正是试图用政治的方式（收税），来延缓人的无用化速度。但是该建议就算是被采用，人的无用化进程究竟能被阻挡多久？答案想必也是不获而解的。**中国家长们把在教育上同其收入“不成比例”的巨额投入理解为是对未来的“投资”，而当投资陷入全面失败时，教育本身则将无可避免地陷入总体性式微的困境**。换言之，当人工智能的“超级学霸”称霸于就业市场时，还有多少人会再像今天那样自小便投身于奥数（或其他课目）并期待成为“学霸”？按照赫拉利的分析，到时候的人将会花大把时间“在3D虚拟的世界里；比起了无生趣的现实世界，虚拟世界能够为他们提供更多刺激，诱发更多情感投入。”[④]

除了面对自身的“终结”以外，教育还有另一个前景，也就是赫拉利认为的现在“许多人甚至是大多数人还没有做到”的“终身教育”。在作为职业的教师在人工智能的挑战下逐渐式微以后，“终身教育”也就意味着“终身学习”（lifelong learning）的开始。简言之，彼时若想要成为一名合格的教师，他/她就首先必须是

---

① 王心馨、虞涵棋：《阿尔法狗再进化：自学3天，就100∶0碾压李世石版旧狗》，澎湃新闻，http://www.thepaper.cn/newsDetail_forward_1828509，2017年10月19日。

② 参见新浪微博“棋士柯洁”，https://weibo.com/2865101843/Fr11Fovym，2017年12月7日。

③ Kevin J.Delaney，“The Robot That Takes Your Job Should Pay Taxes，Says Bill Gates”，Quartz Website，February 17，2017，available at https://qz.com/911968/bill-gates-the-robot-that-takes-your-job-should-pay-taxes/（accessed 7 Oct，2017）.

④ ［以色列］赫拉利：《未来简史》，林俊宏译，北京：中信出版社2017年版，第294页。

终身“学习者”，但在当下的中国，仅有极少数量的教师意识到终身教育的重要，并且自身在力争成为一个终身不懈的“学习者”。

不同于当下的“终身教育”仅仅是意指学校之外的教育形态，而后人类状况下的终身教育，则本身就是取代了学校教育作为**唯一教育形态的实践**。从源自工业化时代开始的现代学校体系是以班级授课制和标准化教材为基础的，但作为集中授课场所的学校，今后必将日渐式微。其实今天课程教学的微课化、慕课化，以及虚拟现代技术及增强现代技术所建立起来的网络虚拟课堂，已然使得实体性的学校遭受到了极大的挑战。罗振宇已经把他推出的“得到 APP”，称作为一所“终身大学”，在该 APP 上已有超过 22 万人订阅了“薛兆丰的北大经济学课”，其也被罗振宇称作是“全世界最大的经济学课堂”。①当不远的未来，身边的教育机器人开始细致地、个性化地为我们规划好学习节奏和方式(取代学校作为教学管理与服务机构的功能)，并且我们能够随时访问人类或非人类教师提供的各个精品课程，那么我们为什么还要不顾路途遥远而跑到实体课堂上来上课？甚至从某种意义上说，今天的大学课堂及教学中所提供的不少“知识”，已经可以直接通过随身携带的人工智能助手而随时快速获取，因此就根本不需要再采取集中化的学习手段，而是通过碎片化的访问便可获得。

故此，教育(终身教育)的形态，就将从实体性的“学校”或“学习中心”，而转变成网络结构形状的，或者用拉图尔(Bruno Latour)的术语来说，是转变成一种“行动者—网络”(actor-network)。②也即唯有时时和网络发生深度互动，才可能不断更新知识的有效方式。在该“行动者—网络”的新形态中，有各种各样人类与非人类的教育者。智能机器人尽管不具有“意识”(consciousness)，但却是具有能动性(agency)的行动者。并且在这样的网络中，**教育者本身就是学习者**，换言之，人工智能既是教育者，同时也是深度学习者；而联结其中的每个人类教师，同样也既是教育者，又是学习者。因此，在后人类时代，要做教育者就必须首先是终身

① 参见“得到”APP 首页及其专栏页。

② Bruno Latour, *Reassembling the Social: An Introduction to Actor-Network-Theory*, Oxford: Oxford Press, 2005.

学习者。教师也不再是一种“职业”,而是网络内的一个实践终身教与学的行动者。

由此可见,在后人类的状况下,作为职业的教师尽管会走向式微,但并不一定如李政涛所描述的,“教师们可以收拾行装走人,另谋出路了……教师的康庄大道从此沉寂进而沦为荒漠古道,最终的去处是人类的‘职业博物馆’或‘职业史教科书’……”①笔者以为,教师这个职业性的“大道”,在转变成时刻在场的终身教育实践的“行动者—网络”中,所有人类与非人类都将转化成教与学的实践行动者,而不是被动的对象或工具。知识,就在各行动者的教与学的实践中相互构建(mutual constitutions)和被生产,甚至被制动(enacted)。

对于当代“深陷焦虑”的中国教育实践而言,这种终身的教与学的实践无疑是十分陌生的。然而,这样一种很“后人类”的终身教育实践,恰恰又是中国古典教育实践的**根本性指向**。如在中国古典的教育视野中,教与学本来就合为一事——也即“教”“学”本身就是一个字。郭店竹简《老子》中的“圣人处无为之事,行不言之教”,这个“教”字就写成了上爻下子,也就是“学”。而“学”字的古代写法则是“斆”,而它正是“教”与“学”的共用字。段玉裁曾解释道:“作斆从教,主于觉人。秦以来去攴作學,主于自觉。”②简言之,“学”与“觉”本来也是同根字,学就是“自觉”,教则是“觉人”。所以,教与学其实指的就是同一个实践。

《礼记·学记》曰:

> 学然后知不足,教然后知困。知不足然后能自反也,知困然后能自强也。故曰:教学相长也。《兑命》曰:“斆学半”,其此之谓乎!③

上述这段名句我们还可以继续结合段玉裁《说文解字注》中“学”的条目来理解:“《兑命》上‘学’字谓教。言教人乃益己之学半,教人谓之学者。学所以自觉,下之效也;教人所以觉人,上之施也。故古统谓之学也。”④斆学半、教学相长,便

---

① 李政涛设想了未来教师拥有的多种素质:“爱商”“数商”与“信商”。参见李政涛:《当教师遇上人工智能……》,《人民教育》2017年第15-16期。

② 段玉裁:《说文解字注》,上海:上海古籍出版社1988年版,第127页。

③ 《礼记·学记》。

④ 段玉裁:《说文解字注》,上海:上海古籍出版社1988年版,第127页。

是指教师必须同时是学者，学者也应当成为教师（教人乃益己）。并且只有做了教师才能学得深。对此，笔者以作为教师的个人体验可以理解为：很多时候自己在课堂上作出的精彩论述，仿佛不是己出（课后会马上打开手机记事本记录下来）。张文江亦谈到相同体验："一旦渐入佳境，发言吐句，往往惊人又惊己。"[①]换言之，老师不是一个超越的、独立的行动者，其能动性恰恰在网络中才能得以成型；而教与学以及一切相关物便构成了一个行动者——网络的结构，而只有在其中通过教学相长方才可能实现。

简言之，在中国古典教育的视野中，教育并非只是成人阶段前的一种特殊实践，而从来就是指向终身教育或终身学习的现实；教与学从来就是一个与生命相伴随并相始终的过程，所谓"路漫漫其修远兮，吾将上下而求索"，说的就是这层意思。[②]以笔者的理解来看，儒家的学说一直体现在以下两个方面：(1)教与学的实践，绝不是被限定在知识与技能的学习上，也不被限定必须发生在学校这个空间内，而是完全溶入日常生活之中，所谓"藏焉修焉，息焉游焉"。[③](2)教与学的实践就是贯穿日常生活之始终的，所谓"十有五而志于学""学而时习""学不可以已""念终始典于学"。[④]而先秦思想中的教与学实践，又不同于汉代以降的"王官学"与隋唐以降的"科举制"。在当代中国"教育投资论"思想引导下的"焦虑"及其衍生的教与学实践，则恰恰是后两者的隔代遗传。

第三节　冲破"表征主义"的终身教育哲学之维

在我们就后人类社会的教育进行了若干分析以后，我们将进一步就如何推进教育实践的批判性分析进行探讨。在后人类的状况下，人类将不再能够把自己视

① 张文江：《古典学术讲要》，上海：上海古籍出版社2010年版，第7页。

② 屈原：《离骚》。

③ 《礼记・学记》。

④ 《论语・为政》《荀子・劝学》《礼记・学记》引《兑命》。

为宇宙中心。故此，这一视角尽管深刻地冲击了人类社会的方方面面，然而它给教育带来的冲击则更加猛烈、更加激进。那是因为它直接挑战了教育实践的人类中心主义的框架(anthropocentric framework)。

众所周知，在古往今来的各种教育思想中，无一例外地把**教育设定为是人类的事业**，并是以人(教师、学生)为核心的实践；所有其他非人类的因素，则都是教与学的背景、语境、工具或对象。再就其哲学基础而言，教育的根本性预设便是“表征主义”(representationalism)，它专指学习或认知，即已经预先设定了的“主体/对象”二元框架。而后人类主义(posthumanism)的思想，则首当其冲就是对表征主义的激进拒斥。①

如前所述，在后人类的语境下，人类与各种非人类的因素便在教与学的实践中构成了一个“行动者—网络”的关系。此处的关键要素是：人并不直接具备获取知识的能动性(所谓“认知主体”)，而是和非人类事物一起在“网络”中获得了能动性，并参与知识创建。换言之，所有事物、人类个体、知识或技能，都是网络中的关系性效应，它们能够“触动”(affect)与“被触动”；他们亦都既是行动者，自身也是传递者(网络)。借用德勒兹(Gills Deleuze)的术语，一切都是“能动性的聚合体”(agentic assemblage)②，它们都在彼此的触动中不断“生成”(becoming)。没有一个“个体”是如自由主义所预设的“in-dividual”(不可分割)；实则上，“所有的生物——从大象到橡树，从细胞到 DNA 分子——都是由更小、更简单的单位所组成，它们会不断组合并分裂”。③简言之，人类或非人类也同样，他们都是经由无数交叉触动而不断处在“形成”中的“聚合体”(网络 + 行动者)：他们自身便是由无数“更小、更简单的单位”互动(触动与被触动)而形成的网络；他们同时亦是行动者，在更大的网络中跟其他行动者进行互动。阿甘本(Giorgio Agamben)在其 2017 年的新著《火与故事》中曾精确地写道：“我们不应将主体思考为一个实体，它只是

① Karen Barad, *Meeting the Universe Halfway: Quantum Physics and the Entang lement of Matter and Meaning*, Durham: Duke University Press, 2007, p.46—59.

② Gilles Deleuze and Félix Guattari, *A Thousand Plateaus: Capitalism and Schizophrenia*, trans. Brian Massumi, Minneapolis: University of Minnesota Press, 1987, p.88.

③ [以色列]赫拉利：《未来简史》，林俊宏译，北京：中信出版社 2017 年版。第 94 页。

形成奔流中的一个**漩涡**。”[①]换言之，人类个体并不先天具有统一性与能动性，后人类主义在哲学上激进地突破人类主义（humanism，汉译多作“人文主义”）的特点就在于这种“能动性”不是先天就有的，而是在行动者与网络的内部通过交叉触动而被制或动的。

当代新唯物主义的代表人物、量子物理学家与哲学家芭拉德（Karen Barad）亦提出过聚合体的“内—行动”（intra-action）概念，它指的是网络内各个纠缠在一起的行动者在物质—话语层面的“互相构建”（mutual constitution）。[②]内行动是行动者—网络框架下的“互动”（interaction），即各行动者之间并不具备先于和外在于网络（聚合体）的独立的存在与能动性，而恰恰是通过彼此间的内行动而互相构建。由此，所有的行动者以及网络都在不断地“形成”中，不断地创始与更新中。从量子物理学的视角出发，我们又可以得出以下结论：

> 发生（emergence）并不一劳永逸地发生，它只是作为根据某种空间与时间的外在尺度而发生的一个事件或一个过程。恰恰相反，时间和空间就像物质和意义那样进入存在，并经由每个内行动而被迭代地重新配置，因此绝不可能以绝对的方式来区分创造与更新、开始与回归、连续性与断裂性、这里与那里、过去与未来。[③]

换言之，世上的一切存在都是在行动者—网络中彼此缠绕在一起，并经由无可穷尽的内行动而不断“形成”及互相构建。人类行动者在行动者—网络中亦不构成任何意义上的例外：每一个“个体”都是由其他人、其他物互相构建而成，并不断变化更新；甚至“个体”本身亦非不可分割之“实体”，而是由身体的内部和外部无数事物之内行动所构成的“聚合体”。

教与学的实践，就是由人类与非人类的物质性—话语性的内行动所构成；而每一个具体的教与学之实践，亦都是内行动地**在地操演**（local performance）。如

---

① Giorgio Agamben, *The Fire and the Tale*, trans. Lorenzo Chiesa, Stanford: Stanford University Press, 2017, p.61, emphasis added.

② Karen Barad, *Meeting the Universe Halfway: Quantum Physics and the Entang lement of Matter and Meaning*, Durham: Duke University Press, 2007, p.33.

③ Ibid., p.ix.

一位教师的能动性(不论这位教师是人类还是非人类),实则是网络内各个力量经由他/她的运动,并通过掩盖那些交叉性力量的内行动而实现。也即这位教师是以连贯性的教学行动把自身呈现成为一个统一的行动者(并被人文主义理解为“主体”)。而与教师相似,教科书亦是网络内的一个“行动者”。一方面,教科书通过掩盖制或动的各种内—行动而呈现出无缝性、系统性与连贯性的特点;另一方面,它自身又在行动,如芬威克(Tara Fenwick)与爱德华兹(Richard Edwards)所论,“一个教科书或文章能够跨过巨大的空间与时间而流通,聚集同盟、塑造思想与行动,并因此创造新的网络”。①

拉图尔以及追随他的不少新唯物主义者们均建议用“行动元”(actant,而非actor)一词来特指网络中展开内行动(彼此触动)的行动者。新唯物主义的另一位主将本奈特(Jane Bennett)则写道:“一个行动元可以是人也可以不是,或很可能是两者的一个组合。……一个行动元既不是一个对象也不是主体,而是一个‘介入者’(intervener)。”②一个行动元的“能力是从其操演(performance)中推导出来”③,而不是在行动前预先设定。2017 年 10 月 1 日,拉斯维加斯发生美国历史上最严重枪击事件,造成至少 59 人死亡和 527 人受伤,并迫使国会于 10 月 4 日再次就控枪议题展开辩论。迄今为止对拥枪最强有力的辩护,就是美国全国步枪协会的“枪不杀人,人杀人”。但根据行动者—网络理论的洞见,枪击事件既不只是枪开火的结果,也不只是枪手扣扳机的结果,而是二者联结起来彼此触动的结果。在“杀人”事件中,人和枪都是行动元,因为如果枪手手上无枪,就不可能完成枪击杀人,而枪如果不在枪手手上,也完成不了行凶。枪击事件发生时刻,枪已经不是原来在军械库或枪套里的枪,而是变成了“凶枪”,枪的行动能力,恰恰是从其具体的“在地操演”中推导出来的。而那个时刻,枪手也已经不是原来手上无枪

---

① Tara Fenwick and Richard Edwards (eds.), *Researching Education Through Actor-Network Theory*, Chichester: Wiley-Blackwell, 2012, pp.xiii—xiv.

② Jane Bennett, *Vibrant Matter: A Political Ecology of Things*, Durham: Duke University Press, 2010, p.9.

③ Bruno Latour, *Politics of Nature: How to Bring the Sciences into Democracy*, trans. Catherine Porter, Cambridge, Mass.: Harvard University Press, 2004, p.237.

的人，而是变成了“杀人犯”乃至“恐袭者”。在《潘多拉希望》中拉图尔提出，在有关控枪的议题上，一个真正的唯物主义者的宣称是，“好公民被携枪所**转型**（transformed）”，“你变得不同，当枪在你的手中；枪变得不同，当你握着它”。该情境中的行动者是“一个公民—枪，一个枪—公民”的角色转换。①枪和人彼此交互影响的内行动，就导致了杀人的行动和结果，并且他们也在互相触动中被改变，“变成其他的‘某人、某物’”。所以拉图尔强调，“既不是人也不是枪在杀人。对于行动的责任必须被各个行动元所分享。”②回到拉斯维加斯枪击事件，枪手帕多克（Stephen Paddock）和22支自动步枪及大量弹药，都是枪击行动的行动者和责任者。

故此，从当代的行动者—网络理论与新唯物主义③视角来看，物（things）也是网络（聚合体）内的行动者，而不是被动的、无活力的“对象”。后人类主义的关键面向——按照本奈特宣言式的说法——就是去“强调，乃至过度强调，诸种非人类力量的能动性贡献（操作于自然、人类身体以及诸种人造物上），通过这个方式来努力回击人类语言与思想的自恋性反应”。④拉图尔曾以被誉为“微生物学之父”的巴斯德（Louis Pasteur）为例，提出巴斯德对细菌的发现，是诸多人类行动者（实验室研究人员、辅助人员、内科医生、兽医、农民等）和大量非人类行动者极其复杂和长程的互相构建之结果，“将这些事物联结在一起需要工作和一个运动，它们并不逻辑性地关联在一起”，而巴斯德之所以成为巴斯德，就是他做了这个工作，“那种运动类型，那种胆大妄为，就正是那定义他的东西，使他成为巴斯德——那诚然就是他**特殊**的贡献”。⑤换言之，巴斯德实际上也是行动者—网络中的一个重要行动者、介入者和转译者（translator）⑥，竭尽全力让巴斯德实验室成为网络中各行

① Bruno Latour, *Pandora's Hope: Essays on the Reality of Science Studies*, Cambridge, Mass.: Harvard University Press, 1999, pp.177, 179.

② Ibid., p.180.

③ 新唯物主义可以视作行动者—网络理论基础上发展出来的理论话语，它们也是当下“后人类主义”的两种代表性理论。

④ Jane Bennett, *Vibrant Matter: A Political Ecology of Things*, Durham: Duke University Press, 2010, p.xvi.

⑤ Bruno Latour, *The Pasteurization of France*, trans. Alan Sheridan & John Law, Cambridge, Mass.: Harvard University Press, 1988, p.70, emphasis in original.

⑥ 在行动者—网络理论中，转译就是允许一个网络被一个单独实体（人类个体或其他网络）代表的过程。

动者的必经之点并因此把各行动者连接起来，从而亦使得巴斯德实验室本身成为了一个重要的非人类行动者（能动性的聚合体）。故此，并不是巴斯德“发现”了此前人们无法看见、无法想象的“细菌”，而是诸多行动者在行动者—网络中互相构建了“细菌”的存在，而后者也随之成为一个行动者，努力让自己存在，并影响、触动其他行动者。

教与学的实践，和拉图尔所分析的科研实践一致，甚至彼此交叉。教与学实践，从来就是人类与非人类一起参与的实践，以内——行动实现互相构建；在该实践中，非人类（教科书、课程大纲、作业、各种知识点……）的能动性贡献绝不小于人类。这意味着，教与学实践从来都不是表征主义框架下以人为核心的实践。在教与学的实践中，不仅仅是人在学习，所有非人类也在学习，并通过这种实践不断更新自我。现下“阿尔法狗”等人工智能的“深度学习”（deep learning）“增强学习”（reinforcement learning），便是网络结构中互相构建的内行动式学习。“阿尔法狗”本身所标识的，其实是数不清的行动者，“阿尔法狗”这个名称，恰恰是巴迪欧（Alain Badiou）所说的“计数为一”（count-as-one）的操作，即将本体论层面上无以计数的“多”变成“一”。①故此，尽管“阿尔法狗”这个单一名称使人很容易错觉地将其理解为一个“个体”，它其实是一个典范性的“聚合体”。“阿尔法狗”同柯洁、李世石或其“自身”对弈时的每一个行动（落子），是无数行动者之内行动的结果；更具体地说，每一行动都是“深度学习”的实践——人类与非人类一起参与的教与学实践——的一个在地操演。在“智能时代”，“非人类力量的能动性贡献”将以指数级跃升的方式变得越来越显著。最新的“零度阿尔法狗”已经能够彻底突破人类已有知识的域限，并自行向围棋这项古老游戏贡献了大量全新见解和非人类的策略与招式。②同样地，“零度狗”也绝非如柯洁以及媒体所描述的那样是在“自我学习”“自我进步”，其“自我”从来就是无数行动者的聚合体，仅仅是该聚合体里人类行动者的参与度被下降到了极低的“零度”。

---

① Alain Badiou, *Being and Event*, trans. Oliver Feltham, London: Continuum, 2005, p.24.

② 王心馨、虞涵棋：《阿尔法狗再进化：自学3天，就100∶0碾压李世石版旧狗》，澎湃新闻，http://www.thepaper.cn/newsDetail_forward_1828509，2017年10月19日。

"终身学习"领域的当代著名学者芬威克与爱德华兹在一篇题为《操演性的本体论:研究成人教育与终身学习的社会唯物进路》的论文中写道:"物质性的事物也是操演性的(performative),而非不活动的;它们是物质并且它们事关重大。它们同其他类型的事物和力量一起来排除、邀请和制定诸种特殊的形式参与到制与动(enactments)中,其中一些我们就叫作'成人教育'或'终身学习'"。①在《终身学习:一个后人类状况?》的文章中,爱德华兹还进一步指出,终身学习是"在世界**之内**可能有的一组本体论实践,而不是**关于**世界的一组意义或理解"。②这意味着,终身教与学的实践,其实就是互相构建聚合体("世界")的本体论实践,而非主体/对象二元框架中的认识论实践。芭拉德亦写道:

> **认识的实践,是参与(重新)配置世界的特定的物质性介入**。通过该行动我们制动物质、使之重要。制造知识不仅仅只是事关制造诸种事实,而是事关制造诸种世界,甚或,它事关制造特定的世界性配置(worldly configurations)——并不是从无中(或从语言、诸神信仰或诸种理念中)制造它们出来,而是作为世界之一部分的物质性介入,给予世界以特定的物质形式。③

从这一意义上说,教与学的实践,实际上就是以内行动的方式参与世界(网络、聚合体)的物质性—话语性构建。在后人类语境中,人类和非人类的行动者都处在一个非等级制的"平的本体论"中,以内行动参与"世界性配置"。而这也才是"互联网"到"物联网"之转变的真正激进之处:即前者仍然在人类中心主义的框架下,人被设定为"交互网络"(internet)中的唯一行动者;而在真正的"物联网"(internet of things)中,人类与非人类皆是彼此联结、交互触动与被触动的行动者。在后人类语境下,世界、人类个体、一切事物,都是在互相构建中不断"形成"。

① Tara Fenwick and Richard Edwards, "Performative Ontologies: Sociomaterial Approaches to Researching Adult Education and Lifelong Learning," *European Journal for Research on the Education and Learning of Adults*, Vol.4, No.1, 2013, p.53.

② Richard Edwards, "Lifelong Learning: A Post-human Condition?" David N. Aspin, Judith Chapman, Karen Evans, Richard Bagnall (eds.), *Second International Handbook of Lifelong Learning*, London: Springer, 2012, p.152, emphasis in original.

③ Karen Barad, *Meeting the Universe Halfway: Quantum Physics and the Entang lement of Matter and Meaning*; Durham: Duke University Press, 2007, p.91.

而没有一个行动者、事物或知识，可以存在于网络之外——亦即，可以在表征主义框架下的“自然”或“事物的秩序”（order of things）中拥有一个本质性的存在。他们（她们/它们）皆通过网络中的内行动（互动、操演）而使自身得以存在。

故此，教与学的实践亦不再是对对象的认识或对事实的表征，更不是施特劳斯（Leo Strauss）所说的“对真理的秘传”①，而是通过物质性—话语性的介入、干预与实验——简言之，是通过内行动的方式——对“世界”进行制造与（重新）配置。用爱德华兹的话说，“教育的目的将是围绕对事关重大之事物的负责任的、实验性的诸种聚集（responsible experimental gatherings of things that matter）”。②从这个意义理解的教育，它就是一个本体论的实践——制造或更新“世界”的实践。

第四节　再思教育：非人类与人类交互触动的实践

对教育的这一激进更新意味着，教育和就业之间的社会性关联将被彻底无效化了。而当代中国家庭对教育的超强投入，则恰恰建立在这一关联之上。于是，问题就出现了：在后人类的语境下，教育还会获得相同程度的重视与投入吗？让我们还是不要忘了赫拉利的质问：当已经有了这样有智慧的计算机程序，人们为什么还需要学习热力学或几何学？而终身学习在赫氏看来，其根本宗旨就是“许多人甚至是大多数人都做不到”的事！爱德华兹亦谈到了“终身学习的终结”，他认为即便我们还能够在后人类的状况下去“实验”终身学习，但肯定不会是我们当前所认知的形态。③

简言之，当把教育理解为人类与非人类通过互相构建，从而共同制造或更新“世界”的本体论实践时，对教育的这种“后人类理解”，是会比把教育理解为对未

① Leo Strauss, “What Is Liberal Education?” in his *An Introduction to Political Philosophy*, ed. Hilail Gildin, Detroit: Wayne State University Press, 1989.

② Richard Edwards, “Lifelong Learning: A Post-human Condition?” op.cit., p.161.

③ Ibid., p.157.

来的“投资”更具有妥当性？那么，现在就让我们回到“何为教育”这个最根本的问题上，去重新思考，教育果真就仅仅是一个人类的事业吗？

实际上，在习得语言之前的婴孩(infant)，就是非人类，其对于婴孩的各种行动，成人只能“附会”、而无法确切把握，“动不知所为，行不知所之”[①]。正是在“零度阿尔法狗”下棋思路令柯洁等人类棋手全然无法理解的相同意义上，**婴孩是“零度”的**。婴孩进入人类的“世界”——拉康(Jacques Lacan)则称之为“符号性秩序”(symbolic order)——只能通过“转译”的方式。极为类似地理解，宠物进入人类“世界”，亦是经由这样的“转译”。

而教育，归根结底，便正是在“婴孩”(非人类)与“成人”这两个端点之间通过互相触动发生纠缠与联结的关键实践。成人通过向婴孩输入(“教”)一整套既有的符号性知识与规范，努力确保婴孩成长为“正常”的人，乃至在这套符号性坐标下成为“出色”的人。换言之，教育就是这样一种实践，通过把婴孩最终转化成人类共同体(符号性秩序)中的一个“合格”乃至“出色”的成员来完成它的使命。在这个输入过程中，从成人(家长)给婴孩“取名”开始，诚如拉康主义精神分析学者芬克(Bruce Fink)所言：

> 那个名字在婴孩诞生很早之前就已被选好，它把婴孩记录到符号性秩序之中。先天上，这个名字同主体绝无任何关联；它对于他/她是外在的，如同任何其他的能指一样。但是在时间历程中，这个能指——可能超过任何一个其他的能指——将进入他/她存在的根底，并且无可逃避地扭结在他/她的主体性上。[②]

经由给婴孩“取名”以及“名字”所涵的寓意就被外在地加到其内存之中，这就构成在该婴孩身上人类与非人类的第一重扭结。即通过“取名”这个符号性操作，婴孩就离开了非人类这个端点的一小步，变得像个“人”(“主体”)了。很多人会给自己宠物“取名”，实亦同是一类操作，就是让它变得少一点非人类。

---

① 《庄子·庚桑楚》。

② Bruce Fink, *The Lacanian Subject: Between Language and Jouissance*, Princeton, N.J.: Princeton University Press, 1995, p.53.

从这个意义上说，教育从一开始就是人类与非人类的一种互相触动：婴孩作为行动者，不只是体现在其**学习**向他/她压过来的知识和规范上，亦体现在其**抵抗**这套符号性造物上。阿尔都塞（Louis Althusser）将学校视作一种“意识形态的国家机器”，而福柯（Michel Foucault）则指出知识便是“权力”。①换言之，教育完全具有着“灌输”（indoctrination）与“规训”（discipline）的压迫性属性。孩子在“学习”行动的同时，亦始终程度不一地伴随着“抵抗”行动——类似于叫破“皇帝新装”之举，实则便是孩子的一次非人类的“抵抗”行动。这就是阿伦特（Hannah Arendt）所说的“新生性”（natality），它使得人“具有开端启新的能力，即行动的能力”②；随着每一次新的出生（亦即，一个新的“零度”的诞生），就有新的行动出现的可能性，人类的符号性秩序就有可能得到进一步的更新。那是因为，任何一次新的出生会对“世界”造成的影响，既无法预测，也无法控制。正如“零度阿尔法狗”对围棋活动已注入大量彻底全新的见解、策略、招式，“零度婴孩”之新生性，恰恰亦是人类“世界”不断更新、变化的根本性肇因。在婴孩之新生性意义上，阿伦特所说的“人的状况”（the human condition），恰恰亦正是“后人类的状况”（the posthuman condition）。

而教育学中的所谓“青春叛逆期”现象，实质上就是孩子被彻底拉到成人轨道前的一次集中性抵抗；用阿伦特的术语来说（尽管阿氏本人没有这样明说），青春期是“第二次出生”③的集中发生期。“青春期孩子”，不再对家长老师的话无条件地接受，也不再像低年级小孩那样仅仅满足于做胸佩红花的“好儿童”，他们通过某种奇怪的力量——精神分析把这种非人类力量称作“驱力”（drive）——他们会隐隐感到生活有更多的“可能性”，而家长、老师（及其背后的家庭—学校—社会系统）施加在他们身上的符号性秩序往往被感受为不友好的乃至是窒息性的，因为

---

① Louis Althusser, “Ideology and Ideological State Apparatus”, in his *Lenin and Philosophy and Other Essays*, trans. Ben Brewster, New York: Monthly Review Press, 1971; Michel Foucault, *Power/Knowledge: Selected Interviews and Other Writings 1972—1977*, ed. Colin Gordon, trans. Colin Gordon et al., New York: Pantheon, 1980.

② Hannah Arendt, *The Human Condition*, 2nd edition, Chicago: The University of Chicago Press, 1998, p.9.

③ Ibid., p.176.

它把生活往一个单一性的轨道上拉，不让他们尝试其他的可能性。而非人类的驱力，加上他们对既有人类知识所拥有的一定理解与思考能力，青春期孩子对生活会产生无与伦比的好奇心——他们关心的不只是生活“是怎样”（is），而更在于“能够怎样”（can be）。而日常生活中的教育系统，则总是蛮横地喝令他们老老实实地接受它所规定的答案，尤其是当该系统采取重复性的强化训练形式（如大量做题、死记硬背）时。很多时候，他们会觉得自己生活中苦恼的根源就在于——生活中美丽的“可能性”都被扑杀或者说提前被封闭掉了。而这种精神性的苦恼，实际上就是一份生命难以承受的焦虑。[①]拉康把此种存在性焦虑视作为“真实”（the Real）所导致：真实即“不再是一个对象的那个本质性对象，面对它，所有的语词、所有的范畴都失败；它纯然地是焦虑的对象”。[②]这，就是“青春叛逆期”的本体论根源：一种追求“真实”的非人类驱力的刺入，使得青春期孩子对人类的符号性秩序产生了“分离”（separation）。

创造性（creativity），是素质教育的核心词，亦是“智能时代”人类在人工智能面前尚能保持其自身尊严的关键素质之一。但创造性，便正是在学习与抵抗的交织实践中产生，在非人类（婴孩）与人类的互相触动中深化。换言之，**创造性既不属于人类，也不属于非人类，而是属于两者在网络内的交互行动与碰撞中**。我们可以观察到，大量包括诺贝尔奖得主在内的科学家，其最重要的科研成果恰恰是其早年的研究，而在年岁渐长或成名成家之后却极少再有重量级成果的产生。在文学艺术领域几乎也是相同的状况：年岁上去以后则反而“创作源泉”枯竭、寻找不到“灵感”。这种经验性状况标识了青春期以及靠近青春期的职业“早年”，恰恰是一个人处于最能挑战人类既有知识结构，并对它做出激进性突破的年代；而越接近成人这一端，则越是创造性退减，因为非人类的驱力受到了更全盘性的密集

① 笔者以精神分析学者身份参加的脱口秀《脑力男人时代》第1季第3期中，专门讨论了这样一个现象——某些家长还“偷偷在青春期孩子的房间里安装了摄像头”。对于家长，这出自“关爱”，但对于孩子，这种爱的方式恰恰是梦魇性的。

② Jacques Lacan, *Freud's Papers on Technique*, pp.176—177; Jacques Lacan, *The Ego in Freud's Theory and in the Technique of Psychoanalysis*, trans. Sylvana Tomaselli, Now York: Norton, 1991, p.164.

压制，人类与非人类的互相触动被压到极低的程度。后人类状况中的终身教育，恰恰是意味着**把人类与非人类的互相触动予以终身保持**——教与学实践的行动者们，就是去创造性地彼此构建、彼此更新。

当代中国教育实践中的“学霸”“吼妈”“高考集中营”等现象，实际上正是作为人类与非人类之交互触动的教育，在被缩减、被化约为“线性框架”下作为成人对孩子一边倒输入（灌输/规训）的一种典型状态。①这种教育实践，当被关联到现代性的进步主义（progressivism）与表征主义以后，便产生出**伦理学—认识论的正当性**（ethico-epistemic legitimacy）。进而，同马克思对现代性的政治经济学批判亦相匹配的是：在“教育投资”的思维下，这种一边倒输入教育实践所采取的方式，就极其类似于《资本论》所揭示的资本家对待产业工人的“剥削”方式，并且诡异的是，在教育实践中利益最大化的方式，恰恰以“这是为你自己好”为宣称！即为了提高效益/产出，孩子学习的压强越来越加剧、节奏越来越急促——我们知道，很多“学霸”的脱颖而出，就是靠二年级就已经在做五年级的题、初一就已经在提前“课外补习”高一的课程来达成的。教育实践中的“剩余价值”（surplus value），就在“高考集中营”“吼妈”“学霸”中大量生成。马克思所呼唤的全世界“无产者”的抵抗，则正是结构性地对应教育实践中所有婴孩（非人类）对成年人的抵抗。

在这样咄咄逼“孩”的教育实践中，创造性于是几乎被扼杀殆尽。马克思分析了前工业化时代匠师仍能保有相当大的个人创造性，而流水线上的工人则彻底丧失创造性的理由；而与之无缝对应的是，当代教育实践中的“学霸”们亦恰恰是创造性最为干涸的一群人。教育焦虑，一方面产生于这种高强度单向输入过程中家长所付出的高投入（精力上、金钱上），另一方面则产生于孩子心理乃至肉身性的激进抵抗（“学习焦虑”乃至导致自杀）。②而在今天，教育焦虑的更深层次肇因却在于，这套教育实践所制造出来的“佼佼者”，却面临另一种非人类的无情淘

① 携程亲子园与红黄蓝幼儿园对孩童的虐待事件，更是症状性地标识了成人对孩童蛮横施加规训（“管教”）的残忍性。

② 在这个意义上，中学生自杀和前文述及的2010—2016年间富士康员工频繁跳楼自杀，具有相同的结构性肇因。

汰——越是靠大量做题规训出来的"学霸"(缺乏创造性),越容易被人工智能淘汰成为"无用阶级"(同理,流水线上的产业工人首当其冲成为"无用阶级")。

所以我们看到,在"智能时代",原先婴孩—成人两端的教育结构已不复存在:非人类(婴孩、人工智能)也不再只是弱势抵抗者,他们而是以强硬的姿态,把教育系统中拼杀出来的"佼佼者"蜕变成为"无用阶级"。而这,诚然也就构成了"后人类"的语境与状况。换言之,**教育的自我激进更新,就是使自身从线性框架下成人对孩子的规训式实践,而重新转变成行动者—网络框架下非人类与人类交互触动的实践**。

第五节　重返先秦教育思想:中国终身教育的价值基础

对于"后人类"语境下的教育自我激进与更新,笔者需要进一步提出的论点是:当我们把中国古典教育思想进一步"激活"之后,恰恰就能够成为后人类社会中教与学实践的典范。换言之,**在中国教育思想的最初起点上,我们恰恰遭遇过最激进的后人类主义的教与学形态**。但这个论点所遭遇的困难,似乎也是显然的:"后人类主义不预先设定人是万物的尺度。"①而长久以来,儒家思想都被现代与当代研究者们阐释为"人文主义"(人类主义)的思想。那么这两者又是怎样产生契合的呢?

用"人文主义"阐释儒家思想,诚然有学理的妥当性(尤其是"humanism"在汉译中多加进去了一个"文"字)。然而,笔者所要提出的论点是:包括儒家在内的先秦古典思想,却内在地包含着一种激进阐释的可能性。这种激进阐释,就是德勒兹所说的哲学阐释:哲人是"游牧者",通过哲学阅读而不断地让文本"去领土化",让它们越出旧的空间,并从一个地方跑到另一个地方,从而创造出新的空间。②对

① Karen Barad, *Meeting the Universe Halfway: Quantum Physics and the Entanglement of Matter and Meaning*, Durham: Duke University Press, 2007, p.136.

② See Gilles Deleuze, "We Invented the Ritornello," in Deleuze, *Two Regimes of Madness*, pp. 378—379; Adrian Parr, "Deterritorialisation/Reterritorialisation," Tom Conley, "Space," both in Adrian Parr (ed.), *The Deleuze Dictionary*, Edinburgh: Edinburgh University Press, 2005, pp.66—69, 257—259.在德勒兹看来,所有生物学意义上和哲学意义上的活动,都围绕着"去领土化"和"再领土化"展开。

文本“去领土化”的激进阐释，对于德勒兹而言不仅是正当的，并且是哲学阐释的唯一形态。对于德氏而言，重述某个文本，绝不仅仅是让它重新被提起；重述恰恰是生产性的，因为它使新的表述、新的感受、新的视角、新的论断不断出现。而每一次重述，亦都会带来新的变化。所谓变量（variation）并非被加进重复之中，而恰恰是重复本身的根本状况，是形成（变量）的构成性因素。①

从德勒兹主义的观点出发，我们才有可能解开“温故”何以能“知新”的谜团：过去的文本，当冲破历史中支配性阐释而从地层底部重新刺入当下的地表时，它恰恰就是**新**。“温故知新”被《论语》界定是成为教师的前提条件——“温故而知新，可以为师矣”。②从这一前提条件出发，教与学实践的唯一问题——既是本体论，亦是认识论的问题——教师有没有真正革命性的阅读视野，在旧文本中去读出一个全新。在这个节点上，儒家诚然可以走向精英主义，但同样在这里，我们恰恰可以引入前述的后人类主义视野——教师的能力，是在教与学的网络中的内行动形成。在这个视野下，儒家教育思想就获得了它的激进阐释，而离开了精英主义的轨道。即每个人都可以“为师”，只要其投身于教和学的实践中，那是因为：教师通过其阐释及讲授的行动，不断地让文本游牧并“形成”全新的思想，与此同时亦被该文本（本身也是行动者）塑造成自己的思想与教学行动，而这样一种被塑造过程的本身就是学习（“斆学半”）。③

那么，现在就让我们再次返回先秦思想中有关“教—学”的论述，来结合德勒兹式的教—学实践，而展开一次具体的讨论。

《礼记·中庸》曰：“修道之谓教。”《礼记·学记》曰：“人不学，不知道。”可见，“教”和“学”，都是作为行动者的“人”，同“道”所发生的实践性关系（修—道、知—道）。古文中“知”的本义是贯通，如《管子》云，“闻一言以贯万物，谓

---

① 按照德勒兹的看法，“生活的任务，就是去让所有这些重复，都在一个空间里共存，在此空间内部差异得到散布”。是以，“重复”恰恰是“形成差异”“形成全新”的通道。Deleuze, *Difference and Repetition*, pp.xiii—xiv.参见吴冠军：《如何在当下激活古典思想——一种德勒兹主义进路》，《哲学分析》2010 年第 3 期；吴冠军：《邓正来式的哈耶克：思想研究的一种德勒兹主义进路》，《开放时代》2010 年第 2 期。

② 《论语·为政》。

③ 吴冠军：《“温故”凭什么能够“知新”》，《南风窗》2009 年第 24 期；吴冠军：《像德勒兹一样阅读》，《社会科学报》2015 年 4 月 30 日。

之知道”。①知—道，即通过“学”的实践而和万物贯通。②直到今天，我们仍用“通透”来形容“学”的最高境界。故此，教—学实践，就是践行“道”、贯通“道”的过程。而“道”在先秦思想中，指的也是一个行动者，所谓“道之为物惟恍惟惚”“周行而不殆”“道自道也”。③这就意味着，修—道和知—道并没有一个尽头，而是一个和“道”不断彼此互动的实践。借用行动者—网络理论的术语，“道”既是“物”（“有物混成先天地生”）也是“行动者”（“道常无为而无不为”“大道泛兮，其可左右”）；并且它自身亦是“网络”（“为天地母”“道者万物之奥”）的一个个体行动者（人类以及非人类的“万物”），同时通过彼此内行动而形成的“聚合体”。④

除“知道”“修道”之外，儒家亦言“知天”“事天”：“尽其心者知其性也，知其性则知天矣，存其心养其性，所以事天也。”⑤“天”和“道”一样，也同时是“物”“行动者”和“网络”。“知—天”和“知—道”并非两种实践，而是同一种实践——“知天所为，知人所为，然后知道”。⑥并且，**“天”，打开了一个立体网络**——“天下”“天地之间”。教—学实践便在这个立体网络中和其他行动者展开互动，“下学而上达”“上下与天地同流”“上下而求索”“学不际天人，不足以谓之学”。⑦“中”这个字，《说文解字》阐释为“内也，从口；丨，上下通”；而“中庸”实则就是用“中”、实践“中”，以达至“上下通”。在《礼记·中庸》这个文本中，“中庸”就是“上下察”的实践，“君子之道，造端乎夫妇，及其至也，察乎天地”。⑧“下学而上达”“上下而求索”的教—学实践，就正是“上下察”“上下通”的实践。

---

① 《管子·戒》。《中庸》云：“好学近乎知。”《易传》云：“乾知大始。”这里的“知”皆是贯通之义。见《中庸》第二十章；《易传·系辞上》。

② 张文江以下说法亦是确当：“在古代汉语中，‘知道’是明白眼前事物和整体的关系。”张文江：《古典学术讲要》，上海：上海古籍出版社2010年版，第5页。

③ 《老子》第二十五、二十一章；《中庸》第二十五章。

④ 《老子》第二十五、三十七、三十四、六十二章。

⑤ 《孟子·尽心上》。

⑥ 《郭店楚墓竹简·语丛一》。

⑦ 《论语·宪问》；《孟子·尽心上》；屈原：《离骚》；邵雍：《观物·外篇》。

⑧ 郑玄：“庸者，用也”。比《中庸》文本稍晚出的《庄子》中有这样一句话，亦可与《中庸》互参：“庸也者，用也；用也者，通也；通也者，得也。”见许慎：《说文解字》；孔颖达：《礼记正义》；《庄子·齐物论》；《中庸》第十二章。

“天下”这个立体网络不是静态的结构，因为“天”自身就是一个“行动者”——“维天之命，於穆不已”。[①]“天”既深远（“穆”），又永不止歇（“不已”）。由此可见，“天下”，就是一个典范性的“能动的聚合体”，其不断处于变化流动的“形成”之中。这种不断“形成”的状态，先秦思想就称作“易”。《易传》曰：“天行健，君子以自强不息。”[②]换言之，作为行动者的天和人并非互不相干地各自“动”，而是在一个网络（“天下”）中彼此触动。《易传》此言述及了天对人的触动，而《孟子》的“夫天未欲平治天下也，如欲平治天下，当今之世舍我其谁也”[③]，则谈到了人对天（天下）的触动。《易传》此言亦关键性地标识了：人在网络中获得了其能动性，而非“先天”就拥有能动性。[④]作为行动者的人不仅从人（师）学，并且从天学、从万物学（“格物”）。天、物亦是师。“知”这个实践并不把对方作为表征主义框架下的“对象”，而是进入互动、互察、彼此“继之”“成之”[⑤]，以至贯通。[⑥]在这个意义上，“有教无类”[⑦]便指向了更激进化的向度：这个“类”不只是人类中的不同个体，而且还包括各种非人类。

《中庸》云：“成物，知也。”[⑧]《中庸》文本曾清晰地指出：“用中”的教—学实践，不仅包括“成己”“成人”这两种同人类行动者的互动，也包括“成物”（“知”）。并且“知”绝非“主体—对象”二元框架中的认知；“知”而是一个**本体论的实践**，即通过内行动而互相构建（“成”）。所谓知—己就是成己、知—人就是成人、知—物就是成物。这就抵达了对“乾道变化，各正性命”[⑨]的激进阐释：所有行动者（人类与非人类）都在网络（“天下”“道”）内彼此交互触动——体现为在“乾道变化”中

① 《诗·周颂·维天之命》。

② 《易传·象上》。

③ 《论语》引孔子话“人能弘道，非道弘人”，亦鲜明言及人对道的触动。见《论语·卫灵公》；《孟子·公孙丑下》。

④ “景行行止”（《诗经·小雅·车辖》），便清晰标识了人并非先天具有能动性。“替天行道”：天本身是行动者。

⑤ 《易传·系辞上》：“一阴一阳之谓道，继之者善也，成之者性也。”

⑥ 在儒家框架中，你能“知天”，天也知你——“天知神知”“乾知大始”。见《后汉书·卷五十四·杨震传》；《易传·系辞上》。

⑦ 《论语·卫灵公》。

⑧ 《中庸》第二十五章。

⑨ 《易传·彖上》。

的互建互成、“各正性命”。乾者，创始也；乾道，即经由内行动而使聚合体发生“变化”。

内含在——以德勒兹的术语来说，“虚拟地”内含在——先秦思想中的这一教—学实践网络，是各个行动者(人和非人类)彼此触动与被触动的“天下”，而绝非人类中心主义的宇宙。《中庸》引《诗》，“诗云‘鸢飞戾天，鱼跃于渊’，言其上下察也”。鸢飞鱼跃、“浩浩其天”，就是《中庸》所上下打开的后人类主义的行动者—网络。①“易”，便是网络内各行动者彼此互动、不断“形成”的状态：通过内行动，所有行动者一起参与天地构建。就如《中庸》所曰：

> 能尽其性，则能尽人之性；能尽人之性，则能尽物之性；能尽物之性，则可以赞天地之化育；可以赞天地之化育，则可以与天地参矣。②

尽性(成己、成人、成物)的实践，就是参赞天地化育的实践，换言之，就是和其他行动者一起参与世界的构建。《易传》曰“日新之谓盛德”；又云“成象之谓乾”。③“日新”“成象”，就是作为聚合体的行动者—网络，通过内行动的不断自我更新，不断开出全新的世界，“苟日新，日日新，又日新”。④“德者得也”⑤，“盛德”就是“得道”，就是“知”。“成象”就是“乾”，就是开创新的“世界”(聚合体)、使之“形成”——“大哉乾元，万物资始”。⑥包涵成己、成人、成物三种向度在内的教—学实践，正是构建世界——“成世界”(worlding)——的实践。《学记》曰：

> 人不学，不知道。是故古之王者建国君民，教学为先。《兑命》曰：“念终始典于学。”其此之谓乎！

由上可见，终始践之典之的教—学实践(终身教育、终身学习)，是能够开创“世界”、建构共同体(聚合体)的。亦正是在这个意义上，“教者，政之本也”，“化民成俗，其必由学”。⑦这样的以教学为先的“古之王者”，儒家思想中就叫做“圣人”：

① 《中庸》第十二、三十二章。
② 《中庸》第二十二章。
③ 《易传·系辞上》。
④ 《大学》引“汤之盘铭”。
⑤ 《管子·心术上》;《礼记·乐记》。
⑥ 《易传·象上》。
⑦ 《新书·大政下》;《礼记·学记》。

"大哉圣人之道！洋洋乎，发育万物，峻极于天。"[①]"圣"之本义，便是"通"。[②]笔者对儒家的一个德勒兹式的激进阐释就是：儒家所指的"圣人"恰恰就是一个"后人""超人"。齐泽克(Slavoj Žižek)在2016年新著《诸种异差》中就写道："一个完美的人类，就不再是人。"

> 成为完满的人(fully human)，等同于成为超—人(over-human)。关键是，在成为完满的人上的这份失败，恰恰触发了我们称作"文化创造性"的东西，亦即，这份失败把我们推向持续不断的自我超越。换言之，在后人类视角中，人性的解放，转变成了从人性那里解放出去，从仅仅成为人的诸种限制中解放出去。[③]

圣人，不正是从"成为人的诸种限制中解放出去"的超—人、完满的人？"所谓圣人者，知通乎大道，应变而不穷，能测万物之情性也。"[④]教—学实践，恰恰就是使人通过持续不断的自我超越，去接近圣人(不再是"人")，化民成俗，参赞天地之化育。反过来，恰恰当不再"仅仅成为人"时，人才真正能与物相齐，"以天地万物为一体"。[⑤]在后人类状况下，教—学实践是**解放性的本体论实践**。

可见，对于先秦教育思想而言，教—学实践的终点是非人类(圣人)，但其**激进的后人类视野**更在于，教—学实践的起点亦是非人类，并且起点恰恰和终点具有同等的——至高的——本体论尊严："大人者，不失其赤子之心。"进而，"学问之道无他，求其放心而已矣"。[⑥]换言之，教—学实践，不只是从"成为人的诸种限制中解放出去"而努力接近圣人、大人(非人类)，同时亦正是致力于"解放出去"而努力接近婴孩(非人类)，去求回那放失了的"赤子之心"。也正是因为"赤子"与"圣人"

---

① 《中庸》第二十七章。

② 《说文》："圣，通也。"《白虎通·圣人》："圣人者何？圣者，通也，道也，声也。"《风俗通》："圣者，声也，通也，言其闻声知情，通于天地，条畅万物也。"

③ Slavoj Žižek, *Disparities*, London: Bloomsbury, 2016, pp.28—29.

④ 《大戴礼记》卷一《哀公问五仪》。另，扬雄云："观乎天地，则见圣人"(《法言·修身》)。程颐云："观乎圣人，则见天地"(《河南程氏外书》卷十一)。邵雍云："欲知仲尼，当知天地"(《皇极经世书》卷五《观物内篇》之五)。

⑤ 《遗书》卷二上，《二程集》，中华书局，1981，第15页；王守仁：《大学问》。

⑥ 《孟子·尽心上》；《孟子·告子上》。

(大人)具有同等本体论尊严，是以《孟子》说“人皆可以为尧舜”。[①]在这一激进后人类视野上，道家的思想与儒家密切呼应，一起奠定先秦教育思想中的“非线性”框架：“常德不离，复归于婴儿”，“常德乃足，复归于朴”。具有“至知”“愚人之心”的圣人，“含德之厚比於赤子”，“如婴儿之未孩”。《庄子》亦将“无思无虑始知道”的至德之人比作赤子(“儿子”)，而后者则是彻底的非人类(“动不知所为，行不知所之”)。道家圣人的“无为”，恰恰是抵达婴孩般的“无不为”(“无为而无不为”)。[②]

一言以蔽之，当代人工智能的崛起，已经彻底打破了婴孩和成人作为其两端的线性教育结构：非人类(婴孩、人工智能)不再只是教育所要规训的对象。而在先秦教育思想中，非人类(婴孩、圣人)**始终**就是教—学实践所要抵达的方向，建立在进步主义与表征主义上的线性结构从一开始就不存在。[③]教—学实践的展开，就是在“道”(“天”“天道”)的行动者—网络框架下非人类与人类不止歇的交互触动，而这一切亦就构成了人类对终身教育的需求，同时人类为了追求“道”的存在，也就构成为了当代终身教育及具体系构建的价值基础。

小结：中国教育实践的“古今之变”

从本章开头部分所阐述的当代中国教育实践与文末部分所分析的先秦教育思想的展开中可以看到，中国教育思想及其实践确实存在着一个“古今之变”。笔者在这里再作简要勾勒，以作为本章的结语。

内含于中国古典教育思想的这一激进向度的丧失，是与中国思想史上的“道的理化”密切相关。先秦汉唐思想以“道”为中心，然而到了宋明时代，主流思想(“宋明理学”)的核心词已变成为了“理”。[④]这一由“道”转“理”的变化，其实质便

---

① 《孟子·告子下》。

② 《庄子·徐无鬼》;《老子》第二十八章、五十五章、二十章、第三十七章、四十八章;《庄子·知北游》;《庄子·庚桑楚》。

③ 郝大维曾根据孟子的“赤子说”而提出先秦思想是“后现代的”。

④ 这一对宋明儒学的批判性分析，我得益自陈赟:《回归真实的存在:王船山哲学的阐释》，复旦大学出版社 2002 年版，第 369 页以下。

是:以静态的、分析性的、非时间性的理念,取代了动态的、行动性的、时间性的实践。与之相应地,“中庸”亦从“用中”**实践**,到宋明理学时转变成了“不偏不倚”的**状态**。届时“道”于人而言,是“行之而成”,“道,蹈也,路,露也,言人所践蹈而露见也”。[①]“人之道”,就是人行动之路径,具有强烈的实践内涵。《中庸》言“诚之者,人之道”,正是以“诚之”实践作为人之为人的根本道路——也即通过“诚之”的实践(交互性的“各正性命”实践),人由小人成为大人,最后参赞天地之化育。

而“理”在最初的时候,其实也同样具有一定的实践指向——在先秦时代,“理”既有为土地划分疆界之意,[②]又有治玉石纹理之意,[③]但皆指向人的实践。换言之,先秦儒学中并不存在一种“对象化”(objectification)的视野,“主体总是自身被牵扯进他组织世界的方式之中,谈论这个世界的事情就是谈论他们自己的事情”。[④]对于先秦儒学而言,认识、思考、讨论都是“行动”,都是在构塑着人们所处身其内的世界。儒家的“行”,时刻就是和“天之道”、和鸢飞鱼跃的万物互动互成,彼此构建对方,互相“各正性命”,“正义而为谓之行”。[⑤]“理”的去实践化,肇端于魏晋,而在宋儒始完成,“理”彻底转变为认知的对象,完全独立于人的实践之外。作为对那被对象化了的“理”的探究,《大学》中的“格物”“致知”,也都被用来对接“主体—对象”框架下的认知——人无法通过实践来参与改造“理”,而只能去认知(理学的“格致”)、或者去感悟(心学的“体贴”)。于是,随着“道的理化”,“知”就不再是一个本体论实践,而被逐渐转变为表征主义框架下的“知”。[⑥]与“行之而成”的“道”不同,对那作为“知”的对象的“理”,人们无法去改造或更新它、无法通过“成之”“继之”的实践去参与它的“形成”。

---

① 《庄子·齐物论》;刘熙:《释名·释道》。

② 《左传·成公二年》:“先王疆理天下。”

③ 《说文》:“理,治玉也。顺玉之文而剖析之。”

④ 安乐哲:《孟子哲学与秩序的未决性》,载李明辉编:《孟子思想的哲学探讨》,台湾“中央研究院”中国文哲研究所筹备处1995年版,第47页。

⑤ 《荀子·正名》。

⑥ 此处须指出的是,在明道—象山—阳明一脉的“心学”传统中,“理”虽然不是被“格致”的对象,但却是被“体贴”“感悟”之对象,因此,“知”同样为该传统所强调:同伊川—朱熹一脉“理学”的区别在于,在“心学”这里,外在性地认知被转变成内在性地认知、渐知变为顿知。

故此，“道的理化”，实则就是中国教育实践的“古今之变”的关键性肇因。而当代中国弥散性的“教育焦虑”，则标识了“主体—对象”框架下的教—学实践，本身已深陷困境。人工智能的指数级发展，促使我们创痛性地遭遇后人类状况。在后人类状况下，教育实践只有两种前景：一种是走向自身终结，一种是走向终身教育。而先秦思想，恰恰是对我们重思终身教育之可能性，提供了富有创想的思想资源。

当我们以上用整整一章的篇幅，并从哲学思辨的高度去对终身教育所处的后人类时代进行了深刻的剖析以后，我们其实切也不可忘了当下，尤其是正在积极推进学习型社会，并且构建终身教育体系已经成为国家战略决策的中国，我们对此应该持有的态度与立场。党的十九大报告曾强调指出，“加快建设学习型社会，大力提高国民素质”，这不仅是新时期党对教育事业提出的新要求，而且也是未来我们在推动终身教育发展之际的重要目标。因为，若要构建终身教育体系，就必须突破制度性的障碍与壁垒，而实现社会教育资源的统合，搭建起连接各类教育活动的“立交桥”则正是学习型社会乃至终身教育体系构建的重要基础。党的十九大报告还提出，“中国特色社会主义进入新时代，我国社会主要矛盾已经转化为人民日益增长的美好生活需要和不平衡不充分的发展之间的矛盾”。上述问题与矛盾实际上也体现在教育领域，而终身教育体系的构建则正是着眼于打破这种“不平衡”并旨在促进各级各类教育资源的有机整合与丰富完善，从而满足人民日益增长的学习需求。需要特别强调指出的是，上述这种学习需求其实不仅表现在可转化的经济收入的学习目标，而且还更多地体现在精神层面的可持续发展。

对于构建终身教育体系究竟是为了什么目的的问题，也即构建的价值基础与基本伦理问题，不仅国内，就是国际上也是一个存在分歧的老问题。换言之，在开展终身教育究竟是为了实现什么目标或基于怎样理念的问题上，历来有两种不同的观点，笔者又把它称为“经济学的视点”和“教育学的观点”。持经济学视点的学者认为，推进终身教育的主要目的是为了提升全民素质，而这一素质又主要体现为通过教育提升人的智力、能力及技术品质，而最终实现把中国从一个人口大国转化为人力资源强国的目标。在这里，推动终身教育又与“促进经济、繁荣国家”，乃至提高社会生产力及个人生活品质联系在了一起。而持教育学观点的学者则认为，推动终身教育的根本目的则不仅仅是为了促进经济或繁荣国家，它还完全应该基于一种非功利的目的，也即通过教育完善个人的人格和人性，并使之成为一个真正具有生命内涵、积极向上并富有社会责任感与使命感的合格公民。在这里，终身教育又与人性的完善与培养合格公民联系在了一起。①

从现代终身教育发展的历史轨迹来看，上述两种观点也反映了终身教育理念的发展与深化过程。如在终身教育发展之初，朗格朗基于"社会变动、知识更新、人类面临挑战"的立场而提出的终身教育思想，就具有一种被动的、为适应社会经济发展而必须终身接受教育的观点。之后的捷尔比则从贫者的立场出发，提出了终身教育应"成为解放自身的武器"，"终身教育不具有政治上的中立性"等观点，他又把终身教育与基本人权的实现及保障人的学习权等主张联系在了一起。②

笔者的看法是，上述两种观点均具有其一定的合理性，我们应该辩证地看待并有所侧重。如就我国目前的状况而言，功利性的、以人力资源开发为短期目标的教育其实仍有提倡的必要。但需要指出的是，这却并不代表终身教育的长期目标，当然其更不代表终身教育发展的未来方向。近年来，联合国教科文组织积极提倡"学习社会"的构建，其正证明国际社会推动终身教育的基本立场，就是要改变人们以往的功利性学习观念，即以人们内在精神品质的提升作为创建学习社会的基础，而这种观念又与党的十九大报告的精神存在着某种异曲同工的相似性：即构建终身教育体系的价值基础，必须以人全面发展的目标为内核，将提升全民素质作为重要任务，同时通过中国文化的传承、中国精神的弘扬、中国价值的彰显去奠定其坚实的基础。③

---

①②③ 吴遵民：《发展终身教育的目标与若干实践问题》，《教育发展研究》2009 年第 9 期，第 38—39 页。

第二章 现代终身教育的发展简史

第一节 国际终身教育思想提倡与推广的历史沿革与背景

终身教育，这一当今最受人关注的国际思潮与理念，其一经提出，即受到传播与重视。有学者甚至称其为“进入21世纪的关键所在”。[①]尤其是在近些年，围绕如何把握“终身教育、终身学习”的用语和概念的理解，国内外都展开了形式多样的论证和深入的学术探讨，其间亦出版了大量的专著和文献。经过近几十年的理论研究与实践探索，终身教育的研究成果不仅对当代教育显示出了越来越重要的影响力，而且也已经成为重新构建一种以终身教育理念为依据的新教育体系的思想基础。

马克思曾指出，每一个时代的理论思维都是一种历史的产物，在不同的时代具有不同的形式和不同的内容。终身教育思想的推广历程亦同样如此，在不同的历史阶段亦会呈现出不同的形态与特征。如古典的终身教育思想就可以追溯到中国古代的孔子与古希腊的苏格拉底等人的教育思想和哲学原理，而具有现代意义的终身教育思想则产生于19世纪末20世纪初。又如古典终身教育思想充斥的是朴素的人格形成主义的思想，而20世纪60年代朗格朗提出的终身教育则又

① ［法］雅克·德洛尔等：《教育—财富蕴藏其中》，联合国教科文组织总部中文科译，北京：教育科学出版社1996年版，第102页。

通过借鉴古典主义的人格形成思想去驳斥传统教育的僵化框架；再之后的罗伯特·赫钦斯又把终身教育界定为“学习型社会的基石”；而埃德加·富尔则在《学会生存》的报告书中，再次把学习型社会看作是未来的一种社会形态。而把“学会生存”与“终身学习”联系在了一起，亦可谓是这部报告书具有的里程碑式的创举。简言之，终身教育正是在经历了古今不同时代、不同思想家的阐发、传递与推进的过程中，而逐渐迈向了终身学习与学习化社会思想的转变，同时通过以上的传承与深化，人们对于终身教育的认识亦更加理性、更加深刻。不过需要指出的是，也并不是所有的人都对终身教育持赞成的态度。如创立非学校化教育理论的代表人物伊凡·伊里奇(Ivan Illich)就曾主张建立一个非学校化的社会，法国学者格拉斯(A.Gras)则认为推进终身教育会使竞争加剧，而联合国教科文组织终身教育推进部门的负责人捷尔比(E.Gelpi)亦针对终身教育的计划性与协调性提出了异议，甚至更有学者认为，终身教育应该“使人作为人而不是作为生产手段去得到充分的发展”。①

一、终身教育思想溯源：朴素人格形成论

如上所述，终身教育虽是一个现代概念，但其思想的形成却源远流长。如果我们从社会及文化史的视角，或者从“教育的原生态”乃至教育最基本的功能来把握“终身教育”的话，则完全可以自信地说，“自从地球上出现了人类，则终身教育就已经存在了”。②换言之，人们在生活和劳动场所开展的涉及人生各个阶段的学习理论其实并不是什么全新的教育理论，而是与人格形成相通的一种思想。隐含在古代文明社会中的宗教、艺术、建筑和农业等高度发达的背后，其实早就有着对成人进行体系化训练的制度及其发展。如中世纪基督教的传教和识字、徒工

---

① [法]雅克·德洛尔等:《教育—财富蕴藏其中》，联合国教科文组织总部中文科译，北京:教育科学出版社 1996 年版，第 68 页。

② [美]查尔斯·赫梅尔:(Charles Hummel):《今日的教育为了明日的世界》，王静等译，北京:中国对外翻译出版社 1983 年版，第 22 页。

制度的发展以及技术教育等都是在劳动和生活之中展开并以庶民为对象的学习形态。

再就中国儒家有关终生修身养性的道德要求来看，其亦都包含了现代终身教育的意蕴。如孔子主张的“有教无类”①，指的就是教育应不分对象；荀子说“学不可以已。青，取之于蓝，而青于蓝；冰，水为之，而寒于水”，②指的学习又应该是一生一世的事情，学习可以使人的生活发生质的变化。庄子的“吾生也有涯，而知也无涯”，南宋理学之大集成者朱熹的“朱子读书法”等，亦都折射出终身教育的“全员性”“终身性”以及“主体性”的滥觞。古代日本江户时期形成的“练习”的学习行为就在庶民生活中普遍流传，这种源于生活和劳动的学习就是文化活动意义上的“持续一生的学习”。至于古希腊三位伟大哲学家的思想中所蕴含的思想则更有着现代终身教育的意蕴。如苏格拉底认为，一个人最重要的品质就是不断追求知识，使自己成为一个有智慧的人。③柏拉图在《理想国》中论述如何培养哲学王时，就强调要建立从幼儿到成人的完整的教育思想体系。亚里士多德也认为，人的理想生活就应该存在于对真理的持续之思索中，“儿童和需要教育的各种年龄的人都应受到训练”。④除此之外，17 世纪伟大的捷克教育家夸美纽斯亦提出过“全民教育”的思想，他在晚年甚至提出了从胎儿到坟墓的教育理念，由此被苏霍尔多斯基(B.Suchodolski)认为是“蕴含着丰富的终身教育思想”⑤。法国近代教育理论的奠基人孔多塞(Condoreet)也认为“教育应该不限年龄，任何年龄的学习都是有益的而且是可能的”。⑥上述这些先贤哲人的思想实际上都反映了他们对于教育应该贯穿人一生的深刻认识。

终身教育思想经古代而传承到了近代之后，尤其是随着工业革命的高速发展和成人教育的需求及推广，导致现代终身教育的思想亦开始初见端倪。有成人教

---

① 《论语・卫灵公》。

② 《荀子・劝学篇》。

③ 张法琨选编：《古希腊教育论著选》，北京：人民教育出版社 1994 年版，第 32—33 页。

④ [美]伊利亚斯等：《成人教育的哲学基础》，高志敏译，北京：职工教育出版社 1990 年版，第 66 页。

⑤ B.Suchodolski. Lifelong Education at the Crossroads, in A. J. Cropley(ed.), *Lifelong Education: A Stocktaking*, Hamburg: Unesco institute for education, 1979, p.38.

⑥ 周蕴石：《终身教育》，哈尔滨：黑龙江教育出版社 1989 年版，第 5 页。

育经典著作之美誉的《成人教育的历史》①一书中曾就成人教育先于学校教育产生的问题作过论述。该书指出，“最初，终身教育只不过是应用于一种较旧的教育实践即成人教育的一个新术语”。②日本著名的社会教育学者宫原诚一亦认为，“社会教育”的概念是在近代教育制度下相对学校的发展演变而来，其趋于古代教育的“原始形态”，③是随时随地开展的教育。由此可见，现代终身教育的思想实际上发源于成人教育和社会教育的思想和实践之中，其显示出的是一种教育的自发性和朴素性的特征。

诚然，古代及近代的终身教育思想比较散在，不具有系统论述的理性特征，因此与现代的终身教育思想固然不可同日而语。但从另一个角度看，无论是古代还是近代，上述浸透着“教育应贯穿人一生”的思想，以及通过学习可以达成自我完善的观点，还是具有某种一脉相传的特点。这些散在的并发轫于古代社会实践和浩瀚哲学思辨中的教育理念，均蕴含着丰富而深刻的现代终身教育思想：即把人看作是一个动态的能量系统，同时为了无限接近并进而达到应然的状态，就自然提倡人一生都需要进行学习；同时，在学习的过程中尤其注重人本身的自我完善，即通过解开人类潜意识的活动和人格心理发展的奥秘，来提倡终身教育和终身学习。简言之，古典的终身教育思想，既是从人的自然本质和社会本质的关系上去考察人格的形成和发展，同时也隐含着深刻的人格形成理论的博大意蕴。

二、终身教育思想的提倡：现代教育改革论

首先，第二次世界大战结束以后，世界进入了一个相对和平的时期，与战前追求各自繁荣相比，战后呈现出了通过多数国家的通力合作来共同解决世界面临问

---

① J.W.Hudson the History of Adult Education, Longman, Brown, Green & Longmans, Paternosten Row, 1851, reprinted in V.E.Newburg(ed.). The Social History of Education, no.5, The Woburn Press, 1969.

② 联合国教科文组织国际教育发展委员会编著：《学会生存——教育世界的今天和明天》，华东师范大学比较教育研究所译，上海：上海译文出版社 1979 年版，第 196 页。

③ [日]宫原诚一：《社会教育》，东京：光文社 1950 年版，第 13 页。

题的趋势，1946 年成立的联合国教科文组织就是达成合作意愿的产物。其次，过去沦为殖民地的国家，在二战后也通过主权的维护而接连不断地获得独立，于是对于涉及人格尊严、个人权利及争取自由为目标的民主化理念亦逐渐深入人心，并被普遍地浸透到教育领域之中，且在民族独立与社会经济发展的过程中起到了重要作用。再者，由于科学技术的快速发展及日新月异，也给人们的物质世界和精神世界带来了巨大改变，第一产业、第二产业在国民收入中的比重大幅度下降，而第三产业则呈现快速上升的趋势。产业结构的变化引发了就业结构的改变，而就业结构的改变又引发了教育体制机制的变化。正如保罗・朗格朗所指出的，社会的发展"动摇着整个教学观念和教学方法的传统基石"。[①]最后，成人教育的兴起也变成了促进传统教育改革的重要催化剂。如上述的朗格朗在其所著的《终身教育入门》一书中的第一章"对现代人的挑战"中，就曾详细地把现代终身教育论的产生归结为九个方面的原因：(1)现代社会各种变化的加速(思想、习惯、思维方式等)；(2)人口的增加(尤其是发展中国家人口数量的增加，发达国家人口平均寿命的延长)；(3)科学技术的进步(已影响到社会生活的各个角落)；(4)政治领域的挑战(现代社会市民对政治的关心及参政意识的增强)；(5)快捷的传媒(使个人与世界的联系更为紧密)；(6)余暇时间的增加(现代社会的进步使个人的余暇时间增加，而如何为余暇时间提供丰富的精神活动，这应该是教育者的责任和工作)；(7)生活方式及人际关系间的危机(时代的更迭，使既存的生活形式及传统的人际关系发生剧变，人们已无法继承过去，惟有在摸索中去开拓未来)；(8)精神与肉体的不平衡(现代社会的种种变化，使人的精神和肉体的平衡性遭到严重破坏)；(9)意识形态的危机(社会的瞬息万变，使现代人对特定的意识形态的信仰变得更为困难)。

可见，政治上民主运动的不断高涨，经济上科技革命导致产业结构和职业结构的重大变化，生活上因为新技术的应用而带来的生活现代化和更多休闲时间的利用，以及人口增长、大众传媒的迅速发展，都使得人们的认知受到了极大的冲

① [法]保罗・朗格朗：《终身教育引论》，周南照、陈树清译，北京：中国对外翻译出版公司 1985 年版，第 22 页。

击。它促使人们对传统的生活模式和价值观念进行深度思考,而这些思考的结果则都会引发对教育制度乃至教育理念的冲击和挑战。尤其是随着长期休假、工作分摊等新型劳动制度的提倡,个人的生产劳动亦有了更多的自由选择,而人们期望通过学校教育的唯一途径来培养人的手段,也开始让位于各种教育机构的联合与携手才能完成培养的目标。于是,终身学习——这一只有通过不断学习继续学习才能掌握新知识新技术的思想开始受到人们重视,而如何妥善利用闲暇时间去充实丰富多彩的生活,也成了人们普遍期待的愿望。总之,唯有对现行的、传统的、僵硬的教育制度予以彻底的变革与完善才能实现以上美好的愿景。正是在此背景之下,终身教育思想逐步兴起并引起各国政府与人们的普遍重视与关注。

(一) 保罗·朗格朗(Paul Lengrand):"全时空"与"全人"的终身教育论

英国成人教育家耶克斯利(A.B. Yeaxlee)最初在参与撰写《1919 年成人教育报告》(英国复兴部所属的成人教育委员会发布)时就指出,成人教育"应当是普遍的和终身的"。[①]耶克斯利从宗教的角度论述了每个人都应该终身接受教育的思想。在其写于 1929 年的著作《终身教育》中曾指出,教育不应仅开始于儿童和青少年时期。[②]之后,杜威的"生长论"、林德曼(E. Lindeman)的成人教育理论中都融合了有关终身教育的思想。1945 年,中国近代教育家陶行知亦在一篇英语论著 *Educational for the whole life*(为了一生的教育)中,结合"生活教育""社会学校""教学做合一"等思想阐述了终身教育的概念。此外,1956 年法国国民议会的立法文件也曾建议人应当终身接受教育。而终身教育思想的正式确立,则得益于联合国教科文组织 1965 年"第三届国际成人教育促进委员会"的召开。在此会议期间,法国成人教育学者、联合国教科文组织成人教育计划处处长保罗·朗格朗以"终身教育"(education permanente)为题做了大会报告,他同时还提交了一份名为《关于终身教育》的提案。朗格朗在提案中论述了终身教育的重要,他借鉴了古

---

① [美]达肯沃尔德、梅里安:《成人教育——实践的基础》,刘宪之等译,北京:教育科学出版社 1986 年版,第 18 页。

② B.A.Yeaxlee. Lifelong Education, London. Cassel, 1929:164.转引自巨瑛梅:《终身教育的理论与实践:渊源、演变及现状》,北京师范大学博士学位论文 1999 年。

典人格形成论的思想，认为终身教育可以改革现代学校的僵硬化和停滞状况，同时还可以为完善教育体系提供新的有益视角。

朗格朗针对终身教育的推进特别提出了五项基本目标：(1)(社会)要为人的一生提供教育(学习)的机会；(2)对各级各类教育的实施必须进行协调与统合；(3)对小学、中学、大学以及地区性的社会学校、地区性的文化中心所发挥的教育功能，(政府或社会)应给予大力的支持和鼓励；(4)(政府或社会)应对类似工作日调整、教育休假、文化休假等针对本国公民的相关制度或相关举措的实施发挥促进作用；(5)为从根本上转变以往的教育观念，应使终身教育理念渗透到教育的各个领域。[①]他在论及"关于普及终身教育策略的提议"中亦特别强调了成人教育的功能。他指出，"成人教育在整个终身教育体系中是'火车头'"，[②]成人教育"在一定程度上发展了终身教育的实践"。[③]朗格朗试图对终身教育进行界定，认为终身教育"是一系列很具体的思想、实验和成就，换言之，是完全意义上的教育，它包括了教育的所有各个方面、各项内容，从一个人出生的那一刻起一直到生命终结时为止的不间断的发展，包括了教育各发展阶段、各个关头之间的有机联系"。[④]他指出，即使学校毕业以后，人们也可以在人生的各个阶段坚持学习。朗格朗上述的新型学习观与人生规划在后来的终身教育推进与发展中引起了国际社会的强烈反响。

由上可见，朗格朗的"终身教育论"无疑是为了"实现更美好的生活"，[⑤]同时主张在人生初期阶段的青少年教育以后，要继续开展成人的学习活动，并扩充成人教育的机会，改进成人教育和儿童教育，其表现出的特征是对整体近代教育体系进行改革并建立新型的现代终身教育体系。朗格朗的终身教育思想对传统的教育观进行了批判，他强调：教育应贯穿人的一生，且人生中各个阶段的教育都应该是互相作用的；教育的场所也不限于学校，应该发挥社会机构的教育功能；成人

---

① 吴遵民、黄欣：《实践终身教育论》，上海：上海教育出版社2008年版，第9页。

② [法]保罗·朗格朗：《终身教育引论》，周南照、陈树清译，北京：中国对外翻译出版公司1985年版，第140页。

③ 同上书，第16页。

④ 同上书，第15—16页。

⑤ 同上书，第17页。

教育对整个教育的贡献是具有决定意义的。我国著名教育学者叶澜亦指出，保尔·朗格朗在终身教育领域内不仅做出了系统、深入的研究，告诉了我们“终身教育”是一个“人生”时空覆盖的教育概念，且朗格朗还通过对现实的批判警示告诉人们什么不是终身教育，从而确定了终身教育的概念、价值、目标和基本原则。①

1970年，联合国教科文组织决定把“终身教育”作为联合国“国际教育年”的主题之一，同时将终身教育理念推荐给各成员国。同年，朗格朗出版了专著《终身教育引论》*An Introduction to Lifelong Education*，该书系统地阐述了终身教育思想。此书一经出版，即被译成20多种文字，其思想与观念极大地推进了终身教育在世界范围内的推进与普及。在上述终身教育的社会化和终身化的构想之下，20世纪70年代以后，一些发达国家开始构建新的教育体系。如在一些国家，“终身教育”被理解为包括大学等正规学校中成人学生的学分、资格证书、企业的研修、职业训练等在内的教育体系，并带有延长青少年学校教育的特点。在英国，以劳动者教育运动和大学开放为基础发展并确立起来的自由教育型的成人教育与实用型、训练型的职业教育本来是分属不同的教育体系，但在终身教育思想的影响下，上述两种教育开始统一使用“成人和继续教育”(adult and continuing education)，或“成人教育和训练”(adult education and training)等更加宽泛的概念。而在使用“终身教育、终身学习”这一用语时，学校化、企业化、市场化的教育形态也被视为终身学习的重要方面。同时，还出现了普及医师、教师等特定职业继续研修义务化的所谓必要的“继续教育”(mandatory continuing education)②等学习体系深化的倾向。由于朗格朗提倡要统合各种学习机会，因而成人期的教育亦倍受重视，传统的成人教育概念也正面临着现代化转型与变容的现实。

(二) 埃德加·富尔(Edgasrd Faure)：学会生存和终身学习

20世纪70年代以后，虽然扩张学校教育的代价惨重，且学校教育本身因为病理性现象频现而引发重重弊端，但不断发展的成人教育实践和灵活多样的校外

---

① 叶澜：《终身教育视界的深刻意蕴：全时空性的全人发展》，《人民教育》2017年第1期，第13—18页。

② J.W.Apps. Mandatory Continuing Education, in C.J.Titmus (de.) Lifelong Education for Adult: An international Handbook, Pergamon Prees, 1989, p.70—71.

教育形式及多样化的校外教育活动等却均为终身教育思想的产生与发展提供了有利的条件与基础。

1972 年，联合国教科文组织在东京召开了第三届国际成人教育会议，此次会议肯定了终身教育的思想，着重探讨了成人教育在终身教育中的作用，会后并出版了国际教育发展委员会的报告书——《学会生存——教育世界的今天和明天》*The World of Education Today and Tomorrow*。由于该报告书是在实地考察和研究世界教育形势的基础之上，通过多次的会议讨论后形成的，因此在世界各国引起了广泛影响，它同时也是继朗格朗所著《终身教育引论》之后有关终身教育的又一部力作。该报告的一些有关终身教育的观念，后来还被社会各界广泛引用，由此亦享有“理想型终身教育”最佳代表的美称。①

国际教育发展委员会主席、法国前教育部长埃德加·富尔参与了报告书的撰写，由于他的努力，终身教育思想被带入了一个更高与更广泛的认识层面和推进平台。其重要贡献在于“把终身教育作为发达国家和发展中国家今后若干年内制定教育政策的主导思想”，②与此同时还提出了终身学习和学习化社会的概念，以及把终身教育确立为“学习型社会的基石”，③从而把终身教育的理论提升到了一个更高的层次。“终身学习”(lifelong learning)的概念，系由报告书《学会生存》提出，该报告书指出，“虽然一个人正在不断地接受教育，但他越来越不成为对象，而越来越成为主体”。因此“应当把重点放在教育与学习过程的‘自学’原则上，而不是放在传统教育学的教学原则上”。它强调了学习的重要性，认为“每个人都必须终身不断的学习”。④

《学会生存》还分析了旧教育体制、精英主义教育模式的弊端，认为其不仅违背了教育发展的基本宗旨，而且也与时代发展格格不入。该报告书认为，西方主导型的教育模式也不符合第三世界国家的自主发展国情，解决不了他们面临的问

---

① 吴遵民：《现代国际终身教育论》，北京：中国人民大学出版社 2007 年版。

② 联合国教科文组织国际教育发展委员会：《学会生存——教育世界的今天和明天》，华东师范大学比较研究所译，北京：教育科学出版社 1996 年版，第 124 页。

③ 同上书，第 240—241 页。

④ 同上书，第 201—203 页。

题。该报告书最后提出了21条革新教育的建议，建议分别涉及教育政策的指导原则、教育机构与教育手段、学前教育、普通教育、职业教育、高等教育、扫盲教育、成人教育、新技术应用、师资培训以及学习者的责任等。该报告书特别强调了终身教育与成人教育之间的内在联系，认为“成人教育特别重要，因为成人教育对于非成人教育的教育活动是否成功，可能起到决定性的作用”。①该报告书还强调了科学的人文主义教育目的，指出应该进行“科学训练和培养科学精神”，这是“当代任何教育体系的主要目的之一”。②该报告书在批判传统教育弊病的同时，基于实证调研提出的一些重要教育理念，对于世界各国构建终身教育体系具有重要指导意义。虽然报告书被誉为“信息时代迈向学习型社会”的重要宣言，但因为时代的局限性，其也仍然存在种种不足。如对教育的作用过于夸大，对教育的成果期待过高，对“无形教育”的影响论述不足，对建立终身教育理论与实践体系仍然缺乏足够深入的探讨等，③甚至还有学者批评它是“前进了一步，后退了两步”，④等等。

《学会生存》以后，1976年联合国教科文组织又发表了《关于发展成人教育》的建议书。该建议书首次强调了终身教育和教育权利之间的关系，其从基础终身教育的角度出发，认为成人受教育应该是教育权利的一个基本方面。⑤联合国教科文组织汉堡教育研究所前所长戴维（R.H.Dave）亦强调终身教育是一种综合的学习活动，是“在人生的各个阶段及领域，以带来启发及向上为目的，并包括全部‘正规的（formal）’‘非正规的（non-formal）’及‘不正规的（informal）’学习在内的，一种综合和统一的理念。”⑥

根据Colin J.Titmus等编著的、刊发于1979年的、由联合国教科文组织主持

① 联合国教科文组织国际教育发展委员会：《学会生存——教育世界的今天和明天》，华东师范大学比较研究所译，北京：教育科学出版社1996年版，第269页。

② 同上书，第203页。

③ 徐辉、李薇：《迈向学习型社会的重要宣言——写在〈学会生存〉发表40周年之际》，《教育研究》2012年第4期，第4—9页。

④ John Simmons. “The Report of the Faure Commission: One Step Forward and Two Steps Back”, *Higher Education*, No.4, 1973.

⑤ UNESCO. Recommendation on development of adult Education[R].1976. [2017-12-07].http://portal.unesco.org/en/ev.php-URL_iD=13096&URL_DO=DO_TOPIC&URL_SECTION=201.html.

⑥ 吴遵民：《现代国际终身教育论》，上海：上海教育出版社1999年版，第13页。

编写的《成人教育用语汇编》的解释，“终身教育”被界定为：“这一概念源于教育不是限于儿童期的初等教育的一次性的经验，而是贯通于人的一生的、继续性的教育。人的一生本身就是持续不断学习的过程，每个人为了迎合技术和社会的发展，同时为了适应自身生存环境（结婚、为人父母、参加工作、高龄期等）的变化，进而达到个人的全面发展，因此需要继续性、目的性、阶段性的学习机会。终身教育包含着个人的有意识的学习经验和偶发性的学习经验这两方面的内容。”①上述定义集合了后人对朗格朗观点的争议，而与朗格朗观点的相似之处则在于他们都聚焦在以普及学校教育为前提，继而保障成人期教育的视点上。换言之，人们都认识到终身学习的过程是成人特有的动机和需要，也是个人内在的必要以及成人担任的社会职责。他们都认识到基于对应个人人生规划的必要，而这种“偶发性”（incidental）的学习经验与有意图的学习经验同样，意义十分重要。于是人们逐步关注超越组织化教育过程的、具有更加广泛意义的、在日常生活中的学习。简言之，以组织化教育过程为中心的教育观，已经开始向包容日常性、经验性等多种学习形态的学习观进行扩充和变革，但其同时也带来了导致“终身教育”与“终身学习”概念模糊不清的负面影响。

三、终身教育思想的探索：反体制终身教育论

终身教育思想在1965年被提出以后，在多个国际组织的大力宣传与推动下，其已成为世界潮流，理论体系也日趋成熟，而随着批判教育学思潮的日渐壮大，“反体制型终身教育论”开始成为终身教育领域中颇受关注的新生力量。

在这一时期，以弗莱雷、捷尔比、伊里奇等人为代表的教育学者，他们认为教育从来都不是无关政治的，教育本身总是在有意或无意之中传播着中心意识形态，而他们的终身教育理念亦力求为社会底层的民众发声。他们指出，终身教育的超时空性意味着人们自在自为地生长，同时教育内涵被扩充到了令人难以置信

① Prepared by C.J.Titmus and Others, *Terminology of Adult Education*, UNESCO, 1979, p.29.

的程度。由此,人们大可把教育看作一种向社会不公进行抗争的武器。人的学习本身也成为了自我解放的范式,人们从生到死都可以通过教育来改变自己的命运,进而照亮社会中那些令人不忍直视的黑暗面。

反体制型终身教育的理念虽然特立独行却极富人文关怀,他们大胆创新甚至敢于质问千百年来传递人类文化知识的学校在现今社会是否还有存在的合理性,他们也通过质问"学校是什么"进而引出更深层次的"教育是什么",最后则是对人类文明形成以来,千千万万人都在苦苦追寻的终极问题——人存在的意义是什么,个体的生命价值何以实现等深度的思考与探寻。反体制型终身教育的理念促进了终身教育的发展与深化,同时也使得终身教育不再只以欧美话语体系为独断。他们的思想也促使我们进行了如下的思考,即终身教育的中国话语又应该如何呈现。

(一) 弗莱雷(Paulo Freire):《被压迫者教育学》

巴西教育家保罗·弗莱雷(Paulo Freire)是学界公认为20世纪50年代以来最重要的教育家之一,他也是一位献身于平民教育的成人教育实践家,更有人认为他是自赫尔巴特、杜威以来,教育理论史上"第三次革命"的开创者和实施者。[①]在长期的教育实践中,弗莱雷提出了许多与传统教育思想截然相反的观点,由此也形成了他独特而丰富的解放教育理论。这一理论具有着强烈的激进、批判、民主、革命和反主流的思想意识,其不仅影响了第三世界国家的教育发展,而且也对包括美国在内的许多发达国家的成人教育及社会理论的发展产生了极大影响。[②]首先,保罗·弗莱雷十分重视成人教育的推进,他认为成人教育的目的主要就是培养成人的主体意识和批判精神。[③]他对众多成人由于过去长期受殖民剥削而失去受教育的机会而成为文盲,并进而被排斥于国家政治选举权之外的现象深感痛心。由此他指出成人教育首先应该是解放的教育,重要的是让人们如何从受压迫

① 董标:《哪里有压迫,哪里就应该有〈被压迫者教育学〉——试述保罗·费莱雷的"解放教育学"》,《比较教育研究》2002年第8期,第1—6页。

②③ 姚远峰:《保罗·弗莱雷的成人教育理论和实践》,《湖北大学成人教育学院学报》2001年第3期,第29—31页。

的状态中去寻求解放的途径。弗莱雷的解放教育是针对驯化教育而提出的。他指出，传统的教育（包括扫盲教育）是实施驯化式的教育，将人“驯化”成与现存制度、现存文化相一致的成员。这种教育禁锢了人们的思想，束缚了人们的创造性。为此针对现代教育，他把传统教育比作是一种“银行存款”。在《被压迫者教育学》一书中，他如此评论道：“这种教育成了一种存款行为，在这种教育中，学生是账号，教师是存款者。师生之间没有相互交流，有的是教师讲授知识，进行‘存款’，学生只有耐心地接受、记忆和重复……。在教育上的这种‘银行存款’式的概念中，知识是那些自诩为博学的人赐予被其认为无知的人的一种赠品……。学生接收存款越多，他们发展批判意识就越少，而这种批判意识本来可以使他们作为世界的改革者介入于这个世界。”他还指出，在这样的教育中，教师无所不知，而学生一无所知；教师是主体，处于知识的权威地位，学生则是被动地接受知识的客体，师生之间没有对话式的交流和学习。弗莱雷认为长期经过这种教育以后，学生就会成为没有批判精神的、异化的、反智力的人，其有损于学生批判意识的形成与发展。①与此同时，由于这种教育强调的是单向性的，不是相互交流式的教学；是垂直性的，不是平行性的教学；是外部强加性的，不是内部主动的教学。因此，弗莱雷在其所著的《被压迫者教育学》中提出了人的使命问题——人性化。弗莱雷认为人的使命是要追求人性化或人道化，解放教育的本质就是要恢复人性，“学习”的本质应该也必须是一个“自觉化”的过程，也即受迫害者们通过教育或学习的过程，来使自己从受压迫的状况中解放出来。②“意识化”是弗莱雷教育理论的核心，也是贯穿其教育思想的红线。所谓意识化，指的就是通过教育唤起人民（被压迫者）的觉醒，使他们认识到自己在历史创造与发展过程中的主体性，并最终获得人的解放。弗莱雷解放教育的思想对国际终身教育理论以及成人教育实践产生了深远影响，尽管他的成人教育理论存在一定的局限性，即试图通过成人教育培养

① 黄志成、赵珩、杨丽华：《保罗·弗莱雷的解放教育理论——弗莱雷教育理论与实践研究之三》，《全球教育展望》1997 年第 5 期，第 43—50 页。

② 吴遵民：《关于现代国际终身教育理论发展现状的研究》，《华东师范大学学报》（教育科学版）2002 年第 3 期，第 92—99 页。

人的批判意识以最终实现人类解放的思想有点夸大了成人教育的作用，但其观点仍然启示着当下的成人教育实践需要树立为所有自主学习的成人服务为己任的思想，并按照终身教育和学习型社会的要求，打破传统的单一追求学历的目标和经济效益为主的观点，同时还更需要因材施教，尊重不同学习者的个体特征等差别，以实现人的意识解放和社会发展。

(二) 伊凡·伊里奇(I.Illich)：学校批判视角下的去学校化理论

伊凡·伊里奇出生于奥地利维也纳的一个天主教家庭，在学期间他就表现出对新马克思主义批判理论的强烈兴趣。35 岁时伊里奇前往墨西哥，并在墨西哥设立跨文化资料中心，在此中心他将自己的成人教育理念付诸实践，许多成人教育学家先后驻足于此，如弗莱雷、爱维特等，通过思想交锋、实践积累，伊里奇在这里形成了他自己激进的成人教育思想。①

作为非学校化社会理论的创始人，伊里奇也是一个思想特立独行、著述甚丰的反体制型教育学者，而其代表作《去学校化社会》(*Deschooling Society*)则更是囊括了其非学校化社会理论的精华。此书问世于 20 世纪 70 年代，当时西方国家刚好度过了第二次世界大战后二十多年的平稳发展期，但是处在工业生产的生活过程中也面临着许多困境。如人们在高速发展的现代社会中陷入了自我存在的恐慌，周一到周五人们朝九晚五，回到家后便坐在椅子上对着黑色的“箱子”(电视)，周末做做礼拜、喝喝茶，于是新的一周又开始了。似乎人生就是在不断地重复，那么人存在的意义又究竟在哪里？伴随着这些自我怀疑的是黑人民权运动、环境污染等，而学校教育帮助“处境不利儿童”的效果也甚微。在这样的时代背景下，伊里奇开始了他对教育世界的批判、怀疑和建构。

伊里奇的批判逻辑建立在三个基础之上，即对学校的批判、对学校与社会关系的批判、对现代社会的批判。②其受法兰克福学派的影响，把人类文化、意识形态等都作为批判对象。在其眼里，人类的学习过程系由发生在祖辈相承或环境陶

---

① 姜晓宇、何光全：《国外成人及继续教育学者——伊凡·伊利奇》，《成人教育》2013 年第 2 期。

② 吴康宁：《破除学校神话，走向学习化社会——〈去学校化社会〉译者导读》，《教育学报》2017 年第 5 期，第 121—128 页。

治之中，但人们在工业化的进程中创立了新的社会机构——学校，以此来帮助孩子完成学习过程，而学校这个机构就导致了人的异化。首先，人们让渡了自己自我学习的能力，人们开始把自己受教育的希望全然寄托于学校，短短十几年学校教育开始替代了教育的原初含义。其次，学校以不容侵犯的姿态垄断教育资源，并拒绝承认未进入过学校的人是受过教育的人。也就是说，学校断然把人的生活世界分为了两大部分，学校内与学校外，校内人们是受教育者，而校外人们的生活则被拒绝贴上“教育”的标签；最后，学校甚至使得学习本身异化，学习成为商品，①于是人人想通过购买这种商品从而走向高一层次的社会阶层。但本身处在高一级社会阶层的人们又往往能够买到更优质的“商品”，最终不是人购买商品而是商品控制着人，于是人的价值在机构化的社会中不复存在。

对于学校与社会关系的批判，伊里奇指出，学校并不像我们以往认为的那样只是任由政治体制宰割的小绵羊，学校本身就是社会危机的元凶之一。学校并不只是在被动接受着社会给予的机构职能，它本身是社会运行机制的缩影，当人们臣服于学校的专制垄断，也就在向其他所有社会运行机制摇尾乞怜。

所以由于机构的统治，现代社会已不再是在产生制度而是成为制度化的产物，人与人之间的交往也都已被预先规划完整。人的自由在现代社会中被禁锢，现代社会不人道也了无生机。由此，在伊里奇看来，破除机构的权威性，走出学校之外，人们才能重拾批判的能力与反抗的勇气，于是当代社会要向去学校化的社会转变。

那么人人可以自由思想的去学校化社会又如何实现呢？伊里奇在《去学校化社会》中做出如下的构想。一是将“自由”归还给学习者，并以此作为教育理念。他指出，学习的意义首先体现于学习者的主观意念，学习者的自由意愿也决定着学习效果；由此需要建立自由开放的学习网络。这个网络可以由四个子网络构成：参考服务中心；技能交换网；同伴联络站；职业教育家咨询中心。②他认为这种

① 武青、陈红兵、格雷·怀斯：《控制与自由：伊凡·伊利奇的工具批判思想解析》，《科学技术哲学研究》2017年第4期，第42—46页。

② 赵红亚：《伊里奇终身教育思想探微》，《成人教育》2007年第11期，第11—15页。

网络可以帮助人们独立、自为地生活并且关照他人的生活。在这个网络中，人们不必接受他人规定所学的事物，但却能够享有同样的学习机会、平等的选择权。

伊里奇见证了社会“机构化”给予人们的重创，于是带领现代人去反思，那些习以为常的事物其所存在的合理性，并敢于挑战权威。伊里奇的去学校化思想提出以后也受到了多方面的批判，如有人认为他的出发点是减少了人们对学校的依赖，并探寻更多的路径使人的生命力量得以呈现，那么以“网络”代替学校的做法是否只是给人们打了一剂治标不治本的止痛针呢？毕竟“网络”本身也是一种制度。不过从这里也可以看出，伊里奇并不是在违背历史自然运行规律而去莽撞地把学校废除，他只是以现代社会、现行制度为起点去生发，去让学校以外的非学校教育思想闪耀而不至于让这种光芒被荫蔽。

（三）捷尔比(Ettore Gelpi)：《终身教育——被压制与解放的辩证法》

1933年艾特里·捷尔比出生于意大利的米兰，其后在美国芝加哥大学获得成人教育的硕士学位后回到意大利从事文化与社区发展活动，在此期间其又主要服务于劳动者、流浪儿童等弱势群体。1972年，捷尔比接替保罗·朗格朗担任了联合国教科文组织终身教育部门的负责人，①1983年，其在终身教育领域的代表作《终身教育——被压制与解放的辩证法》出版，书中阐述了终身教育的内涵、目的和特征等。

捷尔比的终身教育思想主要扎根于自己的工作实践中，他由于常年为弱势群体服务，因此这种经历使得他的教育思想充满民主、平等与反抗的精神。作为朗格朗的继承人，他进一步丰富并发展了朗格朗关于终身教育的思想。如他认为：“终身教育是学校教育和学校毕业以后教育及训练的统合；它不仅是正规教育和非正规教育之间关系的发展，而且也是(包括儿童、青年、成人)通过社区生活实现其最大限度文化及教育方面的目的，而构成的以教育政策为中心的要素。”所以在捷尔比的眼中，终身教育无论是在时间还是空间上，都远远超出了学校教育。他还认为，传统教育学的研究范围过于狭窄，人们需要冲破以往教育系统带给我们

① 焦春林：《捷尔比终身教育思想研究》，《成人教育》2009年第3期，第17—18页。

的限定和条条框框，教育研究要走向多元化，要重视社会学、心理学、医学、经济学、哲学、文化学等领域的研究成果。此外，发展终身教育也不能仅依靠政府官员和教育领域内的学者，想要终身教育充满活力，就必须要使理论与实践结合、学者与民众交流。

比起朗格朗的终身教育理念，捷尔比的理论更加看重实践，并且更加注重在终身教育实践中倾注“解放”的意识，他认为终身教育和学校教育一样，依然承载着特定人群加注其中的意识形态。而终身教育本身则应该是“为蒙受利益损害的人们、受到压制的人们，以及遭受排挤、压榨的集团获取解放的工具”。

对于发展终身教育的目的，捷尔比分了两个层次来予以阐述。对于个体而言，“以达成作为本质的个人的自主性或文化教育的自律性为目的”。也就是说，终身教育要满足个体的学习发展需要，为每个社会成员提供各式各样的学习机会。对社会来说，终身教育则是“作为社会的、政治的诸过程中的一部分而存在”。那么终身教育就不仅要考虑个体发展，还要考虑整个人类社群的共有文化的发展，考虑如何培养公民并促进和谐社会建构的发展。而前一个目的正是后一个目的所需要实现的基础。换言之，人们学习的主观意念越获得尊重，他们就越可以以生活中所面临的困扰为中心来展开学习。不言自明，这是一种超出单纯知识吸收的学习，是呼吁社会有必要为人们提供劳动者的知识、技能和训练的学习。此外，人们还应抛弃以往的价值观、行为方式和态度等，主动地更新自我、拥抱未来，以最终通过个人力量的集合，达成民主和谐社会的构建。

与此同时，捷尔比还基于历史和社会的研究方法来研究终身教育。如他认为，教育具有相对的独立性，但不论是哪一时期的教育，都自始至终为某个阶级或群体发声，终身教育也不例外。在这个意义上来说，教育既是“自私”的，又是“无私”的，教育是某些人手中的有利武器，同时也可以成为任何人手中的武器。对捷尔比来说，他倾向于为那些“手无寸铁”的人们打造抗争的武器，以改善他们现有的生活。对终身教育领域中的实践者来说，他们也必须要回答这样一个问题，即发展终身教育真的是为了每一个人达到应有的或能够有的发展程度吗？捷尔比的终身教育更是多元的，这种多元来自生活，正是多年基层的实践使得其他的教育理论复原了"生活世界"的特性。据此,他指出,如果发展终身教育的任务仅被交给教育学家,那么学校教育所有的弊端都可能会一一呈现于终身教育之内。捷尔比反体制型终身教育论的思想实践也给我们带来了另一重思考:即发展成熟的学校教育本身是否也会成为终身教育体系建构过程中的一块"绊脚石"?

四、终身教育思想的推广:实践终身教育论

(一)发达国家终身教育的推广与实践

自20世纪60年代中期以来,在联合国教科文组织及其他有关国际机构和组织的推动下,终身教育作为一种极其重要的教育理念在全球得以越来越广泛地传播和推广,许多国家把终身教育看作未来发展的重要教育政策或战略导向。终身教育思想也作为当今世界最具影响力的教育思想和社会可持续发展的重要途径,而在世界各国引起极大反响。许多国家纷纷以终身教育理念为指导,积极构建本国的终身教育体系和学习化社会,以谋求经济社会的发展和满足人们日益增长的精神文化需求。美国、日本、英国、法国、德国等国还在实践终身教育的过程中积累了丰富的经验。具体来看,其发展终身教育的实践特征又主要体现在以下几个方面:

1. 制度保障:政府高度重视终身教育的立法工作

终身教育和终身学习在当前已经成为许多发达国家教育法规的重要指导原则和组成部分。①一些政府高度重视终身教育的立法工作,他们通过立法把终身教育列入经济、社会和教育的整体规划之中,并具体规定社会、政府以及个人在终身教育体系构建中的各项权利、义务和责任。立法还具体涉及终身教育和终身学习的目标、范围、机构和途径等,以促进社会各个方面参与终身教育体系和学习型社会的构建。成人教育作为终身教育的重要组成部分,一些国家也予以了积极推进。如美国政府在二战以来就积极推动成人教育的发展,并在1966年颁布了《成

① 周西安、杨丽丽:《发达国家终身教育体系的构建及启示》,《合肥师范学院学报》2005年第4期,第99—102页。

人教育法》，这也为终身教育的快速发展奠定了基础。[①]20 世纪 70 年代，美国又开始了终身教育相关法律的制定，1976 年在修订《高等教育法》时，就将《终身学习法》(也称为《蒙代尔法》)的制定作为其中的一部分，如该法强调“美国人民需要终身学习，以适应社会、科技、政治和经济的变迁”。它的颁布标志着美国终身教育实践的进一步深化。1994 年，克林顿政府制定了《2000 目标：美国教育法》，其中规定了联邦政府、州政府在教育改革和终身学习中明确的地位和责任，如其强调培养儿童的“终身学习能力”，提倡旨在“为成人教育提供更多的学习机会”。日本也是世界上推行终身教育比较早的国家之一，在 1990 年就制定了《终身学习振兴法》，这是日本国内第一部关于终身教育的成文法，[②]其对日本终身学习的推进、保障公民终身学习的机会以及政府应承担的职责等都提出了明确的政策建议。之后，日本政府又陆续颁布了《关于适应今后社会变化的终身学习振兴方策》《我国的文教政策》《关于充实社区终身学习机会的咨询报告》等一系列政策文件，为终身教育的发展保驾护航。而德国也在 1970 年制定了《教育制度结构计划》，该计划指出了终身教育是政治、经济、科技发展的关键因素。1990 年，德国联邦议会的研究委员会又发表了《未来的教育政策：教育 2000》的文件，明确指出终身教育的重要性和人人享有均等的终身教育权利。[③]韩国则于 1999 年正式颁布并实施了《终身教育法》，2000 年，又制定了《终身教育法律实施条例》，由此进一步完善了韩国终身教育的法律体系。

从以上的列举中可以看出，许多发达国家的教育改革都是以终身教育为指导思想，而通过立法确保终身教育地位的稳固，这也是各国推行的一项行之有效的重要举措。

2. 机构保障：终身教育载体的多元化

终身教育活动的开展、终身教育体系的构建以及学习型社会的建设都离不开

① 国卉男：《当代国际终身教育政策的回顾与展望》，《外国中小学教育》2013 年第 1 期，第 17—23 页。
② 黄欣：《终身教育立法：国际视野与本土行动》，《教育发展研究》2010 年第 5 期，第 30—34 页。
③ 李淑丽：《发达国家终身教育改革与发展的经验及启示》，《教育学术月刊》2007 年第 10 期，第 98—99 页。

各种教育载体，建立多元的终身教育平台以及充分发挥其终身教育的功能是终身教育常态化的关键举措之一。20 世纪 80 年代以来，世界上许多发达国家纷纷依据本国国情进行了终身教育载体的多元化建设，以促进终身教育的发展和终身教育理念的普及。如美国推进终身教育的机构众多，包括正规的和民间的教育机构，它们都为美国民众提供了大量的学习机会。其中社区学院是美国推动终身教育和终身学习的重要机构之一，其积极拓展社区教育的职能，同时也为成人教育、高等教育、职业教育的三者结合开辟了新的途径。①除机构参与办学、政府和立法机构给予支持以外，美国的普通民众和私人财团亦对终身教育的推进表现出了极大的热情，它们为美国的终身教育发展建立了可靠的外部机制。如教会、红十字会、基督教青年会等民间组织在美国终身教育体系的构建中都起着重要的作用。日本则通过建立社区和区级三个学习圈体系来构建终身教育体系。公民馆是日本开展终身教育的重要设施，遍布于日本的各市町村，它是集乡间的公民学校、图书馆、博物馆等功能于一身的社会教育机构，具体推进是通过开设各种学习班、讲座等活动来满足各阶层人员之间不同内容的学习要求。英国则创建了住宿制学校、开放大学、社区学院、成人教育中心等多样化的学习机构。②这些发达国家在构建终身教育体系的过程中，积极拓展实施终身教育活动的重要载体，由此满足了人们多元化学习的需求。

3. 理论和经费保障：终身教育理论的深化和强大的经费支持

事实证明，终身教育实践的展开必须首先得到理论的支持。早在 20 世纪 20 年代，西方发达国家就开始展开对终身教育的理论研究，如早在 1920 年，英国诺丁汉大学就设立了成人教育系，开展成人学习特性的研究以及培训成人教育师资的任务。如今，英美两国的大学普遍设立成人教育学术机构，包括硕士、博士学科点，系统地展开了对成人教育理论、终身教育理论以及师资专业培训的工作。日本则设立了一系列由政府主持的终身教育内部研修及研究设施，同时政府还大力

① 吕星宇：《当代美国终身教育实践对我国的启示》，《当代继续教育》2007 年第 5 期，第 30—32 页。

② 李淑丽：《发达国家终身教育改革与发展的经验及启示》，《教育学术月刊》2007 年第 10 期，第 98—99 页。

支持民间教育组织开展对终身教育的理论研究，近几十年来日本学术界出版了上千种有关终身教育的文献与专著，同时并积极参与政府教育审议会参与政府制定终身教育政策的活动。①在经费方面，发达国家强大的经济实力也是开展终身教育的坚实基础和重要支柱，一些发达国家在构建终身教育体系和学习型社会的过程中，投入了大量的资金，为各项终身教育活动的有序开展打下了坚实的基础。如在美国，各个财团、企业、私人的赞助或捐助成了终身教育开展的主要资金来源，其中私人企业是美国终身教育资金的最大提供者，其各种终身学习活动的推广亦在很大程度上是由于得到了财团的大力支持，同时美国政府在提供经费支持方面也扮演着重要角色，如通过实施“终身学习税收信贷计划”，以为成人终身学习者提供财政援助。日本终身教育的经费主要来源于各级政府的资助，早在1976年，文部省社会教育局编制的预算中就已经有了“终身教育”的项目，之后各级政府通过各项措施对终身教育进行资助和支持。此外，法国的职业培训基金与带薪休假制度，德国的带薪休假制度和对个人实施继续教育援助的制度也是发达国家支持终身教育发展的典型代表。简言之，在逐步推广和实践发展的过程中，各国都已形成了政府、民间组织和个人三方共同承担终身教育费用的格局，而上述举措亦为各国终身教育体系构建的实践提供了强有力的重要保障。

(二) 联合国教科文组织对终身教育的推进

在世界终身教育的发展与推进过程中，联合国教科文组织的作用不可谓不大。1965年，保罗·朗格朗关于终身教育的理念首先就是被联合国教科文组织充分肯定并大力推广，其间出版了大量有关终身教育的书籍与文献。而终身教育思想能够成为国际思潮并迅速得以在世界范围的推广与普及，也与联合国教科文组织的贡献密不可分。

早在终身教育的初创期，联合国教科文组织就曾多次召开促进成人教育发展的国际会议，而就在第三次会议中朗格朗做了关于终身教育的报告。该报告提出：人的一生应该持续不断地接受教育和进行学习，这一过程应该从出生到死亡、

---

① 王华轲：《发达国家终身教育发展的特征及其启示》，《河北师范大学学报(教育科学版)》2004年第4期，第52—56页。

从摇篮到坟墓，贯穿始终。这一宣言式的理念标志了现代终身教育思想的正式确立。而后，联合国教科文组织又以终身教育理念来指导教育工作的开展，如 1970 年不仅被定为“国际教育年”，而且终身教育就成为当时的研究主题之一。同年，朗格朗的代表作《终身教育引论》出版，全书 11 万余字，书中对终身教育的概念、意义、原则、内容、方法及发展战略等都进行了系统阐述，此书后来被翻译成多种文字及多次再版，并最终成为一本终身教育的入门书而载入史册。

终身教育的发展进入深化期以后，联合国教科文组织继续大力推进终身教育的理论研究工作，其在 1972 年主持出版了《学会生存——教育世界的今天和明天》，此书对国际教育发展的历史进行了追溯，并对当时世界发展所面临的问题进行了全面的分析；科技、人口、多元文化、信息爆炸等皆成了新时期国际社会即将要面临的问题与挑战。而要应对这些挑战，该书指出，各国应该通力合作，如发达国家应该向欠发达国家提供必要的援助，同时在师资、设备、制度、观念等方面进行交流和支持；又如需要革新当前的教育体系，把教育的目的由功利化转向科学基础上的人文化；再如需要改革当前的教育评价制度，促进师生关系平等，促进人的学习潜力，并构建一个迈向终身学习的学习化社会等。1977 年，教科文组织又主持编写了《今日的教育为了明日的世界》，书中认为终身教育的出现将使世界教育的面貌产生巨大的变革。其同时针对当今世界所存在的教育问题，指出需要对现存的教育制度进行全方位的改革，以促使人人接受平等的教育。在此期间，教科文组织还召开了多次有关终身教育的会议，如 1975 年召开了第 35 届国际教育大会，讨论了世界教育发展的趋势；同年又召开了关于“站在终身教育的角度看教师以外的人员对于教育活动的贡献”的讨论会以及“从终身教育看教育内容”的专家会议；1976 年，联合国教科文组织在肯尼亚召开会议，会议通过了《关于成人教育发展的建议》；1977 年，联合国又以“使终身教育成为正规大学活动的一部分”为主题召开了专家委员会会议；1985 年，则召开了第四届国际成人教育会议，对成人教育在终身教育体系中的地位进行了深入探讨。①

① 程换弟：《从公益事业走向全球共同利益——联合国教科文组织全球终身教育推动进程研究》，河北师范大学硕士学位论文 2017 年。

当终身教育从一种理念逐渐走向实践之际，联合国教科文组织又适时地进行了推动，从而使得这一时期的终身教育实践及成果遍地开花。如在 1996 年，其时担任国际 21 世纪教育委员会主席的德洛尔提交了名为《教育：财富蕴藏其中》的研究报告。报告正文由三部分构成：前景、原则和方针。报告高屋建瓴地提出了学会认知、学会做事、学会共处和学会生存四个教育建议。该报告在世界终身教育的改革与实践中具有深远的影响。2000 年，在塞内加尔的达喀尔教科文组织又举办了世界教育论坛，并发布了《达喀尔行动纲领》。纲领确立了包括扩大和改善幼儿，尤其是最脆弱和条件最差的幼儿的全面保育与教育在内的六项教育目标，同时并提出了十二项战略措施以促进目标的达成。例如，动员各国和国际社会从政治上大力支持全民教育，制定国家行动规划，并大大增加对基础教育的投资；又如，在一个与消除贫困和发展战略紧密联系的可持续的和综合的部门规划框架内推动全民教育政策的执行等。[①]2015 年，《教育 2030 行动框架》发布，该框架规划了未来十五年联合国教科文组织的行动路线，即旨在"取向全纳与公平的优质教育，以为所有人提供终身学习的机会"。[②]"行动框架"共分为三个部分：2030 年愿景、基本原理和原则；总体目标、战略方法、具体目标和测量指标；具体实施的方式。报告中有七个与教育相关的目标，如目标之一，是到 2030 年，确保所有女童和男童接受完全免费、公平和优质的中小学教育，并获得相应的、有效的学习资源。该行动框架还倡导所有国家采取现实行动，为目标的实现作出努力。除了这样一些标志性的文件、报告以外，联合国教科文组织还发布了其他许多与终身教育有关的文件，如《仁川宣言》《迈向知识型社会》等都制定于这一时期；与此同时，其在泰国、印度、中国等国家也多次召开国际性的终身教育会议。

总体来说，联合国教科文组织对终身教育的认识也是随着实践与理论的发展而逐渐深化。当终身教育的概念刚开始出现时，其仅仅作为发展成人教育的一部分而被使用，并且在很长的时间内终身教育都停留在理念层面而未能指向实践。

---

① 张力：《从国际国内政策视角看教育公平》，《基础教育》2015 年第 3 期，第 26—28 页。

② 转引自：孙刚成、张丹：《基于"教育 2030 行动框架"的终身教育理念及其价值取向》，《成人教育》2018 年第 1 期，第 1—5 页。

但是随着《学会生存》一书的出版，终身教育体系的构建开始进入人们视野，2015年的《教育2030行动框架》则更是将终身教育与全民教育、公平教育的理念紧密结合，从而使得终身教育最终成为人类的一项公益性教育事业而确立了其重要的地位。

第二节　中国推进终身教育体系构建的政策脉络与路径选择

现代社会已经进入了一个终身教育的时代，自20世纪60年代以来，终身教育思想在国际组织与机构的大力提倡和推广下，现在已经成为全球范围内教育改革的基本方针、战略发展的决策基础乃至提高国民整体素质的有效手段。而我国在世界终身教育思潮的影响下也逐步迈入了学习化的社会。有学者指出，我国40年改革开放的历史，不仅是一部国家繁荣、经济腾飞的创业史，同时也是一部教育实现现代化、教育迈向终身化的发展史①。经过40年的推广和实践，我国终身教育已经取得巨大的进展和突破，并且形成了独居中国本土特色的发展路径，同时也为世界终身教育的发展提供了重要的实践基础与宝贵经验。具体来说，回顾我国改革开放以来终身教育的总体发展趋势，其又大致经历了四个重要的发展阶段：(1)1978年至1992年，是终身教育开始引入我国并逐渐形成政策的第一个阶段，这也是终身教育发展的酝酿期。在这个阶段，我国终身教育的发展主要以经济目的为导向，为满足经济发展的需求而重视成人学历教育和技能教育。(2)1993年至2000年。这是我国终身教育的萌芽期，主要是以满足整体社会的发展为导向，其中特别强调重视素质教育。(3)2000年至2012年。这是我国终身教育发展的拓展期，在这一时期我国全面推进终身教育和终身学习体系的建设，并以满足个体的发展为导向，尤其重视个体需求的教育。(4)2012年

① 吴遵民：《终身教育发展的中国经验——改革开放37年终身教育的历史回顾与展望》，《终身教育研究》2016年第1期，第10页。

至今。这是我国终身教育发展的深化期，在这一阶段主要以保障公民学习权为导向，强调重视教育的公平性。

一、1978年至1992年：以经济目的为导向，重视成人学历教育和技能教育

1978年至1992年是我国终身教育发展的酝酿期，这也是我国成人教育形态开始形成、成人教育体系逐渐建立以及成人教育实践活动日益发展的时期。[①]面对"文革"造成的政治、经济和教育事业的停滞局面，以邓小平同志为核心的中国共产党第二代领导集体坚持解放思想、实事求是的原则，提出"实践是检验真理的唯一标准"的历史性论断，并且在此基础上进行了各项政策的推进，同时实现了政治、经济、教育等社会各领域的拨乱反正和正常秩序的恢复。1978年12月召开的十一届三中全会确立了我国改革开放的基本方针，并作出了把党和国家的经济重心转移到经济建设上来的宏伟决策，而随着国内政治和经济形势的逐渐好转，社会秩序的逐步趋于稳定，对外交流也开始逐步扩大，这一重要趋势反映在教育领域则是使教育研究的视野更加开阔，教育实践亦开始进入一个蓬勃发展的时期，而作为当今最受关注的现代终身教育思潮也在此时得以引入中国。1979年5月，人民教育出版社出版的《业余教育的制定和措施》一书中收录了张人杰撰写的《终身教育：一个值得关注的思潮》的文章，有学者认为这是国内引入终身教育的第一篇介绍文章。尔后，国内学者相继译介了几部有关终身教育的重要著作，如《学会生存——教育世界的今天和明天》《终身教育引论》《终身教育大全》《培格曼国际终身教育百科全书》等。由此，终身教育理念开始引起了教育界的关注和重视，加之国际组织的大力推进，其也引发了国家政府部门的重视，随后即上升为国家教育发展的战略方针与政策。

---

① 吴遵民：《终身教育发展的中国经验——改革开放37年终身教育的历史回顾与展望》，《终身教育研究》2016年第1期，第10—18页。

作为终身教育的重要组成部分，成人教育是成人阶段各种教育工作的总和，[①]因此，成人教育的发展亦为终身教育（无论是理论还是实践）的推进起到了十分关键的作用。而改革开放以后我国对成人教育的关注和支持，从某种意义上看，亦为终身教育在国内的推进乃至上升为政策议题提供了现实的可能。新中国成立以后，从 1949 年至 1978 年的近 30 年间，我国成人高等教育亦随着社会政治、经济的发展变化，而经历了一个曲折迂回的发展过程，虽取得了显著成绩，却也遭遇各种问题。[②]而在“文革”十年中教育更是成为了重灾区，成人教育也不可避免地遭受了重创。当时大批适龄青少年没有读成完整的初、中等教育就离开了学校，而这一部分人群对教育的需求也就成了现代成人教育兴起与发展的最初动力。党的十一届三中全会以后，以经济目的为导向的国内形势对人才的需求使得重视成人学历教育和技能教育变得亟不可待，由此成人学历教育体系逐渐形成，并走上了快速发展的通道。1981 年，国务院和教育部先后颁布了《关于加强职工教育工作的决定》和《关于职工初中文化补课工作若干问题的通知》等两份文件，由此则带动了一场规模巨大、以青年职工补习初中文化和初级技术的所谓“双补”教育运动的兴起。当时的北京、上海、天津、沈阳成为改革的试点，而在此基础上全国范围又普遍建立了自学考试制度；与此同时，普通高等学校在恢复办学和招生的基础上，又通过电大、夜大、函授等多种形式，举办了作为学历补偿性质的成人高等教育。[③]在此背景之下，“成人教育”这一源于西方的专用术语亦完成了其在中国的导入及“本土化”的进程。[④]1985 年颁布的《中共中央关于教育体制改革的决定》指出，“成人教育是我国教育事业的重要组成部分”，1987 年颁布的《关于改革和发展成人教育的决定》中则进一步明确“成人教育是当代经济社会发展和科学进步的必要条件”，同时确立了成人教育的发展目标和任务。这两个文件无

---

① 王艳、李长明：《我国成人教育的历史发展与现实思考》，《职业技术教育》2007 年第 34 期，第 66—68 页。

② 李燕、马勇：《对中国成人高等教育历史发展的认识与思考》，《湖北大学成人教育学院学报》2007 年第 1 期，第 43—45 页。

③ 谭莉：《中美成人教育的历史和现状：分析和比较》，《文山学院学报》2012 年第 2 期，第 90—93 页。

④ 吴遵民：《现代中国终身教育论——中国终身教育思想及其政策的形成和展开》，上海：上海教育出版社 2003 年版，第 205—212 页。

疑是对成人教育认识的新的飞跃，也是我国成人教育发展史上的重要里程碑。尤其是1987年的这份文件开始初步确立了以岗位培训、继续教育为重点的中国成人教育制度的基本框架，其也较好地适应了社会主义现代化建设对各类人才的需求。尽管成人教育在我国取得了相应的地位并获得了蓬勃的发展，但社会各界对成人教育仍然存在着较多的误解和偏见，如认为成人教育只是一种类似扫盲教育或补习教育的活动，或者成人教育是对失去学习机会的成年人所进行的一种文化和知识上的补偿。而为了转变人们对成人教育的认识和提高社会对成人教育的认同度，同时更为了促进成人教育的发展，加强成人教育的相关理论研究，尤其是将其置于终身教育的视野下来重新予以审视，已经成为了当今世界的一项国际共识，甚至是教育发展的一个重要国际趋势。联合国教科文组织对此也进行了大力推广和扶植。在国内成人教育体系形成的背景和国际教育发展的共同推动下，终身教育的理念在中国的引入已经成为无法阻挡的潮流。

1978年至1992年，随着成人教育实践领域的扩展，成人教育的经济功能开始凸显，在加强成人学历补偿教育的同时，成人教育的各项改革也在不断深化，并初步形成了成人教育的学历体系。同时，由于中国成人教育的发展必须依赖于终身教育理念的推进，这种时空需求的不谋而合，也为终身教育理念在国内的引入以及随后的迅猛发展，乃至政策化的过程提供了不可或缺的现实条件。

二、1993年至2000年：满足整体社会发展为导向，重视素养教育

如上所述，我国终身教育的建构一贯是以一个后来者的姿态砥砺前行，从终身教育思潮的掀起到逐渐形成体系、又上升为国家的战略决策，其间也就经历了十多年的时间。20世纪20年代至21世纪初则进入了终身教育发展的第二个阶段，亦是终身教育从思潮迈向政策的萌芽期。

这一时期的一个重要标志首先是1993年《中国教育改革和发展纲要》的制定，其中“终身教育”的概念被郑重列入，这是“终身教育”首次出现在党中央、国

务院的重要政策文件中。尤其是纲要把学校教育的概念纳入终身教育的提法，不仅明确了终身教育的内涵，而且拓宽了学校教育的边界：对于成人教育的定位也作了明确规定，那就是从传统学校教育迈向终身教育发展过程中的一种新型教育制度，其对不断提高全民族素质和促进经济社会的发展都具有重要作用。①1995 年，终身教育又被正式写入《中华人民共和国教育法》，在这部教育大法中三次出现了“终身教育”的条目，其分别为第 11、19、41 条，而“终身教育体系”的构建也第一次出现在国家教育法中。②这一规定意味着终身教育从此将走向法制建设的轨道，而作为国家战略的终身教育的发展也由此将迈入了一个新的阶段。

此后，有关终身教育的政策文本数量大有增加。据相关资料统计，从 1995 至 1999 年，提到终身教育或终身教育体系的意见、计划、讲话、总计共有 30 余篇，③所涉及的内容亦包括多个方面、多种层次。如在 1996 年发布的《全国教育事业“九五”计划和 2010 年发展规划》中就提出，要“基本形成学历教育和非学历教育并重，不同层次教育相衔接，职业教育和普通教育相沟通的职业教育制度和体现终身教育特点的现代社会教育体系”。④1999 年，在《面向世纪教育振兴行动计划》中继续提出，要“鼓励发展终身教育，构建并完善终身教育体系”。⑤与此同时，20 世纪 90 年代还是一个呼吁教育体制综合改革的年代，这是因为基于社会主义现代化和市场经济发展的客观需求，科技的快速发展已经导致人们陷于唯科学主义及走向物质大于精神的存在虚无主义。而现代化的发展其实要求物质与人的和谐统一，市场经济也迫切需要具有创造力、身心和谐发展的独立个体。因此伴随全国性的教育改革，提倡终身学习、学会学习的终身教育理念和终身教育体系的

① 《中国教育改革和发展纲要》，教育部网站，http://www.moe.edu.cn/jyb_sjzl/moe_177/tnull_2484.html，1993 年 2 月 13 日。

② 吴福生：《关于建立我国终身教育体系的几点思考》，《教育研究》1995 年第 8 期，第 3—5 页。

③ 国卉男：《中国终身教育政策研究》，华东师范大学博士学位论文 2013 年。

④ 《全国教育事业“九五”计划和 2010 年发展规划》，教育部网站，http://www.moe.gov.cn/jyb_sjzl/moe_177/tnull_2485.html，1996 年 4 月 10 日。

⑤ 《面向世纪教育振兴行动计划》，教育部网站，http://www.moe.edu.cn/jyb_sjzl/moe_177/tnull_2487.html，1998 年 12 月 24 日。

建构也由此得到了发展的契机。

这个阶段的终身教育政策又呈现了以下的特点：一是政策文件的数量较上一阶段大幅度增多，其中终身教育被写入《中华人民共和国教育法》是一个重要的发展里程碑。由于从立法的高度为终身教育确立了地位，亦使得尔后有关终身教育的研究文献数量大幅增多。二是文本的类型多样，内容多元化。这一阶段发表的文件类型包括意见、计划、讲话、总结等，涉及的亦是发展规划、指导意见等各种层次的纲领性政策文件。

但需要指出的是，这一阶段由于理论研究的滞后，所发布的各种政策文件仍然存在着一系列的缺陷，如对终身教育的理解过于理念化，缺乏具体的实践内容；又如把终身教育体系的构建与职业教育、继续教育体系的形成相提并论；①还有拔高"两基"（基本普及九年义务教育，基本扫除青壮年文盲）的虚无地位，把社会化教育和终身教育联系在一起。②总的来说，这个时期的大部分政策文件均把终身教育独立于学校教育之外，或把它看作学校教育的补充。与此同时，这一时期的文件内容对终身教育采取的也是功利化的定位，即把发展终身教育与适应市场经济、推进产业结构的变化，推动中国特色社会主义现代化建设等联系在一起。并且在具体实施过程中也是政府强势主导，具体实践则采用自上而下的方式运作，而未能体现出民间群体的协同作用。笔者以为，追求实效与实利的教育固然无可厚非，但仅此而忽略了发展个体及促进个体价值实现的深刻内涵，则就会产生有失偏颇的弊端。

简言之，其时的终身教育政策以社会整体发展为导向，讲求终身教育与学校教育双线并轨推进，而终身教育在更多的场合还被理解为人的素养教育。这一时期，终身教育也开始进入了法制化的轨道，亦为终身教育体系的建构提供了基本保障。

① 《全国教育事业"九五"计划和2010年发展规划》，教育部网站，http://www.moe.gov.cn/jyb_sjzl/moe_177/tnull_2485.html，1996年4月10日。

② 中国教育年鉴编辑部：《中国教育年鉴》，北京：人民教育出版社2001年版，第51—56页。

三、2000年至2012年：以满足个体发展为导向，重视个性教育

2000年至2012年是我国终身教育的形成期，同时也是成人教育体系向终身教育体系转型的时期。其主要特点是国家和政府全面推进终身教育和终身学习体系的建设，以满足公民个体的发展为导向，并更倾向重视个性需求的教育。

进入21世纪以后，信息技术、网络技术以及人工智能在生活和工作中的普及和迅猛发展对人们的知识能力和素养的要求亦越来越高，同时终身学习理念在我国的广泛传播，更加确立了终身教育和终身学习的地位。加上我国成人教育事业，尤其是成人高等教育30余年的发展，都为终身教育的进一步推进奠定了坚实基础。然而，在取得巨大成就与突破的同时，终身教育发展的瓶颈也随之出现。其具体表现是作为终身教育重要基础的成人教育地位的"弱化"，乃至受到社会的"歧视"，甚至把成人教育视为不正规的教育，亦导致其规模萎缩、目标定位不清、生源缺乏、商业化运作等多种问题的出现。①因此，如何把传统的封闭型的成人学历教育体系向开放的现代化终身教育体系转变已经成为当时社会的广泛共识。

简言之，成人教育的转型与发展必须依靠终身教育理念的引导，这不仅因为成人学习是终身教育的核心所在，也是成人教育转型的重要动力来源。进入21世纪以后的社会，人们的思想和思维方式都发生了巨大变化，人们对自身的教育需求也逐渐旺盛，尤其是终身教育和终身学习意识深入人心，国家和政府对终身教育越来越重视，都使得终身教育开始成为国家和政府的中心议题。如终身教育的概念频繁地出现在党的历届代表大会会议的报告或决议文件中，尤其是2010年7月发布的《国家中长期教育改革和发展规划纲要（2010—2020年）》（以下简称《纲要》），更是对构建终身教育的体系进行了详细的阐述。如《纲要》指出，"到2020年，基本实现教育现代化，基本形成学习型社会，进入人力资源强国行列"战

① 丁丹、谈传生：《终身教育下成人教育转型动力研究》，《长沙理工大学学报》（社会科学版）2015年第5期，第130—134页。

略目标，并要“构建灵活开放的终身教育体系……搭建终身学习‘立交桥’”，以满足广大社会成员多元化的学习和发展需要。《纲要》的上述表述，表征了成人教育体系开始向终身教育体系的转型，而构建一个各级各类教育资源相互衔接、相互融通的终身教育体系则成为国家今后发展教育的重要战略步骤与举措。

四、2012年至今：以保障公民学习权为导向，重视公平教育

2012年至今，是终身教育政策化发展不断深入的时期。在这一时期，终身教育在国家性文件中出现的次数更多更频繁，而可操作性的特征也更为明显。这一时期，国家还投入大量资金和人力物力以支持终身教育体系的构建；而终身教育立法化的进程也得到了更大力量的推进。福建、上海等地相继出台了终身教育地方性法规，以及国家层面的终身教育立法，都预示着中国的终身教育将逐渐走向法制化建设的轨道。

首先，在2003年的十六届三中全会上，党中央通过了《关于完善社会主义市场经济体制若干问题的决定》，①文件首次提出科学发展观的理念，要求以人为本全面协调并可持续地发展。2006年在《中共中央关于构建社会主义和谐社会若干重大问题的决定》②中又提出：“坚持教育优先发展，促进教育公平。全面贯彻党的教育方针，大力实施科教兴国战略和人才强国战略，全面实施素质教育，深化教育改革，提高教育质量，建设现代国民教育体系和终身教育体系，保障人民享有接受良好教育的机会。”同时“积极发展继续教育，努力建设学习型社会。”《国家中长期教育改革和发展规划纲要(2010—2020年)》在2010年7月公布以后，也明确指出：“把促进教育公平作为国家基本政策”，并以保障公民学习权作为教育实践的出发点和归宿。2012年11月，党的十八大提出，“完善终身教育体系，建设

---

① 《中共中央关于完善社会主义市场经济体制若干问题的决定》，中国政府网，http://www.gov.cn/test/2008-08/13/content_1071062.htm，2003年10月22日。

② 《中共中央关于构建社会主义和谐社会若干重大问题的决定》，中国共产党新闻网，http://cpc.people.com.cn/GB/64162/64168/64569/72347/6347991.html，2006年10月11日。

学习型社会”是实现全面建成小康社会重大战略任务的根本保障，其又一次突出强调了建设学习型社会、构建终身教育体系的重要性。2014 年 8 月，教育部、中央文明办、国家发展改革委员会、民政部等七部门印发了《关于推进学习型城市建设的意见》，其中特别提出了学习型城市建设的阶段性目标，号召全国各类城市广泛开展学习型城市建设工作，形成终身教育体系基本完善、各级各类教育协调发展、学习机会开放多样、学习资源丰富共享的学习型城市。2015 年 12 月《全国人民代表大会常务委员会关于修改〈中华人民共和国教育法〉的决定》通过，其中“建立和完善终身教育体系”被修订为“完善现代国民教育体系，健全终身教育体系，提高教育现代化水平”。这意味着国民教育体系要在未来逐渐转向终身教育体系。2016 年《教育部关于办好开放大学的意见》出台，其又特别指出要“探索具有中国特色、体现时代特征的开放大学办学模式，满足全民学习、终身学习需要，建设学习型社会”。[①]2017 年国务院印发《国家教育事业发展“十三五”规划》，该文件提出 2020 年教育发展的总目标之一，是要使“全民终身学习机会进一步扩大。形成更加适应全民学习、终身学习的现代教育体系。”针对终身教育体系中的短板，规划则提出要“大力发展继续教育”，使“继续教育参与率明显提升，学习型社会建设迈上新台阶”。与此同时，2017 年，党的十九大报告继续强调指出要办好人民满意的教育，加快建设学习型社会，大力提高国民素质。由上可见，这一时期的终身教育理念备受重视和关注，其对于个人和社会的重要作用已经引起了党和国家的高度重视。之后，2019 年中共中央、国务院又印发了《中国教育现代化 2035》规划，提出要加快构建终身学习制度体系，加强终身学习法律法规建设，搭建沟通各级各类教育、衔接多种学习成果的全民终身学习立交桥，并加快发展社区教育、老年教育，深入推动学习型组织建设和学习型城市建设。

随着我国经济社会整体状况的改善，人们生活水平的日益提升，个人自我实现的意识也在逐渐觉醒，而终身教育理念的普及也同时获得了一个极好的传播契机。首先是在基础教育层面，由于地区之间、城乡之间的差异不断加大，教育资源

---

① 吴遵民:《改革开放 40 年中国终身教育的历史回顾与展望》,《复旦教育论坛》2018 年第 16 期，第 12—19 页。

配置严重失衡，弱势群体再也难以取得优质的受教育机会，所谓“寒门难出贵子”，教育的不公平亦造成了阶层的两级分离和分割。①于是这一时期的基础教育旨在追求“均衡”，如 2002 年《教育部关于加强基础教育办学管理若干问题的通知》②就指出，要“积极推进义务教育阶段学校均衡发展”的方针，实施就近入学、免试入学，改造薄弱学校和建立教师、校长定期流动制度；2002 年到 2007 年的 5 年间，我国基础财政预算内教育拨款要增加到 87.5％；义务教育均衡发展并要成为对政府进行督导的检查项目。

其次在高等教育领域，教育部发布的《2003—2007 年教育振兴行动计划》亦提出，要加强高水平大学和重点学科建设，要促进高等学校质量提升和教学改革、要优化高校布局结构并缩小区域间的发展水平和差距。

最后在职业教育层面，2005 年，国务院发布了《关于大力发展职业教育的决定》，提出要大力发展职业教育，加快人力资源开发，同时并明确新时期发展职业教育的目标、思路和措施；③之后，政府还发布了关于培养高技人才的文件；如实施职业教育实训基地建设计划、职业教育示范性院校建设计划等。④

在上述教育形态得到大力推进的同时，学前教育、老年教育、社区教育等也齐头并进，有了长足的进展。如针对幼儿教育，教育部颁布了《幼儿教育指导纲要》以促进幼儿素质教育实施，提高幼儿教育质量；针对社区教育，则发出了《关于在部分地区开展社区教育实验工作的通知》等，全国社区教育试验工作由此开始；而对老年教育理念的阐释也发生了变化，即从以往的养老、娱乐变为了“赋权增能”，强调老年人生命价值与作为人力资源开发目标的实现。2016 年《国务院关于印发老年教育发展规划（2016—2020 年）》颁布，这是国内第一部关于老年教育的专项规划。其后，相关政策出台数量稳步增长。地方政府如福建出台了《关于

① 吴永军：《教育公平：当今中国基础教育发展的核心价值》，《教育发展研究》2012 年第 18 期，第 1—6 页。

② 《教育部关于加强基础教育办学管理若干问题的通知》，教育部网站，http://old.moe.gov.cn/publicfiles/business/htmlfiles/moe/moe_441/201006/88981.html，2002 年 2 月 26 日。

③ 《国务院关于大力发展职业教育的决定》，中国政府网，http://www.gov.cn/zwgk/2005-11/09/content_94296.htm，2005 年 10 月 28 日。

④ 姜大源：《中国职业教育发展与改革：经验与规律》，《职业技术教育》2011 年第 19 期，第 5—10 页。

印发福建省老年教育发展规划(2017—2020年)的通知》、海南出台了《关于加快发展老年教育的实施意见》、广西则出台了《老年教育发展规划(2017—2020年)》等。①

除了上述各项政策的变化以外,终身教育开始走向了立法化。其标志是,2005年《福建省终身教育促进条例》出台,这是我国内地第一部终身教育地方性法规。2011年,基于学习型城市创建的背景,上海市也出台了《上海市终身教育促进条例》。截至2018年,中国大陆共有福建(2005),上海(2011),太原(2012),河北(2014),宁波(2014)相继出台了终身教育地方条例。②上述法规明确了终身教育的目标与性质,规定了终身教育的任务与经费来源,同时为地方终身教育发展指明了路径,也为国家终身教育立法提供了宝贵经验。2016年,教育部还发布了《依法治教实施纲要(2016—2020年)》,其中提出要加快推进《职业教育法》修订、《学前教育法》起草、《学位条例》修订以及《终身学习法》等法律草案的起草工作,终身教育成为全国性的法令已经势在必行。③

众所周知,终身教育体系的构建,依赖的是作为体系构建重要组成要素的各个部分的发展,上述各类教育的发展无疑为终身教育体系的构建奠定了必要的基础。纵观这一时期的政策文件,则不论是宏观的政策方针还是具体的规划纲要,其都强调各级各类教育的融通,强调终身教育体系构建的必要。而通过学分银行建设、开放大学的设立、终身教育立交桥架构、设立终身学习周等具体措施的实施来推进中国终身教育体系构建的创新思路,也在不断地深化与探索中。一言以蔽之,既为社会中的每一个个体提供终身教育的权利保障,又需做到紧跟世界潮流,做好远景规划与具体实施举措,以力求建设好人人皆习、处处有学、时时能学的学习型社会,则已经成为了整个社会基本形成的共识。而制定一个促进全民终身学

① 孙立新,李硕:《我国终身教育政策演变:社会背景、文本内容及价值取向》,《河北师范大学学报》(教育科学版)2018年第20期,第54—61页。

② 转引自梁雯:《我国地方终身教育立法比较研究——基于地方终身教育促进条例的分析》,《河北大学成人教育学院学报》2017年第2期,第23—29页。

③ 《教育部关于印发〈依法治教实施纲要(2016—2020年)〉的通知》,教育部网站,http://www.moe.gov.cn/srcsite/A02/s5913/s5933/201605/t20160510_242813.html,2016年1月11日。

习的法律，则更已成为一股不可逆转的发展潮流。

五、 终身教育发展的中国路径

自改革开放以来，终身教育理论从导入到深化，已经经历了 40 年的时间。而这 40 年同时也是终身教育在中国通过本土的政策实践而予以深入推进的 40 年。众所周知，由于各国的政治体制、文化传统、经济科技等发展方面存在的差异，由此亦使终身教育政策在推行方式和取得的实践效果方面各不相同。我国的终身教育实践则是在借鉴国外终身教育发展经验的基础上进行了本土的深度融入与结合，由此才使它在国内得以生根、发芽与壮大，[①]并逐渐形成了独具中国本土特色的发展路径。40 年来，尤其是在学习型社会的构建方面，我国积极践行联合国教科文组织关于终身教育、终身学习应该旨在保障公民学习权以及提高公民素养，实现人性健全、人格完善的价值取向与目标基础，由此亦为我国终身教育的国际化打下了坚实的基础。

以笔者的观点来看，取得以上的成就主要来自以下三方面的原因：

一是政府高度重视终身教育的发展，支持并推进终身教育体系的建设，作为推动主体政府担负起了正确导向、积极引领和大力推进的责任。诚如以上所述，终身教育是社会发展的整体战略，其具有公共产品的属性，具有公益性的特点，它与传统教育的本质区别在于其要满足多类人群的不同学习需求，这一特质亦决定了政府在终身教育的发展过程中肩负着主要的推动责任。[②]从 20 世纪 90 年代起，为了顺应时代的进步、形势的变化以及社会发展的需求，我国理论界开始接触和研究终身教育思想，党和政府也开始逐步关注在我国全面推进终身教育的可能性，经过多年的推动与摸索，终身教育现在已经成为党和政府制定教育政策的主导思想和发展目标。在中央政府的推动下，各级地方政府亦制定了发展地区性终

① 国卉男：《中国终身教育政策研究》，华东师范大学博士学位论文 2013 年。
② 罗健、刘维俭：《终身教育体系构建中确立政府主导地位的思考》，《继续教育研究》2010 年第 6 期，第 46—48 页。

身教育体系的计划，同时致力于建设学习型社会、学习型社区、学习型城市、学习型政府的构建。建设学习型社会的计划最初由上海在1999年率先提出，2000年，北京市政府也对此予以响应，提出要在全国“率先建起终身学习和学习型社会的基本框架”；之后宁波、常州、南京、杭州等多个城市的市政府均先后印发了关于建设学习型城市的实施意见。①一些省市甚至开展了终身教育的地方立法，如以上所述福建省在2005年率先制定了《福建省终身教育促进条例》，上海市在2011年也正式通过《上海市终身教育促进条例》，与此同时建设学习型企业的呼声也正在成为企业发展的自觉要求。简言之，建设一个“人人皆学、处处能学、时时可学”的学习型社会正在逐步推进和形成中。

二是社会公众对终身教育的热烈响应以及为提升自身素养而寄予的强烈期待，均促进了终身教育的发展和现代终身教育体系的构建。众所周知，以信息技术为先导的科学技术的迅猛发展和社会竞争的日益激烈，正在深刻影响和改变着人类的社会生产和生活方式，学习已经越来越成为一种推动社会经济发展、促进人类文明进步和人的全面发展的决定性因素。而经济的迅猛发展使人们在满足物质需求的同时亦开始了进一步追求精神教养和生活品质的提升，由于终身教育不仅具有为每个人在其需要的时候提供必要知识和技能的功能，而且亦可以通过各种形式的自我教育而使人在真正意义上发展和提升自己，从而让学习者成为自我教育的真正主体，这一本质特征无疑确立了终身教育在实践中的重要地位。

三是以学校为主体的终身教育体系的构建活动，通过各种形式的“立交桥”的探索和实践，把学校内与学校外教育有机连接与融合。这是我国构建终身教育体系的一种尝试，新教育体系包含各种学历教育、非学历教育乃至职业教育等各种教育形态与形式，②其主导思想是改革现行的教育制度，推进各种教育资源的共享，实现各类教育活动的协调发展，以探索出一条协调发展的教育改革道路。③近

① 吴遵民：《终身教育发展的中国经验——改革开放37年终身教育的历史回顾与展望》，《江苏开放大学学报》2016年第1期，第10—18页。

② 田君：《终身教育理念下高等职业教育人才培养模式》，南京航空航天大学硕士学位论文2008年。

③ 王桂东：《实施终身教育构建人才成长的“立交桥”》，《教育探索》2002年第8期，第40—41页。

年来，随着我国教育体制的不断深化，为了建设更加开放有效的学习环境和路径，已经初步形成了一些具有中国本土特色的终身教育制度，如：利用现代信息技术打造了数字化学习平台，由此使人们进行多样化学习成为可能；开展了多层次的学历教育，加强了成人高校与普通高校的联系与合作；充分利用学校资源，把学校教育延伸至社区教育，并尝试建立了学校、家庭和社区的一体化教育格局等。

四是远程教育以其教育对象的广泛性、教育时空的拓展性和教育资源的开放性的特征，已经成为我国构建终身教育体系的重要途径。这一发展亦从根本上改变了传统教育的弊端，突破了传统教育的时空局限，激发了学生学习的主动性和积极性。我国远程教育曾经历了三个发展阶段：第一代是函授教育；第二代是广播电视教育；第三代是现代远程教育。目前我国函授教育和以“中央电大”为龙头的各级“电大”已经构成了覆盖全国的“电大”远程教育网络。前者以发放文字教材和短期面授相结合的方式来培养人才；后者则是利用广播、电视、文字教材、音像教材等多种媒体以及面授辅导来实现教学目的。而随着计算机网络和多媒体技术的发展，远程教育又迎来了现代远程教育的新时代，即网络教育时代。《中共中央、国务院关于深化教育改革，全面推进素质教育的决定》和《面向21世纪教育振兴行动计划》中都明确指出要实施“现代远程教育工程”，建立覆盖全国城乡的现代远程教育网络。目前，我国在构建终身教育体系的过程中，远程教育已经发挥了越来越重要的作用。尽管现代远程教育工程才刚刚起步，但其开放性、自主化、个性化学习为主的特点，已经为未来终身教育体系乃至学习化社会的推进作出了重要贡献。

第三章　当代世界发达国家终身教育体系构建的比较研究

第一节　国际组织推进终身教育体系构建的政策分析
——以 UNESCO、OECD 的政策为例

正如英国学者朗沃斯所说："由于受到联合国教科文组织、经济合作与发展组织、亚太经济合作组织、欧盟理事会、欧盟委员会等国际性组织和一些更为自由和民主思想的启迪，终身学习运动在全球范围内风起云涌，从欧洲到南非，从北美到日本，其就像一场仁慈的教育风暴。"①众所周知，自 20 世纪 60 年代以来，包括联合国教科文组织和经济合作与发展组织等在内的国际机构通过政策制定、发表专著、出版文献以及提出导向性政策建议等形式，对终身教育的推动已经由最初的将其作为一种"理念"而到如今的将其作为一项"国际性的政策"而予付诸实践，并推向世界。可见，终身教育思想的发展是一种双向性的举动，也即不仅其思想本身日益受到重视，并且在世界性的国际组织中具有特殊地位，同时更为重要的则是国际组织对终身教育的发展乃至终身教育体系的构建更给予了前所未有的支持并发挥了巨大的作用。

---

① ［英］诺曼・朗沃斯：《终身学习在行动——21 世纪的教育变革》，沈若慧等译：北京：中国人民大学出版社 2006 年版，第 4 页。

本节将力图通过对以 UNESCO、OECD 等为代表的国际性组织，在终身教育政策领域发布的许多具有导向作用的文件进行仔细梳理，由此分析并探究国际组织在推进终身教育体系构建方面对世界作出的贡献，同时并对我国终身教育体系的构建提供有益的借鉴与参考。

一、联合国教科文组织（UNESCO）终身教育政策的梳理

(一) 联合国教科文组织简介

成立于 1946 年的联合国教科文组织（United Nations Educational Scientific And Cultural Organization，UNESCO）是联合国专门机构之一。其总部设在法国巴黎。该组织旨在通过教育、自然科学、社会和人文科学、文化、传播等领域促进各国社会发展，维护世界和平，它也是联合国系统负责牵头国际教育的专门机构。该组织下设若干一类机构和中心，其中包括六个教育研究机构，它们是国际教育局（IBE）、国际教育规划研究所（IIEP）、终身学习研究所（UIL）、教育信息技术研究所（IITE）、国际非洲能力培养研究所（IICBA）、拉丁美洲及加勒比地区国际高等教育研究所（IESALC）。与终身教育关系最为密切的当属终身学习研究所。

联合国教科文组织终身学习研究所（UNESCO Institute for Lifelong Learning，UIL）地处德国汉堡，成立于 1951 年，它亦是联合国教科文组织下属的国际性政策研究、培训、信息服务、档案服务和出版中心。作为联合国六个教育研究机构之一，终身学习研究所聚焦于终身学习（特别是成人学习和教育）的政策和实践，重视并承认各种形式的学习，特别是非正规学习、非正式学习、过往学习和实践学习，其还为边缘化和弱势群体提供扫盲、非正式教育和多样化的学习机会。①

(二) 推动终身教育的政策梳理

终身教育理念由最初提出到现在的普及，仅短短数几十年，就已在世界各国

① 转引自《联合国教科文组织》，上海终身教育研究院网站，http://www.smile.ecnu.edu.cn/s/395/t/768/c2/1c/info115228.htm，2014 年 10 月 18 日。

广泛传播,而其中联合国教科文组织及其终身学习研究所在终身教育理论和实践的推进过程中始终发挥着重要作用,可谓功不可没。以下笔者即按照时间顺序对联合国教科文组织及其终身学习研究所制定及发布的有关终身教育的政策文件逐一梳理,以展现其发展的重要轨迹与推进的关键节点。

1. 终身教育理念的提出与发展

终身教育理念最初是1965年12月由保罗·朗格朗在联合国教科文组织成人教育促进国际委员会第三次委员会会议上提出,其在会议期间提交了"关于终身教育"的提案。在此提案中,朗格朗就未来终身教育的发展提出了5个目标:(1)(社会)要为人的一生(从生至死)提供教育的机会;(2)各级各类教育的实施必须协调与统合;(3)小学、中学、大学及其地区性社会学校,地区性文化中心所发挥的教育功能,(政府或社会)应予以鼓励;(4)(政府或社会)应对本国公民有关劳动日的调整、教育休假、文化休假等制度或措施等实施起促进作用;(5)为了对以往的教育观念作根本的改变,应使此理念(终身教育)渗透到教育的各个领域。①朗格朗的提案不仅在当时被会议采纳,而且后来还被作为教科文组织的决议而在全世界推广。

五年后的1970年,该年再次被联合国教科文组织第15届大会确定为"国际教育年",当时教科文组织确定了12项重大目标,其中之一就是终身教育。就在同一年,教科文组织还出版了保罗·朗格朗的专著——《终身教育引论》,同时在当年召开的教科文组织全体会议上再次采纳了终身教育的概念,并用它来解释整个教育的过程。②

又过了两年后的1972年5月,以原法国总理、著名文化人埃德加·富尔(E.Faure)为主席的联合国教科文组织国际教育发展委员会正式向联合国教科文组织总部提交了一份名为《学会生存——教育世界的今天和明天》(*Learning to be*)的报告书。此报告书被誉为当代教育思想发展的里程碑,这也是委员会受教科文组织总部委托所做的报告。该报告共分为三大部分,分别为:(1)教育的现状;(2)未来;(3)指向学习社会的目标。该报告书的结论是:"在未来,将要实现学

① 吴遵民:《现代国际终身教育论》,上海:上海教育出版社1999年版,第4页。
② 何齐宗:《教育的新时代——终身教育的理论与实践》,北京:人民教育出版社2008年版,第134页。

习社会的理想。而那时所进行的教育，则首先是以终身教育来构想的。”[①]此外，该报告书还向各国政府提出了21项基本方针，其中第一项就是终身教育。

又过了四年后的1976年，联合国教科文组织通过了《关于发展成人教育的建议》的决议书，其中要求各成员国通过制定法律和政策的手段来推动终身教育理论在本国的推进与实践，并尝试建立“终身教育体系”。[②]

由此以后，一系列的国际会议推动了终身教育的发展并使其逐渐走向高潮，例如：1977年，召开了终身教育专家委员会会议；1983年，“国际终身教育会议”在德国汉堡召开；1989年，北京举行了主题为“学会关心——21世纪的教育”及“面向21世纪教育国际研讨会”；1994年11月，又在意大利举行了“首届世界终身学习会议”等。尤其需要指出的是，联合国教科文组织在1996年发表了“21世纪教育委员会”撰写的《教育：财富蕴藏其中》的报告书。该报告书指出，要“把终身教育放在社会的中心位置上”，并且在“学会生存”的基础上，增加“学会认知”“学会做事”“学会共处”，最后强调“终身教育乃是进入21世纪的钥匙”。2000年，联合国教科文组织再次发布了《世界教育报告2000——教育的权利：走向全民终身教育》的报告。这一报告专门论述了终身教育，并指出，“无论是目前已能广泛提供受教育和学习机会的国家，还是目前仍在努力争取消除文盲和使所有的儿童都能上小学的国家，都应把‘终身教育’和‘终身学习’二者作为教育政策的指导原则”。

2. 关注终身教育体系中的其他领域

除了召开专门的终身教育会议、出台导向性政策和出版专著以外，联合国教科文组织还从宏观层面致力于终身教育体系的构建。为此，UNESCO对终身教育体系中的成人教育、高等教育、职业教育、扫盲教育、学习机会等尤为关注和重视。为了推动成人教育和成人学习的发展，教科文组织先后于1949年、1960年、1972年、1985年、1997年和2009年，先后从首届的丹麦埃尔希诺尔到第六届的巴西贝伦共举办了6次国际成人教育大会，而且每届大会的主题和内容亦都不相

① [法]埃德加·富尔：《未来的学习》，日本国立教育研究所译，东京：第一法规出版社1975年版，第75页。

② UNESCO：《关于发展成人教育的建议书》联合国教科文组织网站，http://www.uneseo.org/new/zh/uneseo/resourees/Publications/unesdoc-database/，1976年11月。

雷同。如第一届是工作会议，第二届的主题是“变化世界中的成人教育”，第三届是“终身教育大环境下的成人教育”，第四届是“成人教育的发展：各个方面和各种趋势”，第五届和前几届略有不同，它想要通过与非政府组织的密切对话与合作来实现会议的目标，第六届则是“美好未来：贝伦行动框架”。1998 年 10 月 5 日至 9 日，UNSECO 还在总部巴黎召开了首届世界高等教育大会，并最终通过了《世界高等教育宣言》，会议认为高等教育是“终身教育的重要组成部分和重要推动力量”，提出高等教育应该提供更多教育机会，并为终身教育作出更大贡献。1999 年 4 月 26 日至 30 日，教科文组织又在韩国汉城举行了主题为“终身学习与培训：通向未来的桥梁”的第一届国际职业技术教育大会，大会最后也一致认为职业教育是终身教育体系的重要组成部分。

二、 经济合作与发展组织（OECD）终身教育政策梳理

（一）经济合作与发展组织简介

经济合作与发展组织（Organization For Economic Cooperation and Development，简称 OECD）成立于 1961 年，总部设在巴黎，其设立的目的是旨在应对全球化带来的经济、社会和政府治理等方面的挑战，并把握全球化带来的机遇。尽管经合组织主要是以推动经济为主要目的的国际组织，但是它自 20 世纪 70 年代开始就持续关注教育尤其是终身教育的发展，同时通过颁布政策、发表专著、起草报告等形式为全球终身教育的发展作出了重要贡献。经合组织对终身学习政策的推动主要体现在两个方面，“一是对相关专题进行分析性的工作，二是对终身学习相关的成员国政策和发展进行监督”。①

（二）OECD 与终身学习政策

1. 回归教育的提出

经合组织最早于 20 世纪 70 年代初开始提倡“回归教育”（recurrent educa-

① 苑大勇：《国际组织终身学习理念阐释与政策发展》，《成人教育》2012 年第 12 期，第 18—21 页。

tion)，这是由OECD所属的教育研究革新中心(Center for Educational Research and Innovation)基于急剧变革的社会大背景而提出的一种教育改革构想。该构想指出，“以学习贯穿人的终身为前提，人在完成义务教育或基础教育之后，还可以通过‘回归’的方式，从职业岗位再度回到教育机构重新接受教育”。[①]这一创想打破了传统的教育世界与劳动世界互相割裂、互不融通的现状，其不仅体现了终身教育的理念和思想，而且还为终身教育思想如何转化为实践可操作与运用的具体政策开拓了无可限量的途径。1973年，经合组织又发表了《回归教育——终身教育的战略》的报告。该报告指出，“回归教育包含两个重要的因素：一是提供变革现行教育体系的新的教育战略，即要把义务教育以后的教育伸展到个人的终生；二是指为终身教育的组织化提供框架结构，即有组织地进行学习，并使教育与社会的其他各种活动形成有效的相互交流和循环”。[②]除此之外，关于回归教育的构想经合组织还先后发表了一系列的相关报告来予以推动和发展，如发表于1975年的《回归教育——动向和问题》、1976年的《教育休假的发展》、1977年的《回归教育——最近的发展和将来的选择》、1978年的《劳动和教育的循环》等。根据以上对回归教育的解释与理解，可以清楚地看出回归教育所体现出的本质实际上就是终身教育的思想，这也从中足以发现经合组织对于终身教育的高度关注与重视。

2. 终身学习与教育政策分析

除了报告书以外，经合组织还专门组织了一系列的国际研讨会来对终身学习、终身教育的主题进行深入探讨。如1978年的首届部长会议，会议的最终宣言对回归教育的总目标进行了详细描述；1994年在日本又召开了第三届经合组织国际讨论会；1994年则在意大利罗马召开了首届世界终身学习会议；1996年又发布了《全民终身学习》(*Lifelong Learning for All*)和《以知识为基础的经济》(*The Knowledge-Based Economy*)的报告书。所有上述这些会议都强调了终身

① 吴遵民：《现代国际终身教育论》，上海：上海教育出版社1999年版，第20页。

② 孙世路：《回归教育论》//载瞿葆奎主编《教育学文集·教育制度》，北京：人民教育出版社1990年版，第543—544页。

教育及终身学习在这个时代的重要性,以及确认其对于社会、经济和教育等产生的重要影响。

诚然,经合组织对于终身教育所作的努力还远远不止这些,在上述回归教育理念倡导以后,它又着手进行具体政策的推动。如经合组织的教育研究与革新中心先后于 1998 年、1999 年和 2001 年出版了《教育政策分析》的系列丛书,其标识的重大主题则仍然与终身教育有关。如《教育政策分析・1998》作为国际上第一本专门论述各国终身教育政策的文献,就从政策的视角对各国颁布的终身教育、终身学习政策进行了分析和探讨,进而论述了终身教育或终身学习的特征和使命。《教育政策分析・1999》和《教育政策分析・2001》则继续关注终身教育、终身学习,并在 2001 年出版的丛书中从终身教育(学习)的形式、学习者需要具有的良好基础及技能,以及从终身角度去看待学习机会与公平的问题、对学习资源进行评估和有效配置的问题、协调社会各方参与终身学习的问题等进行了详尽的论述,由此并提出了终身教育(学习)体系的五个关键特征。①

3. 知识经济与终身学习

随着社会的变化,知识对于当今时代也至关重要。经合组织顺应当前社会的发展趋势,除了对上述"回归教育"及以终身学习为主题的"教育政策分析"进行重点研究之外,对知识经济、知识管理和终身学习之间的关系也予以了很大的关注。如 2000 年出版的《学习社会中的知识管理》、2001 年出版的《新学习经济中的城市与城区》(*cities and regions in the new learning economy*)等,就是在经济社会和知识社会的背景下,集中探讨了知识经济和终身学习的关系,并进而提出"全面终身学习"的倡导。

三、国际组织政策的分析及对我国的启示

经过以上我们对联合国教科文组织和经济合作与发展组织在终身教育方面

① 经济合作与发展组织编:《教育政策分析・2001》,谢维和译,北京:教育科学出版社 2003 年版,第 3 页。

出台政策进行的梳理，可以看出国际组织已经成为了推动世界终身教育发展的重要支柱和中坚力量。他们站在世界的高度，并从宏观的、国际大家庭的视角对终身教育的内涵及体系构建作出了巨大努力和突出贡献。其不仅为世界各国教育政策的制定指明了方向，同时亦对我国终身教育体系的构建提供了有益的启示。

（一）国际组织终身教育政策的分析

从上述国际组织出台的政策来看，联合国教科文组织有关终身教育的政策主要涉及终身教育内涵的纵向层面，即包括成人教育、高等教育、扫盲教育等的推进和发展，其中又特别关注终身教育的性质和体系的连贯性。而经合组织更多指向的是终身学习，经济与学习的互动等。在笔者看来，其关注的是终身教育的未来发展方向和目标。换言之，终身学习已经成为全世界教育发展的趋势，经合组织提倡通过终身学习推动和促进整个社会的进步，这实际上是在对终身教育的内涵进行拓展与深化。与此同时，其在终身学习的推动过程中，还对教育公平问题予以了关注和重视。

简言之，两个具有代表性的国际组织虽然在目的、宗旨、理念等各个方面对终身教育的理解并不完全一致，但它们实现的都是从纵向和横向两个不同的角度同步推进终身教育的政策，其中既有个性亦有共性。笔者以为，它们的个性给我国终身教育体系的构建提供了拓展思维的境界，而共性则为我国终身教育体系的构建奉献了具体实施的借鉴和启发。

（二）对我国的启示

1. 顶层设计的思路是根本的途径

顶层设计，顾名思义，是一个总体的、站在一定高度的、对一个事物的整体把握。简单来说，我国在政策制定上需要设计一个更科学、更全面、更完整的终身教育体系。

这一“顶层设计”还应该包含以下两方面的含义，一是指对终身教育体系的顶层设计，必须开宗明义明确这一体系究竟应该包含哪些内容，这是首先要搞清楚的问题。众所周知，终身教育是包含人一生所受教育的总和，因此终身教育体系的构建亦就必然应该包括学校教育及其他所有各级各类的教育活动。比如，联合国教科文组织一直在关注的成人教育、高等教育、扫盲教育等，其就是希望力图拓宽传统教育的范畴，并实现学校教育与上述校外教育的连结与融合。诚然，我们在构建终身教育体系之际，亦要根据我国自身的国情，有机地将各级各类教育纳入其中，并使其成为一个完整的整体。

二是指国家政策的导向性，对此我们需要设置一些专门的、独立的行政机构。国家政策的制定不可能一蹴而就，而是需要经过反复调研、推敲、论证才可能形成，一个体系的构建则更非易事，其更需要各方的配合和协调，而这种协调就需要通过设立专门的机构来进行推进和实施。联合国教科文组织和经合组织在终身教育政策的制定和实施上都有专门的机构予以推进，如研究所和实体的管理机构，由此才能保证终身教育政策的推展。因此，终身教育体系的构建不仅需要充分体现顶层设计的科学性、整体性、协调性和政策的导向性，同时还更需要建立协调机构来保证这些顶层设计落到实处。

综上所述，制定科学的国家政策、设立专门的终身教育行政管理机构以及设计整体性的终身教育体系架构，应该成为我国构建终身教育体系的重要基础，而这也是重中之重的紧迫课题。

2. 立足本土实践对接国际先进理念

首先，公平是教育质量的重要保障。UNESCO 和 OECD 所推行的终身教育政策不仅关注发达国家也关注落后国家；不仅关注识字也关注技能；不仅覆盖普通人群，而且更关注特殊群体如文盲、女童等。因此，我国若要建立终身教育体系，就必须首先考虑公平教育问题。就我国而言，不仅要考虑东西部之间的差异，也要考虑弱势群体、边缘群体的问题。

其次，是有关终身学习的理念。UNESCO 和 OECD 都提倡终身学习理念，认为这是适应现代社会发展变化的最佳途径，而且对终身教育体系构建的意义重大。在我国，终身教育体系的构建也需要终身学习理念的支撑，如正规教育、非正规教育以及非正式教育等都应纳入终身教育的整个体系中来。再从另一个角度来看，这也是从外部的终身教育转向内部的终身学习的重要转换。

总之，我国终身教育体系的构建首先要做好顶层设计，其次在立足我国本土实践的基础上，充分吸收和借鉴国际组织颁布的有效政策和成功经验，而只有融入先进的国际思想和理念，才有可能建立起科学、完善、合理并独具中国特色的终身教育体系。

第二节　法国构建终身教育体系的路径与机制

众所周知，近现代“终身教育”的理念起源于法国，同时法国又是世界上较早以法律形式推广和实施终身教育思想的国家，其理论探索和具体实践亦对世界各国曾经产生深远影响。关于终身教育已经成为教育政策关键驱动力的认识，国际社会早在20世纪末就给予了认定。[①]目前，我国终身教育的发展也进入了前所未有的质的飞跃阶段，而构建具有中国特色的世界最大规模的终身教育体系亦将提上议事日程，与此同时，终身教育的立法也迫在眉睫。为此，我国需要参考先进国家的成功经验。而法国在终身教育方面的理念、立法、政策和措施也都较为成熟；同时，法国的行政法律体系又与我国有着许多相似之处，所以对其进行研究和借鉴，无疑将有助于推动我国终身教育体系的构建与开展。

一、法国有关终身教育的立法过程

（一）启蒙和筹备阶段（1789—1970年）

这一阶段指的是法国大革命时期至20世纪60年代末的社会运动。早在1789年大革命时期，法国著名教育思想家孔多塞[②]就提出了有关公共教育制度的学校后继续教育应该机制化和义务化的课题。19世纪，大企业建立了若干职业教育公司，工人学校和神职人员教育等亦先后出现。1919年，法国政府颁布的

---

① 联合国教科文组织：《Learning—The Treasure Within. 21世纪教育委员会报告》，UNESCO 1996年版；经合组织：《Lifelong Learning for All（全民终身教育）》，OECD 1996年版。

② 孔德塞（Condorcet）1792年在其“公立教育的总体组织报告”中提及成人教育和永久教育。

《阿斯杰法》强调工人需接受培训；1938 年，劳动部的工人培训计划也提出成人要接受职业速成培训；1946 年，法国政府又统一建立成人培训机构；1947 年，《郎之万—瓦龙教育改革方案》则规定青年必须在高中后继续接受社会教育；1959 年，《德布雷法》为学历低的人晋升社会创造条件，保障雇员在培训计划中有接受补助金的权利；1960 年，《高等教育基本法》规定大学要协助推行终身教育并开设继续职业教育课程；1963 年，《职业培训法》还把发展继续教育作为国策；1966 年，第 892 号法令则强调重视职工培训的计划和督导并建立部委间的职业培训委员会，由此从原则上承认了雇员享受继续培训假期的权利；1968 年，第 1249 号法令还提出了“教育休假”的津贴制度；1970 年 7 月，则达成了全国各行各业议定书以为培训成为一种义务奠定了基础。①

(二) 构建和完善阶段(1971—2014 年)

法国这一时期的立法先后遭遇了 20 世纪 70 年代的经济危机，80 年代的国际竞争对企业的压力以及 90 年代可就业性和综合能力提升等概念的出现，包括进入 21 世纪以后学习型社会理念的兴起。最初，1965 年，成人教育家朗格朗提出了终身教育的理论，②而法国政府亦随后在 1971 年 7 月 16 日颁布了被认为是世界成人教育史上里程碑式的《继续职业教育法》。这是一部比较完整的成人教育法，它不仅规定了继续教育在国民教育体系中的作用和地位，同时还对国民享有学习的权利和义务、带薪教育休假制度、教育经费等问题作出了具体的规定。但该法案存在许多缺陷，如法案规定的继续教育系统不够透明和清晰，③立法条款与经济形势等功利主义因素联系过于密切等。为此，2004 年法国又通过了对 1971 年法案进行重大修整的法案，其中特别确立了受薪者个人接受培训享有权利，④同

---

① 法国参议院网站：https://www.senat.fr/rap/103-1791/103-17911.html.

② Lengrand, Paul: L'Education des adultes et le concept de l'education permanente(成人教育和永久教育的概念)，Convergence, 1970。

③ Vincent Merle: Formation et education tout au long de la vie 1971—2001: deux reformes et un meme defi (1971—2001 年终身教育与培训：两个改革，一个同样的问题)，Persee, 2001 年 3 月。

④ 每年享有 20 小时的培训，可以累积 6 年。受薪者是其培训的主导者，这为后来要求培训与晋升、获取知识以及获取文凭证书打下基础。

时设立了“职业化合同(入职培训合同)”,①规定了“职业化时期(成为正式员工的过渡期)”,②提出了“培训护照”③并筹划了三种职业培训的类型等重要内容。④尽管这些举措的纳入使得法案看似完善与圆满了,但很快就因其“偏向于受教育好的受薪者”“对弱者社会地位改善帮助甚微”、⑤“系统太复杂、条块分割、公司化运作”等质疑而被广泛诟病,⑥由此亦导致 2009 年将 2004 年的法案再次推倒重来。经过全国各行各业的再次协商与讨论,法案终于就职业生涯培训,入职职业培训,职业生涯的安全保障等事项达成一致的共识,于是又推出了“终身职业培训和指导法案”。这一法案特别确立了就业者享受指导的权利,同时建立了相应的“职业指导公共服务机制”。⑦

随后,法国经济社会环境理事会又在 2011 年底认为法案的当务之急是确定四大优先目标,以使法案更为有效,并降低其复杂性及失衡性,以更好地连接初始阶段教育和继续教育,并增加系统的有效性和质量,以让培训成为保障职业生涯安全的工具。这四大优先目标是:更好地将初始教育与继续教育有机结合起来,提高体系的效率和质量,把培训办成职业道路顺畅的保险工具,强化治理和战略指导。而针对融资体系的过分复杂性,理事会则认为可以通过深入改革来予以完善。对于 2009 年体系的过分强调出资的义务,而忽略了所有人获得能力要求的弊端,⑧理事会又认为可以通过加强职业生涯的安全保障以及企业的竞争力来予

① 26 岁以下特别是没有什么学历的青年以及成年求职者是受惠者,通过这一措施来获得资格证书。

② 旨在通过培训来促进受薪者留在岗位上。

③ 记录整个职业生涯中的所有培训和职业经验的积累。

④ 进入工作岗位的培训,适应岗位变化的培训,拓展各种能力的培训。

⑤ Pierre Cahuc 和 Andre Zylberberg 2006 年报告。

⑥ Carle-Sellier 2007 年报告。

⑦ 中央和地方建立开展培训计划责任制,加强国家终身职业培训理事会,建立职业生涯安全保障基金,具体规定 opca(Organisme paritaire collecteur agréé)的任务,建立培训和指导护照机制,贯通工作变动时的个人受训权利,制定入职筹备计划,设立特需人员 24 个月入职培训合同,扩大青年去第二机会学校进修的机会。

⑧ 劳动部:Se former tout au long de la vie, Entretiens Condorcet, sixièmes rencontres de la formation professionnelle, Paris, 30 septembre et 1er octobre 1996(孔德塞终身培训对话,第 6 期职业培训论坛,1996 年 9 月 30 日—10 月 1 日)。世界报,1997 年。

以保证。如此，在 2013 年的“岗位安全保障法案”中就将“个人培训账户”的条款①全面纳入，并建立了职业教育发展理事会。②同时针对劳资双方不断根据自己的利益对现行法案提出的不满，2013 年底，法国劳资双方六大工会又通过谈判达成了行业培训协议，并于 2014 年通过了“职业培训、就业和社会民主法案”。此法案涉及职业培训、学徒制教育和社会民主方面的改革。但因为制定时间仓促，其中并没有提出对劳动监督方面改革的诉求。总的来说，这一全面改革强调了作为继续职业教育的核心是个人的观点，同时将资金更多地流向了最需要接受培训的人群，并将“有义务资助”转为“有义务培训”，以加强地方行政机构在政策和指导方面的能力。再就学徒制教育而言，法案确认了学徒免费的原则，并确认学徒合同可以成为长期合同。也即 15 岁就可参加学徒制，学徒培训中心的任务亦被扩大化了，③学徒税征收的途径也更加便捷有效，同时还强调了对学徒税调配制度的重新审视。在管理方面，法案对地方权利的扩大和加强给予了肯定，④国家、地方机构和社会合作伙伴三者之间的协商联系得到了加强，治理得到了改进。⑤而在社会民主及平等方面的资助也更加透明，⑥雇主和工会的代表性则更加凸显。但即使这样，也还是有不少人认为新法尚需进一步完善，尤其是文凭程度不高的受薪者对培训缺少兴趣，⑦

① 2015 年 1 月起取消个人培训权利，进一步建立 1996 年由 Virville 提出的“个人培训账户”，覆盖 16 岁至退休，六年积累的培训小时如果没有用完可以随工作变动转移，跟踪包括失业者或换工作者在内的所有人的培训情况。它更多与个人联系起来，不再与工作合同相连，受薪者根据经济需求来主动接受能获取资格的培训活动，7 年可以积累 150 培训小时，培训费由雇主所在的经认可的收缴培训费组织来承担。

② 免费陪伴受薪者职业发展计划，帮助获得相关资格培训，接受就业中心等各方面的支持和保障。

③ 加强中心教师和学徒师傅的合作，确保中心教育和企业实习之间的有机结合；培养学徒通过学徒制或全日制职业教育来继续进行学业深造的能力；帮助学徒找工作；帮助学生认识到学徒合同中作为学徒和受薪者的权利和义务；鼓励学徒国际流动。

④ 组织和资助地方职业培训公共服务局，确保受训者获得资格证书，负责包括在押犯、侨民和残疾人在内的职业培训，协调对求职者进行的集体培训的公共采买行为，帮助青年和求职者在获取经验资格认证中进行准备工作。

⑤ 治理围绕新型机构进行改革：在国家一级建立国家就业培训和职业指导理事会，在地方一级建立地方委员会，在国家一级建立就业与培训职业间理事会。

⑥ 平等方面的资助与培训方面的资助分离。

⑦ Cegos：Barometre 2014 de la formation professionnelle en France（法国 2014 职业培训晴雨表），2014 年 4 月 8 日。

在职业经验所得的认可上也没有什么进步。[①]简言之，新法乃是过去的延续，并没有解决培训机会不公平的突出问题。[②]

二、法国构建终身教育体系的目的与价值

（一）构建终身教育的目的与价值

终身教育体系包含各级各类教育，[③]其中重要的组成部分之一就是继续教育和职业培训。法国最初的职业培训是单纯以经济为目的的；但随着社会进步，人的受教育权利、人性健全发展以及增进国家竞争力的理念逐渐深入人心，遂使得职业培训的目的也呈现出多样化的特征。它已不再局限于提升企业经济绩效的目的，它在国家的干预下产生了增强国力和就业的政治目的，以及吸取有益知识的社会目的和推动个体全面发展的个人目的。因此，由它逐步演变而来的终身教育体系的构建也就同样涵盖了政治、经济、社会和个人的发展意图。

（二）法国社会如何看终身教育体系的内涵[④]

1. 概念的演变

终身教育最初源自“继续教育”（continue education）“永久教育”（permanent education），或“循环再教育”（recurrent education，也称回归教育）等。[⑤]而这一教

---

① Alpha：工作组报告，2014 年 3 月 20 日。

② Jean-Paul Martin：la Réforme de la formation professionnelle（职业培训改革），la Chronique sociale；2014 年。

③ 终身教育的定义众说纷纭，国际上普遍接受的联合国教科文组织的定义为：“终身教育是人们在一生中所受到的各种培养的总和，包括各级各类教育和从学校、家庭、社会各个不同领域受到的教育。”摘自加拿大渥太华 2008 年 6 月 24—27 日第一届“终身学习国际研讨会”。

④ 为了整个研究项目的一致性，本文主要使用“终身教育”或“终身培训”，不使用“终身学习”。其实，“终身教育”的使用更显中性，更适合中央集权制国家，它更能反映出全社会的宏大教育计划，区别于 Jean Pierre Legoff 在《la Barbarie douce》所说的“终身培训”中的功利主义色彩；而对 P.Meirieu 等人来说，他更喜欢“终身学习”，他认为教育是给成人给儿童强加的，有专制性和宗教式的强迫性，而成人应该自我学习，自我决定方法和手段。但他忽视了当今社会传授和教育仍是不可替代的主旋律。

⑤ D. Kaller：Recurrent Education and Lifelong Learning：Definitions and Distinctions，*in* Schuller and Pegarry，London：Kogan Pqge，1979；A. Hasan：Lifefong Learning，in *International Encyclopedia of Adult* Education and Training，Oxford：Elsevier Science，1996.

育的类似含义又可以溯源到20世纪20年代。①如循环再教育的含义就可以追溯到19世纪中叶欧洲北部国家践行的成人教育传统。尽管终身教育的萌芽很早就出现了,但引起人们普遍讨论则是在二战之后。至于政策层面的推进又始于20世纪60年代初。如1960年联合国教科文组织在加拿大蒙特利尔召开了世界成人教育大会,试图把成人教育纳入正规教育体系。在1965年,由法国的保尔·朗格朗为下届大会准备的工作文件中首次提出应实施终身教育的建议。②由此,人们逐步开始用"终身教育"的概念替换时任瑞典教育部长提出的"循环再教育"的理念。随后,在联合国教科文组织、经济合作与发展组织以及欧洲理事会在国际范围内的推广,终身教育开始得到了大力推动。③

从循环再教育的内涵上来看,最初它只涉及区别于学校教育的成人教育,但随着理念的深入发展,它在人们心目中逐渐具有了两重含义,一是狭义的涵义,指的是青年在就学后的教育得以延续的一种替代形式,也即社会从入学普及和民主化到学业成功民主化的过渡;④广义的涵义,则是指学校后教育和学校内教育的统合,其取消了义务教育和职业生涯两大阵营的界限,这一含义要求社会政治及经济机构要采取变革来配合这一教育。尽管狭义的概念更为广泛应用,但多年来的各种实践证明成人教育并不成功,它不仅一直是孤立的部门,而且经费严重缺乏,政府对其投入亦仅限于改善入职前的水平,更多的是地方机构的自行支持和推动,没有能够成为公共政治的重要领域。⑤

随着近几十年的发展,终身教育已不再局限于"循环再教育"或"成人教育"的范畴,它贯穿了从摇篮到坟墓的整个过程。终身学习的社会标准是:一个人无论老幼都必须感到有必要去学习并拥有必要的学习条件,以便在自己的一生中除了

① P. Sutton: Lifelong and Continuing Education, *International Encyclopedia of Education, 2nd Edition*, Oxford: Pergamon Press, 1995.

② P. Lengrand: *Éducation permanente*, Paris: Unesco, 1965.

③ Abrar Hasan:《La formation tout au long de la vie, Les implications pour la politique éducative》,《国际教育杂志》1997年12月第16期。

④ MAUBANT Philippe:《L'alternance en formation, un projet à construire(培训替代,要筹建的计划)》,《Pour 杂志》1997年第154期。

⑤ G. Papadopoulos: *Education 1960—1990: The OECD Perspective*, OECO, 1994.

在正规学校，而且还可以在非正式机构或其他场合，以持续的方式进行学习，并且有机会接受永恒教育并享有把握这种机遇的社会和财政的资助；[①]新的概念与循环再教育也有根本的不同，它涵盖了从幼儿到老年所有人群的教育；过去有利于成人教育的理由现在被推翻了，现在强调的是好的学习基础对青少年和老人同样重要；进行循环再教育就是要将其与未来建立起有机的前瞻性联系。

由于宽泛的新定义对不同的人群会意味着不同的事物，教育政策的制定亦会难以有效依据终身教育社会所需的标准。这就需要对概念要素进行有机整合，需要搞清教育政策的目标、结构与内容，教育与培训的经费支持以及各相关方的角色与责任的分配等。多年来，教育目标包括一系列的目标内容，如独立和创新精神、帮助个人发展和实现梦想、培养就业能力和公民素质、丰富社会生活和文化生活等。然而，那些认为教育应该为经济和就业服务的人，与那些认为这些目标和教育的其他目标形成会产生根本抵触的人之间的矛盾在不断加剧；而终身教育由于其综合性而提供了双方都能接受的系列目标，教育必须培养人们的多种复合素养和横向综合能力。

2. 终身教育的复杂性要求其立法内容涵盖诸多方面

首先，它涉及教育供给的结构和组成。这就要求解决一系列的问题，如初始教育与继续教育之间如何有机贯通，教育如何满足需求，教育经费向各类机构的划拨是否合理，各类机构的教育是否有机融通，水平和质量是否都能得到保障，对知识的获得所进行的认证是否公正。终身教育特别要求摒弃封闭性的系统教育，而提倡开放并与其他相关方面取得联系。[②]

其相关体系的构建又延伸出终身学习社会的概念，这就要求教学内容、质量和贴切性都需要适应新的标准。

再次，终身教育的经费对体系的完善亦起到了关键作用，这就要求统筹考虑

---

① MONOD Ambroise：《Se former tout au long de la vie（终身自我培训）》，《Actualité de la formation permanente 杂志》1996 年第 141 期。

② Vincent Merle：《Apprendre tout au long de la vie：pourquoi，comment?（为什么和如何进行终身学习）》，联合国教科文组织世界终身教育委员会讲座，2006 年 4 月 27 日。

各种教育的成本与收益,兼顾个人和社会的利益。

此外,各方的角色和责任对实施体系的建设也至关重要,这就需要综合考虑各方立场,既要协调纵向的成人教育与学校教育,也要协调教育和培训及相关政策的联系。

另外,体系具有政治和社会意义。终身教育不再是奢侈品而已经成为必须品:目标的宏伟,各相关机构的改革和配合,知识和信息社会对社会各类人群的要求加大,老龄社会对经费的压力沉重,对能力和素养的要求彻底改变,产业调整引起的失业加剧,社会融合的重要性突出等。

最后,体系还需要不断完善,法国社会面对以下诸多挑战:教育普及化的上延,教育质量和数量的不足,受教育程度低导致的失业和低收入,现代教育培养的人缺乏复合能力,多数成人不能享受终身教育,亟待接受教育的人数扩大,等等。

3. 终身教育的内涵要义导致企业主需要承担培训责任

终身教育要求社会对人力资源开发不断给以投入,政治、经济、文化、社会、个人等方面均与终身教育具有互动作用,从经济角度看终身职业培训更能把握整个体系的精髓和主要利益相关方的法定责任。

诚然,企业的功利行为导致它们不愿意承担培训。早在20世纪60年代就有研究表明,企业不愿意看到自己出钱培训的职工被其他竞争对手高薪抢走。此外,职工提高技能和知识是为了自我发展,因此应由职工个人对人力资本进行投资。即使企业投资培训,也不愿投在一般技能和知识培训上,因为这更容易使受训者不安分;企业愿意选定有一定资格的人派他们去接受竞争对手不重视的专业培训,此举避免了人才流失。

但企业职工认为个人投资对潜在的未来收益无法把握和评价,如果不是带薪受训,风险会加大。此外,职工通过培训提高了水平,改善了企业生产力,因此企业应派他们受训并在未来予以加薪。如果不能带薪受训,职工则不愿接受培训。

对此,法国政府则认为,培训在多数情况下能使企业受益。①即使企业派职工

① Card D.E.、Krueger A.B.:《Myth and Measurement: the New Economics of the Minimum Wage》,《普林斯顿大学杂志》1995年。

接受一般性培训，这些培训知识也不会都用到其他企业，只有极少竞争企业有可能会用上。此外技能岗位很难与其他企业完全匹配。企业生产力提高的获益要远大于员工工资的增长。[①]在以上论据的支持下，法国政府决定通过税收使企业承担培训的主要经费。另外，由于企业侧重让员工接受专业培训，而且没有学历的员工难以接受培训，这就导致了 2014 年新法重视平等受训方面条款的改进，从而加强了“个人培训账户”的实施。

(三) 法国终身教育立法特点

一般来说，发达国家有关终身教育立法的内容大都趋同，但由于社会文化的不同和教育目的的各异，其细节应该存在差异。就法国立法来看，其特色鲜明，操作性强，受益范围广。具体说来，法国的终身教育立法具有以下显著的特点。

1. 国家高度重视并成为世界终身教育立法的先驱

法国政府历来重视终身教育的立法工作，它也是世界上较早以法律制度形式实施终身教育理念的国家。尤其是在战后，其特别加大了终身教育立法的力度，并且颁布了终身教育的专门法，由此使得终身教育的理念由理论探讨阶段上升为法制化和制度化的高度，并且一举成为法国政府构建本国教育体系的指导思想。就立法时间来看，法国早在 20 世纪 70 年代初即通过了《终身职业教育法》。而美国则在 1976 年才起草《蒙代尔法案》，至于日本和韩国直到 20 世纪 90 年代以后才开始制定相关法律。

2. 法律的可操作性强

在侧重面上，法国立法强调职业培训，其重点突出，更为务实，而不像美国《终身学习法》比较空泛并没有重点。此外，法国的法律出台后有众多细则规定推动执行，如 2014 年《就业、职业培训和社会民主法》出台后就制定了 34 项规定和规章来助推法律的落实。[②]

---

① Stevens, A theoretical model of on the job training with imperfect competition, Oxford Edonomic Papers, Vol.46, 1994.

② 南特学区：Réforme de l’enseignement professionnel: des fondements de 1971 à la loi de 2014 (职业培训改革——从 1971 年法律原则到 2014 年法案)，2014 年 5 月。

3. 人权是基石

法国的终身教育立法在理念和原则上亦都起到了引领作用，如其在人权宣言的基础上，强调保障公民终身接受教育的权利，这一立法基础决定了终身学习的形式多样化，推动了科技促进国力发展的作用，并强调了政府负起全面保障的职能。“个人接受培训的权利”以及“带薪脱产去接受能力考试和工作经历的学术资格考试”等①都反映了终身教育的全覆盖。终身教育思想因此得以扎根并为国民普遍接受，而法律则对上述理念，即个人的学习意愿得以保障并作为一项权利而固定了下来。

4. 惠及社会的所有成员

法国 1971 年 7 月 16 日通过的《在职人员继续教育法》确立了所有受薪者均享有工作时间中接受培训的权利，而最能展示惠及大众的例子就是“个人培训账户”的建立。在特色上，法国逐步完善了所有企事业必须确保受薪者享有与工作相关甚至不直接相关的带薪受训机制。即使是参加公务员考试时，职业经历和技能也被正式纳入考量范围。②

5. 经费由多方共同承担

终身教育的立法亦确保了终身教育经费的来源，由此而建立了由国家资助和企业投资及个人出资的多种终身教育经费的筹措渠道。法国在 20 世纪 70 年代制定的《继续职业教育法》就规定雇主有义务参与对在职人员进行职业教育的经费支持。法国政府推动终身教育的理念，就势必要获得劳资双方的妥协，而对终身教育经费支出较大的资本方则会更倾向于培训高层次的急需人员，这样就与政府确立的所有人员享有继续教育以及工会要求技能水平低下的劳动者公平接受培训的立场产生矛盾。因此，在经费来源方面，法国政府将发挥更大的调节与保障作用。经费一般是由政府预算、地区资助和企业纳税三个部分组成。为保证职业继续教育资金的来源充足，法国《终身职业教育法》规定，凡雇佣 10 名以上职工的企业，雇主每年必须交纳占职工工资总额的 1%作为“职业继续教育税”。但工会资助系统的我行我素、不透明和复杂性则导致了整体职业培训改革不能按照步

① 2007 年 148 号法案确立了这些权利。

② 1984 年第 16 号法案。

骤有效开展。

6. 不断完善的立法过程

1971年确立的最早法案确实存在许多缺陷，而2004年通过的法案则对1971年法案进行了重大调整，2009年又将2004年法案推倒重来，2013年的《就业岗位安全保障法案》则首次将“个人培训账户”①纳入立法条款，2014年的“职业培训、就业和社会民主法案”则再次强调作为继续职业教育的核心是个人，由此资助更加透明，雇主和工会的代表性更加合理。而即使体系已经较为完备，但未来的改革调整还将继续进行。

三、对我国构建体系的启示

（一）国家层面的立法是当务之急

法国构建终身教育体系的特征主要体现在立法先行上，即通过法律辩论可以使人的最大意愿以普遍道德法则的形式建立起来。②而法律的制定也成为了政策和实践推进的基础。因此，不通过国家法律性质的自下而上的行为和尝试，往往反映了国家与政府的立法无力，由此则会导致政策的滞后和利益集团的抵制，从而不利于国家的统筹发展。而法国等西方国家则都是首先通过立法来推动政策的执行，并且法律和法规亦都首先通过国家层面的辩论而不断得到修订与完善，因此它们很少停滞于地方的狭隘经验层面。

作为现代化社会，我国亦必须从地方性政策和措施转化为通过国家立法来推动终身教育体系的建设，因为终身教育法可以贯穿整合所有“零散”的规定。其次，在我国终身教育的发展过程中，从中央到地方政府也出台了不少行政性、政策性的“规定”“决定”“通知”“意见”等导向性的文件，其对终身教育发展同样进行着

---

① 2015年1月起取消个人培训权利，建立个人培训账户，覆盖16岁至退休，六年积累的培训小时如果没有用完可以随工作变动转移，跟踪包括失业者或换工作者在内的所有人的培训情况。它更多与个人联系起来，不再与工作合同相连，受薪者根据经济需求来主动接受能获取资格的培训活动，7年可以积累150培训小时。

② Emmanuel Kant（1724—1804），Critique de la raison pratique，1788.

指导和规划。实际上,我国多年来都是从地方性政策和措施入手来推动终身教育的,这也暴露了中央政府的准备不足。

（二）我国政府应尽快通过限制现金使用而对企业培训进行科学合理的监管

我国应尽快将企事业“教育税”改为全行业“学徒税”和“职业教育税”,夯实终身教育的基础。同时学习发达国家社会治理的经验,限制社会现金使用,通过准确的统计和数据监督社会,合理地收税和服务于社会。合理收税是一个复杂的系统工程,是我国改进公共经费征收办法所必须努力做到的。对企事业和个人进行科学合理的监控、征税和资助就必须限制现金使用。它关系到我国是否能真正进入全面现代化。的确,限制现金使用将触及诸多利益集团,但这却是我国走向全面现代化的必由之路。在整个社会限制现金使用刻不容缓时,其不应以可能出现的负面效应和局部利益受损为由来阻止和拖延改革。法国“学徒税”一般收取企业支付工资的0.68%,但根据企业大小以及使用学徒人数不同而不同,“职业教育税”一般收取工资的0.55%,但大型企业收取1%。我国目前实行笼统的“教育费附加”应缴纳教育费附加=(实际缴纳的增值税+消费税×3%)。其实,对国家而言,最需要扶植的是青年就业,也就是通过学徒制加大就业率,对企业而言,也是最需要支持的企业新鲜血液。因此,“学徒税”设立的意义远大于“教育税”。从法国税务的复杂收缴和再分配可以看出,如没有健全透明的金融制度,则难以有效地运作这一复杂的税务监控、计算、缴纳和减免体系。我国虽花费大量人力物力财力去推进职工继续教育,但不成功的一个直接原因就是企业参与不积极。企业不参与的一条重要原因则是没有相关法律和政策规定,而政府只有在限制社会现金使用、工商税务通过银行系统准确了解企业、用工和个人收支前提下才能够通过税收迫使企业真正介入培训,并有利于国家扶植企业培训。

由于我国人口众多,全民网络尚不能尽快建立起来,现阶段尚不可能像法国一样为保护社会上的每个人而设立个人培训账户,但是,如果我们决意向着更加公平、公正的社会发展,则未来迟早要通过健全金融监控的办法来确保全民接受继续教育。因此,国家应立即着手研究和实验,以为提升中华民族每一个人的素质而努力。

（三）终身教育立法需要强大的研究体系支撑

从法国立法的历程还可以看出法国人对终身教育思想追求的尽善尽美。由于我国对终身教育的认识和理解尚存局限性，终身教育的理念还没有完全普及，在社会乃至学术界人们只是把它作为某一个新潮的代名词而已。再加上我国关于终身教育的研究目前也只局限于某一领域，许多关于终身教育体系微观领域的若干问题也都还缺乏深入细致的研究。因此，我们必须动用社会各方研究力量，整合各方资源和优势，而只有这样才能通过法律和法规来促进我国终身教育体系的构建、完善和发展。

第三节　近十年韩国终身教育体系构建的推进体制与策略

20 世纪 90 年代中期以来，韩国的终身教育发生了重大的变革。首先是 1995 年政府在终身教育的理念指引下描绘了新教育体制的蓝图，同时并颁布了一系列与终身教育有关的政策，此后韩国的终身教育就开始呈现出史无前例的发展态势。1999 年韩国颁布了《终身教育法》，该法实施后大幅度改编了韩国的教育行政组织，并进一步完善了终身教育制度。在此以前，韩国的教育政策经常出现标语式的“终身教育”，而后有了显著的改变，并且不仅在教育领域，在学习型城市和城镇建设领域的政策制定中也成为了重要的推进策略之一。

特别需要指出的是，2007 年对《终身教育法》进行了重大修订以后所制定的终身教育政策，从形式到内容都发生了很大的变化，而且在实施的过程中还取得了实质性的成果。如在建构和开展中央及地方自治体的终身教育推进体系方面就取得了重大进展。其一是成立了专门开展终身教育的机构——终身教育振兴院；其二是改组了支援终身教育政策的行政组织，以促使其紧密合作；其三是重新整顿了审议、协商与终身教育振兴和实施有关的各种终身教育协会。除此之外，还制定并开展了各种振兴终身教育的制度和活动，以提高国民对终身教育的认识，同时推进终身学习的基础建设。

为此，如果要了解韩国的终身教育及其体系的构建，就首先需要通过观察2007年《终身教育法》大幅度修改后的发展动向，由此才能清晰地勾画出韩国终身教育推进机制的构建、展开以及明了其今后的课题。

一、终身教育法大幅度修订后的10年及其成就

韩国《终身教育法》的前身是1982年制定的《社会教育法》。社会教育法是在大韩民国成立后不久伴随着对教育相关法律的修订而制定的，但是从提出社会教育法制定方案开始到社会教育法正式颁布却花费了相当长的时间。也即从美国占领时期的1949年3月29日，由当时的文教部（现在的教育部）首次提出需要制定社会教育的相关法案，到1982年正式颁布《社会教育法》的33年期间，政府及学界针对社会教育法提出的草案就有25个之多。①

《社会教育法》的颁布时间略滞后于以学校教育为中心的教育法，这从最初的草案到1982年正式颁布用了30多年的时间就可略见一斑。尽管社会教育法的出台过程受到了当时国际上流行的终身教育理念的影响，同时也受到1980年《宪法》中新加入的“终身教育振兴条项”的影响，但是社会教育法制定后却并没有在政策上起到对社会教育制度和体制的促进与完善的作用。换言之，《社会教育法》实际上成了一部有名无实的法律。而扭转上述这种局面的是直到1995年颁布的“5·31教育改革法案”才有了明显的改变。随着全球化和信息化的迅猛发展以及知识社会的到来，国际社会亦发生了很大的改变。同时韩国国内推行民主化之后，韩国民众都期待成立文明政权，恢复地方自治，于是韩国克服重重困难以后开始尝试教育体制的改革以及拓展新型的教育模式。当时终身教育已经成为教育改革的核心命题。于是韩国政府在1997年重新修订了教育法体系，1999年又全面修订了《社会教育法》，并最终制定了《终身教育法》。

《终身教育法》颁布以后，韩国“社会教育”的用语随即逐渐淡出了人们的视

---

① 田光秀：《韩国社会教育发成立历史的变迁过程研究》，韩国公州大学大学院博士学位论文2013年，第200—201页。

线，此后无论是在政府行政文件的颁布还是实践活动的开展中都开始使用“终身教育”的术语。但是，1999 年制定的《终身教育法》，却在颁布之初就被指出存在很多问题，此后并引发修改《终身教育法》的争论。为此，2007 年，对上述法律又进行了大幅度的修订，其主要是进一步完善了终身教育法的结构，充实了终身教育的内容。韩国政府大幅度修订《终身教育法》在很大程度上又是受终身教育学界和实践工作者提出的修改要求、提议以及激烈的立法运动的影响。2007 年法修订的主要内容为：(1)明确了终身教育的领域；(2)制定了振兴终身教育的基本计划和改革了终身教育的支援体制；(3)对终身教育士的培养以及终身教育士的配置标准进行了强化；(4)增加了与“文解”①教育相关的规定；(5)增加了与振兴终身教育活动相关的内容等。②总之，其基本宗旨是进一步加强了终身教育振兴的行政支援体制。

2007 年，《终身教育法》全面修订以后，2008 年，韩国即成立了国家终身教育振兴院，在广域自治体也相继成立了终身教育振兴院。同时，在广域自治体以及基础自治体还逐步制定了终身教育振兴条例。如 2012 年 7 月 1 日，在新增设的广域自治体世宗特别自治市，就于 2014 年 12 月制定了终身教育振兴条例。目前在韩国不仅中央，而且 17 个市、道的所有广域自治体都制定了终身教育振兴条例，并同时设立了终身教育振兴院。在基础自治体也相继制定了与终身教育振兴有关的条例，如 2012 年 3 月，在 229 个基础自治体中就有 199 个(87％)基础自治体制定了与终身教育振兴有关的条例。③

2007 年，终身教育法修订案中还新增加了“终身教育振兴基本计划”的相关条款，如通过改组终身教育支援体制，构建更为体系化、效率化的行政财政支援机制等。该法在第 9 条中还规定，“教育科学技术部长官必须每五年制定终身教育

---

① “文解”本身的含义是“超越阅读文字(word)的水平，要读世界(world)”。正式使用“文解”这一用于的是韩国文解教育协会，该协会的初任会长是黄宗建还认为“文解”含有“文化解放”的意思。李正连：《文解基础教育法(案)、解题》，《东亚社会教育研究》2010 年第 15 期，第 127 页。

② 具体参照李正连：《韩国终身教育法的修订和自治体的措施》，日本社会教育学会编：《教育法体系的整顿和社会教育、终身学习》(日本社会教育第 54 集)，东洋馆出版社 2010 年版，第 190—203 页。

③ 韩国教育科学技术部：《第三次终身教育振兴基本计划制定研究》，2012 年版，第 145 页。

振兴基本计划”(以下简称为“基本计划”),第11条规定“市、道知事要根据基本计划来制定和实施每年度的终身教育振兴实施计划”(以下简称为“实施计划”)。“而制定实施计划时则必须与市、道德教育监(教育长)进行协商”,以此来加强国家及地方自治体振兴终身学习的义务。

如上所述,从社会教育法的产生到终身教育法的制定,整个时间周期还不足20年,但却已经成绩斐然。当然,目前还存在着很多的问题,如在地区建立的终身教育推进机制的功能以及名称的使用仍然混乱,市、道终身教育协议会的功能也不齐全,一般自治行政和教育自治行政针对终身教育振兴计划的制定和实施也还未形成良好的合作体系,终身教育设施的设置标准亦还不够完善等。①简言之,韩国的终身教育,就是在通过不断的尝试摸索的过程中,以探索建立更为充实的终身教育支援体制而努力。尤其是在法律的制定过程中,一般行政人员、政府政策的制定者,学术界和市民团体等都给以积极参与,这种热情亦是前所未有的。

二、终身教育推进体制的构建

(一) 中央政府

韩国终身教育法是1999年制定的,但是从制定之初起就被指出存在很多结构性的问题,于是2007年进行了大幅度的修订。修订以后的《终身教育法》中最值得评价和肯定的,就是增设了振兴国家层面终身教育的基本计划,由此而使得国家层面的地方自治体的终身教育支援体制更加完善,终身教育行政财政的支援机制更加有效。

首先,2007年修订的《终身教育法》,提出了第二次振兴终身教育的基本计划。该计划的核心是:为实现终身学习社会的推进、终身教育制度的完善以及专门机构的整顿和地区终身教育基础设施的建设,而设定了推进课题。具体是:(1)培养一生中每个阶段的创造型学习者;(2)为进一步整合社会资源推进终身学

① 韩国国家终身教育振兴院:《百岁时代构筑终身教育体制的终身教育法整备方案研究:检讨终身教育法修订方向的公听会》,2013年。

习相关机构之间的参与和联合；(3)提出了发展终身学习所需的基础建设和网络化建设，同时推进构建与国家、广域自治体和基础自治体相对应的振兴终身教育的专门审议和协议的机构。

如图 3-1 所示，作为各自的专门审议和协议机构，它们分别在中央政府内设置了国家终身教育振兴院和终身教育振兴委员会，在广域自治体的市、道中设置终身教育振兴院和市、道终身教育协议会，在基础自治体的市、郡、区内设置终身学习馆和市、郡、区终身教育协议会。同时，为了满足居民和地区社会对终身学习的需求，以提供更多居民近距离学习的终身教育机会，2013 年在市、郡、区的隶属行政区——邑、面、洞①设置了"幸福学习中心"。

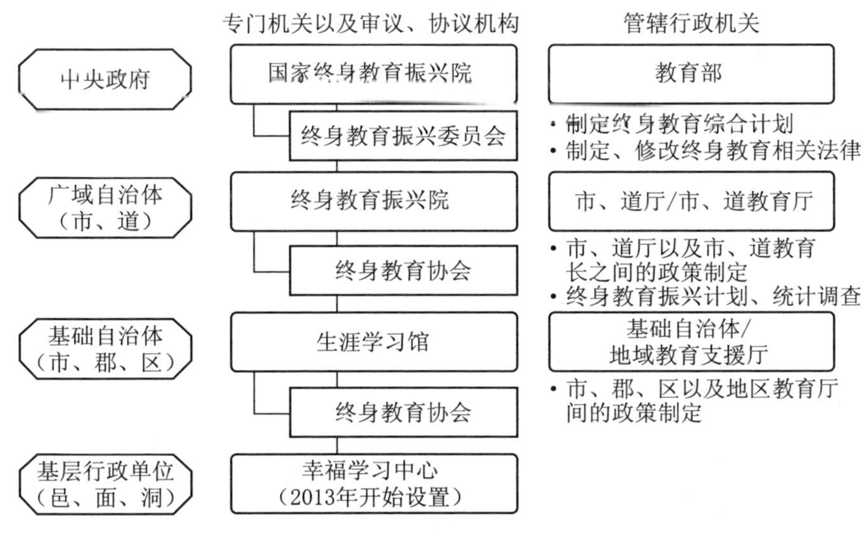

图 3-1　韩国终身教育的推进体系

2008 年 2 月 15 日成立的国家终身教育振兴院设置的目的，是期待通过推行国家终身教育政策，激活国民的终身教育热情所致。为了实现这一目的，振兴院亦有其自身的组织功能和作用(见图 3-2)。具体来看，振兴院又主要开展以下 12 项的终身教育工作。(1)支援和调查终身教育；(2)支援振兴委员会审议指定的基

① 邑、面、洞是基础自治体市、郡、区的下属行政区划，市、区的下面是洞，郡下面有邑、面。2015 年 12 月韩国的行政区划中有 17 个市、道，226 个郡、区，3 502 个面和洞。韩国行政自治部：《地方自治团体行政区域及其人口现状》，www.moi.go.kr，2015 年 12 月 31 日。

本计划；(3)支援开发终身教育项目；(4)培养包含终身教育士在内的终身教育从业者；(5)建构终身教育机构之间的联合体制；(6)支援市、道一级的终身教育振兴院；(7)建构和运营终身教育综合信息体系；(8)根据“学分认定相关法律”和“自学考试相关法律”进行学分和学历认定；(9)统一管理和运营学分银行；(10)管理、运作文解(识字读解)教育；(11)被该法和其他法令委托的事务；(12)其他达成振兴院目的所必需的工作。(《终身教育法》第 19 条 4 项)。

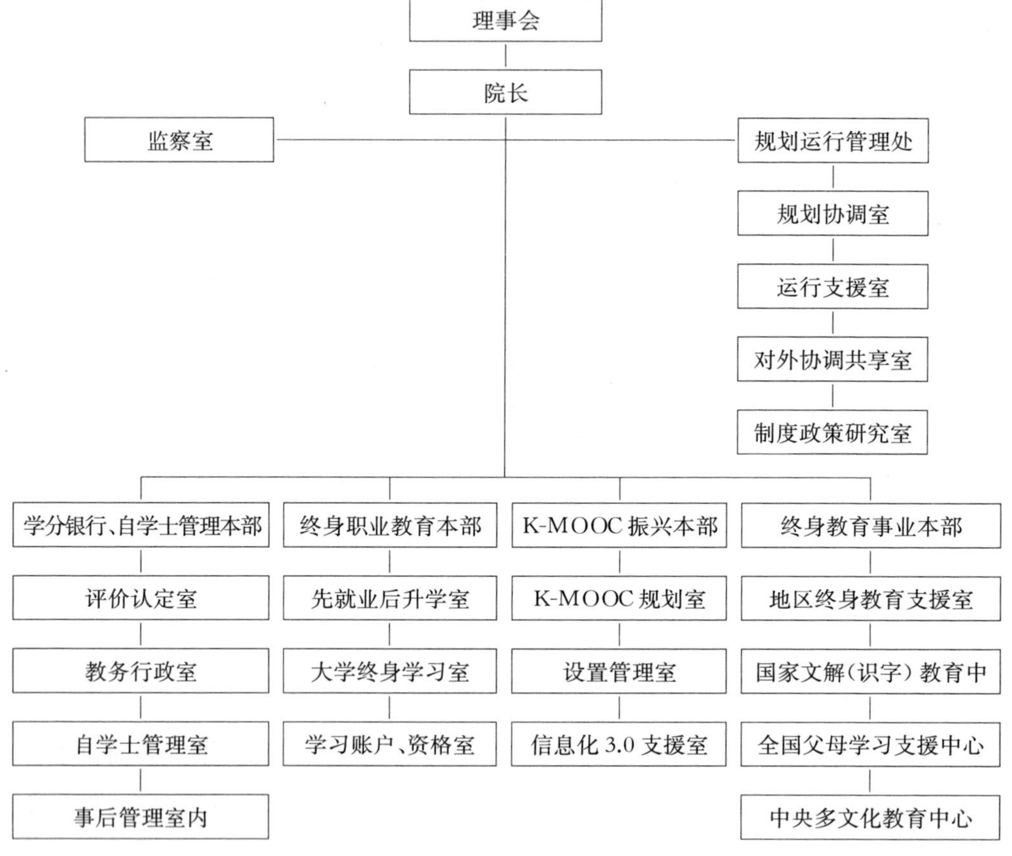

图 3-2　韩国国家终身教育振兴院的组织结构

除此以外，第三次终身教育基本计划(2013—2017 年)亦基于“终身学习是带来个人幸福和 100 岁时代社会繁荣的主要动因”的理论认知，指出韩国要在“进入 100 岁时代后通过创造性的终身学习来实现国民的幸福”，并指出国民的幸福不是个人的问题，需要政府和社会的共同努力。①而在构想的过程中，为了更好地设计 100 岁时代的第二个人生，以提高老人们的生活质量，又必须要构建国家终身学习体制。因此，在第三次基本计划中还制定了终身教育未来发展的三大目标：(1)培育创造性学习的国民；(2)构建让人一生都能参与学习的社会；(3)建设地区学习共同体。为了实现上述三大目标又设定了四个基本领域，并且在每个领域都提出了相应的推进课题：(1)实现以大学为中心的终身教育体制；(2)构建线上、线下的终身学习综合支援机制；(3)支援为整合社会资源而推进的定制型的终身学习；(4)加强地区的终身学习力。(见表 3-1)

表 3-1　第三次终身教育振兴基本计划(2013—2017 年)中的主要政策领域及其推进课题

领　域	推进课题
实现以大学为中心的终身教育体制	• 转换针对成人学习者的大学体制 • 加强地区大学的终身教育的作用 • 强化对国家职务能力标准基础的学习、认证的合作
构建线上、线下的终身学习综合支援体制	• 构建线上终身学习支援体制 • 加强基础、广域自治体的终教育推进体制 • 通过加强专业性和透明度提高终身教育的质量
支援为整合社会资源而推进的定制型终身学习	• 支援根据不同世代不同对象制定的订单式终身学习 • 无死角的支援社会弱者的终身学习 • 支援通过学习克服职业中断
加强地域社会的学习力量	• 加强地区和学校联合推进的终身学习 • 加强地区居民的人文力量和市民力量 • 支援扩充地区学习共同体

之后，2016 年 5 月 29 日的终身教育法的部分修订中又增加了残疾人士与终身学习的相关条款。如规定“国家和地方自治体为了基于残障人士终身教育的机会，必须要制定和实施针对残障人士进行终身教育的相关政策”(第 5 条第 2 项)。同时成立国家残障人士终身教育设施(第 19 条第 2 项)、设置和运营针对残障人士的终身教育课程(第 21 条第 2 项)。

(二) 广域自治体

韩国《终身教育法》第 20 条规定：“市、道知事基于大统领令的规定，可以设

① 韩国教育科学技术部：报到资料，2013 年 9 月 13 日。

置、制定和运营市、道终身教育振兴院”。而振兴院的主要工作是:(1)提供该地区终身教育的机会和信息;(2)提供终身教育的咨询活动;(3)进行终身教育项目的运营;(4)构建该地区终身教育机构之间的联携机制;(5)承办市、道知事认为终身教育所必须开展的事项。具体地说,就是制定市、道终身教育实施计划,收集和提供终身教育活动的信息,建设扩大居民参与终身学习的机会,以及创建“酷冒阿(包罗万象)终身教育信息网”,以打造广域范围内的就业与创业的学习型城市。

韩国的广域自治体由 17 个市和道组成。2017 年 2 月,17 个市、道都分别成立了终身教育振兴院。其中,5 个市、道成立了独立的财团法人,其余 12 个也委托其他机构作为运营代表(见表 3-2)。

表 3-2 市、道一层的终身教育振兴院的设置状况(2017 年 2 月 10 日)

<table>
<tr><th>市、道</th><th>设置、指定时期</th><th>设立形态</th><th>指定(委托)机构</th></tr>
<tr><td>大田广域市</td><td>2011 年 6 月 13 日</td><td rowspan="5">财团法人</td><td rowspan="5"></td></tr>
<tr><td>京畿道</td><td>2011 年 12 月 28 日</td></tr>
<tr><td>首尔特别市</td><td>2014 年 4 月 3 日</td></tr>
<tr><td>光州广域市</td><td>2015 年 2 月 27 日</td></tr>
<tr><td>忠清南道</td><td>2016 年 5 月 31 日</td></tr>
<tr><td>釜山广域市</td><td>2011 年 3 月 1 日</td><td rowspan="12">指定、委托</td><td>釜山人的资源开发院</td></tr>
<tr><td>忠清北道</td><td>2011 年 4 月 20 日</td><td>忠北研究院</td></tr>
<tr><td>蔚山光域市</td><td>2012 年 7 月 1 日</td><td>蔚山发展研究院</td></tr>
<tr><td>济州特别自治道</td><td>2012 年 7 月 18 日</td><td>济州发展研究院</td></tr>
<tr><td>仁川广域市</td><td>2013 年 5 月 9 日</td><td>仁川人才培养财团</td></tr>
<tr><td>庆尚北道</td><td>2013 年 6 月 27 日</td><td>大邱大学</td></tr>
<tr><td>大邱市广域市</td><td>2014 年 2 月 20 日</td><td>大邱庆北研究院</td></tr>
<tr><td>全罗南道</td><td>2014 年 3 月 19 日</td><td>光州全面研究院</td></tr>
<tr><td>江原道</td><td>2014 年 3 月 25 日</td><td>江源发展研究院</td></tr>
<tr><td>庆尚南道</td><td>2015 年 1 月 1 日</td><td>庆南发展研究院</td></tr>
<tr><td>世宗特别自治市</td><td>2016 年 2 月 5 日</td><td>世宗人才培养财团</td></tr>
<tr><td>全罗北道</td><td>2016 年 8 月 1 日</td><td>全北研究院</td></tr>
</table>

（三）基础自治体

根据 1999 年终身教育法制定的条款，基础自治体层面虽然增设了终身教育设施，但是大多数都是由原来的图书馆或福利馆改建而成。理由也很简单，因为根据当时法律的规定，是可以根据该地区的实际情况，新设或对原有指定场馆进行改建或利用。而在 2007 年的修订法案中则进一步规定，不仅教育部长官，就是市、郡、区的领导也可以独立设置或管理终身学习馆。此外，从 2001 年开始，随着学习型城市建设的进程，终身学习馆的设置呈现出急速增长的态势。①这是因为在 2007 年修订后的终身教育法中规定，为了加强针对地区居民的终身教育实践活动、项目及相关机构之间的通力合作，在基础自治体的市、郡以及自治区设置市、郡、自治区的终身教育协议会（第 14 条），同时可以由市、道的教育领导或市、郡、区的领导来设置和管理终身学习馆。而终身学习馆的作用则是要以管辖区内的居民为对象，同时对终身教育项目进行策划并为居民提供各种教育机会（第 21 条）。

到了朴槿惠政府，为了进一步满足居民及其地区对终身学习的需求，又开始倡导为居民提供终身学习的机会从而保障居民的近距离学习。于是从 2013 年开始，在最基层的邑、面、洞一级设置“幸福学习中心”。2014 年 1 月修订的《终身教育法》再次规定，“市长、郡守、和自治区的区长要分别在邑、面、洞层面设置为居民提供终身教育和咨询活动的终身学习中心”（第 21 条第 2 项）。而朴槿惠政府用“幸福学习中心”取代了“终身学习中心”，同时在“幸福学习中心”配备了专业人士，俗称“幸福学习管家”。2016 年 6 月，有 226 个市、郡、区中的 92 个市、郡、区（40.7％）设置了幸福学习中心，今后的设置还会有望进一步扩大。

三、终身教育设施和终身教育专职人员制度的整顿

在韩国终身教育立法中，除了终身教育振兴院、终身学习馆以及幸福学习中心等公立的终身教育专门设施之外，还规定了其他许多种类的终身教育机构。如

① 梁炳赞、田光秀：《韩国终身教育专门机构的发展过程和地区化的尝试》，《日本公民馆学会年报》2015 年第 12 期，第 86—87 页。

学校附属的终身教育设施、公司内具有大学形态的终身教育设施、远程大学形态的终身教育设施、事业单位附属的终身教育设施、市民社会团体附属的终身教育设施、媒体机构附属的终身教育设施、与知识界和人才开发机构共同设立的终身教育设施等。在这些设施中还都配置了终身教育的专业人员——“终身教育士”。

关于终身教育士的制度，1999 年《终身教育法》制定之初就规定了终身教育士的职责主要是进行规划、推进、分析、评价和教授终身教育(《终身教育法》第 24 条第 2 项)。2007 年终身教育法大幅度修订以后，又进一步强调了终身教育士的职务、应该完成的课程以及在职研修及入职基准等。其中尤其是增加了取得终身教育士资格所必需的学分，并修改了授课科目。教育实习的时间也从 3 周增加到了 4 周。此外，其还设置了一级升到二级的学习课程，并规定升级的条件是要有终身教育士的实践经验，且需要在国家终身教育振兴院内完成升级类的课程。而在终身教育士的配备规定中，则增设了其在公共终身教育支援机构必须配置终身教育士的条款。如在国家及市、道层级的终身教育振兴院内需要配置 5 名以上的终身教育士，其中还必须要有 1 名以上一级终身教育士；在市、郡、区层级的终身学习馆内要根据正式职员的人数合理配置 1 名或者 2 名一级或二级终身教育士(终身教育法实施令第 22 条)。表 3-3 为 2008 年到 2014 年中森教育机构内终身教育士的配置情况。2014 年，在全国 393 所终身学习馆内就有 296 所(75.3%)配备了终身教育士，[①]而且配置机构的数量也在逐年增长。

目前，终身教育士制度还面临着很多的问题，如配置基准薄弱、任期制的不安定等。2007 年《终身教育法》修订后关于终身教育士的配置开始增多，雇佣终身教育士的机构也不仅限于公共机构，很多的终身教育设施内亦都开始配置终身教育士。如表 3-3 所示，终身教育设施以及终身教育士的配置均呈现逐年增加的趋势，如 2014 年的配置率已经达到了近 70%。韩国的“终身教育士”与日本的“社会教育主事”从本质上看是有区别的。日本的社会教育主事只能在公共教育机构和设施(如社会教育课和公民馆等)内设置，而在韩国，只要达到一定的标准，民间机构和设施内也可以配置终身教育士。

① 梁炳赞、田光秀：《韩国终身教育专门机构的发展过程和地区化的尝试》，《日本公民馆学会年报》2015 年第 12 期，第 87 页。

表 3-3　终身教育设施及终身教育士的配置状况①

<table>
<tr><th colspan="2" rowspan="2">区　分</th><th colspan="4">机构数(所)</th><th colspan="4">终身教育士(人)</th><th colspan="4">配置比率(%)</th></tr>
<tr><th>2008</th><th>2010</th><th>2012</th><th>2014</th><th>2008</th><th>2010</th><th>2012</th><th>2014</th><th>2008</th><th>2010</th><th>2012</th><th>2014</th></tr>
<tr><td rowspan="2">学校形态</td><td>中小学附设</td><td>12</td><td>12</td><td>10</td><td>9</td><td>0</td><td>2</td><td>4</td><td>3</td><td>0</td><td>16.7</td><td>40.0</td><td>33.3</td></tr>
<tr><td>大学附设</td><td>378</td><td>388</td><td>403</td><td>402</td><td>168</td><td>238</td><td>269</td><td>305</td><td>44.4</td><td>61.3</td><td>66.7</td><td>75.9</td></tr>
<tr><td colspan="2">远程教育形态</td><td>611</td><td>781</td><td>887</td><td>883</td><td>176</td><td>406</td><td>573</td><td>639</td><td>28.8</td><td>52.0</td><td>64.6</td><td>72.4</td></tr>
<tr><td colspan="2">事业单位附设</td><td>244</td><td>298</td><td>357</td><td>392</td><td>178</td><td>262</td><td>329</td><td>375</td><td>73.0</td><td>87.9</td><td>92.2</td><td>95.7</td></tr>
<tr><td colspan="2">市民社会团体附设</td><td>244</td><td>386</td><td>495</td><td>556</td><td>54</td><td>220</td><td>312</td><td>382</td><td>22.1</td><td>57.0</td><td>63.0</td><td>68.7</td></tr>
<tr><td colspan="2">言语机关附设</td><td>92</td><td>203</td><td>494</td><td>1 038</td><td>27</td><td>106</td><td>329</td><td>677</td><td>29.3</td><td>52.2</td><td>66.6</td><td>65.2</td></tr>
<tr><td colspan="2">知识、人力开发形态</td><td>681</td><td>761</td><td>727</td><td>669</td><td>187</td><td>383</td><td>436</td><td>469</td><td>27.5</td><td>50.3</td><td>60.0</td><td>70.1</td></tr>
<tr><td colspan="2">终身学习馆</td><td>358</td><td>384</td><td>395</td><td>393</td><td>210</td><td>243</td><td>259</td><td>269</td><td>58.7</td><td>63.3</td><td>65.6</td><td>75.3</td></tr>
<tr><td colspan="2">计</td><td>2 620</td><td>3 213</td><td>3 768</td><td>4 342</td><td>1 000</td><td>1 860</td><td>2 511</td><td>3 146</td><td>38.2</td><td>57.9</td><td>66.6</td><td>72.5</td></tr>
</table>

四、终身教育支援的主要活动和成果

(一)终身学习型城市的建设

建设终身学习型城市是为了搞活地区的终身学习。自 2001 年开始,韩国政

① 梁炳赞、田光秀:《韩国终身教育专门机构的发展过程和地区化的尝试》,《日本公民馆学会年报》2015 年第 12 期,第 87 页。

府每年都向基础自治体的市、郡、区募集终身学习型城市的申请者，同时对选出的城市进行支援。韩国政府推进此项活动的背景大体可以归纳为三点。其一是社会急速变化的要求。也即随着知识社会的到来，为了地区及国家的发展，建设学习型社会迫在眉睫。其二是随着“地方化”的发展，需要维持地区的可持续性发展和地区文化的传承。韩国政府历年来为了巩固中央集权制，导致了地区之间的差距愈来愈大。例如，首都圈等经济发达地区的人口密集化和地方人口稀疏化的差距都在不断加大。20 世纪 90 年代中期，地方自治正式开始以后，又出现了“自立型地方化”的问题。“自立型地方化”需要构建地区改革体系和形成地区居民的自治力量，需要加强地区居民的学习活动。其三是更加需要进一步扩充地区的学习资源和更为有效的整合各种学习资源。如近几年来随着人们对终身学习必要性的认知和加深，进一步扩大地区居民学习机会的要求越来越迫切，这不仅需要增设学校教育设施，还要求进一步加强图书馆、终身学习馆、居民自治中心、大学附属的终身教育院、市民会馆、各种文化中心的终身教育功能等。

在这种背景之下，韩国政府通过建设学习型社会，把相关机构网络化并转化为社会关系资本，以便推进地区改革、提高居民的自治力量。2016 年 6 月，226 个基础自治体中就有 143 个基础自治体(62.3%)被认定为终身学习型城市。①

(二) 成人文解(识字)教育支援事业

据国立国语院的调查(2008 年)，韩国大约有 260 万的成人(约占全国人口的 7%)存在读写和阅读能力的问题。2010 年统计厅的数据显示，20 岁以上的人口中未完成义务教育中学教育课程的人口约为 577 万，占韩国全国总人口的 15.7% 左右。另外，近几年来随着外国人口的激增，2014 年，在韩的外国人口达到 156 万人，也就是说，不只韩国人，针对外国人的识字教育也是非常的需要。所以，韩国政府 2006 年为了提高国民的基础知识和为低学历的成人提供第二次受教育的机会，便开始开展“成人文解教育支援事业”。自 2007 年《终身教育法》修订后，其

① 韩国国家终身教育振兴院主页，http://m.nile.or.kr/contents/contents.jsp?bkind=html&bcode=EADACAA&bmode=view&idx=EADACAA，2017 年 2 月 16 日。

中尤其增设了有关成人基础和识字教育的条款后识字教育就取得了更大的成绩，如 2006 年至 2014 年在 2 790 个识字教育机构中，有 187 744 名学习者接受了识字教育支援。2011 年至 2014 年则有 2 539 人接受了初中和高中的学历认定。①除此以外，很多自治体还制定了识字教育振兴条例；2015 年 6 月，还有约 26 个自治体（占 11%）制定了“成人文解教育振兴条例”。②

（三）自学考试学位制度及学分银行制度

近几年来，为了满足社会成人对高等教育的需求，韩国在扩大高等教育机会的同时，还制定了通过自学考试获得学位的制度和学分银行的制度，目的是推进成人高等教育的多样化发展。

韩国的自学学位考试制度是通过对学习者的学习结果进行个别考试检查的方法，如考试合格即可取得学士学位。它也是基于《通过自学取得学位的法律》（1990 年制定）来实施的。2015 年，韩国在 11 个领域开展了自学学位考试，其中包括：国语国文学、英语英文学、经营学、法学、行政学、幼儿教育学、计算机科学、家政学、信息通信学、看护学、心理学等。

而学分银行制度，则是指在大学及大学之外开展的多种形态的学习和各种资格培训都可作为学分进行认证，学分累计到一定的程度也可以获得学位。这也是根据 1997 年制定和颁布的“学分认定法律”而设立的。第一批取得学位的学习者是在 1999 年，数量很多。此后，利用学分银行制度的学习者数量逐年增长，至 2014 年已累计注册 1 070 700 人（其中短期大学课程的注册人数为 479 527 名）。学分银行制度广受欢迎的原因，是因为它是一个包罗多种形态学习经验并可以广泛进行评价的制度。也即它不仅承认在该制度评价认定范围内的科目，还承认更多形态的其他学习成果，如在与专业相关或重要的无形文化财产领域所取得的资格和才能、自学学位考试中合格的科目、利用课程注册学习的科目等都可以换算成学分。

---

① 韩国国家终身教育振兴院主页，http://le.nile.or.kr/site/introduce/programSupport/programSupport.action?selTopMenuNoToStack=68&selSubMenuNoToStack=71，2017 年 2 月 16 日。

② 韩国文解教育协会（KALE）主页，http://cafe.daum.net/KoreaLiteracy/QxYi/582，2017 年 2 月 16 日。

（四）职业终身教育：终身教育中心大学和学习账户制度

国家终身教育振兴院为了给成人学习者提供或准备第二个新的人生的教育，随即开始着手推进终身学习中心大学的培育工作和制定终身学习账户的制度，目的是推进大学学位、就业及创建联合的终身教育项目的支援事业，以及管理个人的终身学习记录。

1. 培育终身学习中心大学的事业

向知识社会的转变不是有限制的开放大学，而是要开发和提供反映地区居民教育需求的学习项目，以发挥大学支持成人继续学习的作用。李明博执政期间，曾把“强化高等教育机构的终身教育功能”作为一个国家课题公布，同时从2008年9月开始推进“培育终身学习中心大学的项目”。该项目是想摆脱传统大学的功能，改革高等教育的运营体制，提供能满足地区和地区居民需求的有弹性的教育课程，即要求大学内设置学位课程和非学位课程。所谓学位课程是大学为希望接受持续性教育的成人学习者和高中毕业生提供的订单式终身教育，他们把这种课程作为大学中心的终身教育弹性化项目。2014年，全国曾选拔出35所大学作为模范校。非学位课程则是将就业和创业联合起来的大学中心的终身学习弹性化课程，其主要是为包括婴儿潮（1955年至1963年出生的人）在内的专业性中坚人才提供职业教育。2014年，在10所大学内就有11种教育课程属于非学位课程，修完课程后就业和创业的比率甚至高达38%。①

2. 终身学习账户制度

终身学习账户的制度，就是个人把自己多种类的学习经验放在线上的学习账户中进行管理，同时将结果与学习和资格认定予以关联，或者作为企业雇佣信息的一种参考。韩国政府制定这一制度的目的是，促进所有国民参与终身教育，扩大学习者对终身学习的选择权和学习投资，最终实现一个终身学习社会。而通过个人学习成果的认证、履历的系统管理，就可以将个人的学习成果最大程度的社会化。

---

① 韩国国家终身教育振兴院主页，http://www.nile.or.kr/contents/contents.jsp?bkind=html&bcode=FABAAAA&bmode=list，2017年2月16日。

2010年10月29日，韩国正式开通了“学习履历管理体系（http://www.all.go.kr/）”。其意味着终身学习账户制度正式实施。推进这一制度的具体目标是：联合政府各个部门的教育及培训项目的部署部门，联合初中和高中学历以及大学学历的认定部门，来共同提高制度的操作性与实用性，进而通过联合履历管理体系和资格制度体系的建立来扩大账户注册信息的范围。国家终身教育振兴院还负责实施“学习课程评价认定”，这种认定是由官方来评价终身教育机构内学生的学习课程（终身新教育项目）是否达到标准。评价认定的申请日期是一年2次（上半期和下半期），得到评价认定的学习课程的有效期限为5年，也即从接到评价认定结果通知开始计算。

（五）多文化家庭终身教育支援事业

2014年，在韩国的外国人数已经达到每月156万人，占总人口的3%左右。比起2001年的57万人增加了近3倍以上。而2014年在中小学（包括高中）的学生中，外国学生也已占了1%左右（约为7万人）。这是因为进入20世纪90年代以后，来自中国、东南亚等国的新嫁娘和外国务工人员增加迅猛，而随着国际婚姻中出生孩子人口的增加，也就同时出现了所谓的“多文化家庭”的问题。在2015年7月，韩国安全行政部进行的一项统计调查数据显示，因与韩国人结婚而移民韩国的女性超过12.5万人，由此多文化家庭的人数将要达到82万人之多，而调查预测2020年更会增加到100万人。

在此状况下，2008年韩国制定了“多文化家庭支援法”，其中对外国人特别是结婚移民者以及通过国际婚姻出生的小孩进行公共支援。至2012年5月，国家终身教育振兴院又被教育科学技术部（现在的教育部）确定为中央多文化教育中心的运营机构，从此开始了多文化教育的政策研究，以为开展多文化教育管理的支援和加大对多文化认知的力度而着手开发多文化教育的项目，并加强多文化教育相关人员的力量，振兴多文化教育及构建多文化教育网络。

（六）韩国式的线上公开讲座（K-MOOC：Massive Open Online Course）

这也是韩国教育部公开大学开发的优秀讲座。为了改革大学教育和提供高等教育的实施机会，2015年10月，韩国10所大学的27个讲座拉开了韩国式线上公开讲座的帷幕(以下简称“K-MOOC”)。K-MOOC 是对所有人开放的以高等教育为中心的公开式运营服务,目标是通过扩大国民的终身学习机会满足多样的学习需求。项目的企划及总结都是由教育部承担,国家终身教育振兴院则接受委托进行项目的实施。K-MOOC 的发展被分为三个阶段,第一个阶段是 2015—2017 年 K-MOOC 的引进和落实;第二阶段是 2018—2020 年全球化及其附加价值的创造;第三阶段是 2021 年以后高等教育体制的重构。

自 20 世纪 90 年代中期开始的韩国教育改革已经历经了 20 余年,在终身教育领域的变化尤为显著。特别是 2007 年《终身教育法》大幅度修正以后,发展的速度更为令人关注。为了推进终身教育的发展,政府在快速进行体制整顿的同时,还开展了很多支援终身教育的工作,如以建设终身学习城市为首的对成人识字教育的公共保障,为成人提供多元化的高等教育机会等。

但是,不可否认的是韩国终身教育政策的政府主导性。换言之,韩国终身教育的振兴计划、终身教育推进体制的构建、对终身学习的财政支援、对终身学习成果的认定等大多数活动都是由教育部决定的,也即通过国家终身教育振兴院来实施的。这种做法既保障了政策决定和实施的速度,但是也导致了韩国终身教育要面临诸如不能保障终身教育机构和学习者自发性参与和可持续发展的问题。

此外,近几年来韩国在自治体中开展了各种各样的地区建设活动,如 2010 年 10 月,就制定并颁布了《地方行政体制改制的特别法》,而后就在邑、面、洞的层面开始重视提高居民的自治功能,中央各部门也开展了与地区建设相关的各种事业。但是,如果行政主导的倾向过于浓厚,那么很多地方的社区建设就很难达到居民主体的参与。

另外,政府主导下快速成长起来的韩国终身教育目前还面临着诸如如何通过居民主导最大限度地在终身教育体制基础上建设宜居地区,这也是一个亟待解决的课题之一。

总之,目前最被关注的是通过终身学习如何推进居民参与社区建设的问题。最近由韩国 NPO 等发起的市民活动亦在逐步增加,以官民联合、居民主导的学习为形式的社区建设也非常活跃。这种动态与韩国的社会环境是分不开的。随着韩国近几年来人口减少、少子化、高龄化加快，贫富差距的加大、人与人之间关系的淡漠、地方社区的衰退等状况的出现，人们更加关注地区的发展，特别是地区共同体的出现。在这种地区共同体活动的开展中，居民的参与和居民的主体性都是最基本的要素，尤其是居民的自主学习、主动学习也都是不可或缺的推进力量。

第四节　日本终身教育体系推进的现状与课题

一、全球化浪潮与终身教育

全球化发展的进程给各国的教育系统，尤其是高等教育带来了非常大的影响。就当今世界发展趋势来看，虽然终身教育受到的影响不如学校教育的那么大，但也同样处在全球化的浪潮之中。曾经是联合国教科文组织等国际机构提倡了终身教育和终身学习，然后又推进了各国制定出了自己的政策方针，而今则是联合国教科文组织、经合组织、欧盟、世界银行等超级国际组织，特别是各种类型的国际网络正在给世界各国的终身教育政策形成影响。其中在欧盟各国的特征尤为显著，而在东南亚等地扩展的 CLC 则被认为是这股全球化浪潮的一个组成部分。

需要指出的是，不同文献的表述对全球化的定义也各不相同。我们除了看到解释的差异，其实反全球化运动也在同时展开，并引发了激烈的论争。因此，在当前的情况下要给全球化下定义显然是不明智的，但是安德鲁・琼斯在为全球化问题研究作铺垫的议论中，还是指出了以下五点需要关注的要素。①

第一，是关于经济和技术上的全球化讨论。这是最常见的一种，也即是关于跨国公司和全球经济的讨论。第二，是关于全球政治和治理的讨论，这是由国家权力向国民权力的转移，也因为国家主权的衰退所引发的讨论。第三，是对全球

---

① アンドリュー・ジョーンズ/佐々木てる監訳:『グローバリゼーション事典』，明石書店 2012 年版，第 12—14 页。

化所具有的社会的、文化的本质进行的讨论。这里尤为重要的是对于流动的全球经济和政治精英势力的增大和不断增加的移民和难民潮的冲击。在这里，我们可以看到“一个跨越散居者边界的社区出现和发展”。第四，是关注从全球化讨论开始时就分流出来的环境问题。最后，是占据全球化讨论半壁江山的具有批判性的激进反对型，乃至所谓反全球化的讨论。它特别以现代新自由主义经济的全球化问题作为焦点。

而其中具有很大争议的则是全球化与国民主权国家的关系问题。例如，马克・奥尔森曾就此做了如下论述：

“在全球化带来各种重大变化的同时，国家的作用正在发生变化，但这并不意味着国家的作用越来越小……。相反，在劳动、福祉、教育和国防等方面，国家仍然扮演着非常重要的角色。尤其在边界划分清晰的领土中，国家依然是超越一切的构成要素和阶层关系的权威机构。”①

虽然奥尔森承认国民主权的国家功能或许能如此存续下去，但主权却无法回归到传统国家的框架之内，就此他提出并解释了“新形式的全球民主”。换言之，在全球化和恐怖主义时代，个人和国家双方的“生存”问题都尤为突出，都需要一种新的全球民主形式来解决这些问题。②

有关全球化的讨论就这样如火如荼地开展着，而在终身教育领域有关要素的讨论也在这一期间同时展开。如日本社会教育学会于 2005 年出版了《全球化和社会教育・终身学习》，又在 2015 年发行了《作为社会教育的 ESD》(可持续发展教育)。之前的 2008 年也出版了《地域性知识的可能性》等，其都是从同样批判的立场对全球化提出了质疑。所以，从世界的角度看，和终身学习有关的多样化讨论正在展开之中。

我们再从第五次世界国际成人会议(1997 年)通过的《成人学习汉堡宣言》的

① マーク・オルセン「新自由主義・グローバル化・民主主義—教育の課題」//ヒュー・ローダー/フィリップ・ブラウン/ジョアンヌ・ディラボー/A.H.ハルゼー、広田照幸/吉田文/本田由紀編訳:『グローバル化・社会変動と教育　市場と労働の教育社会学』,東京大学出版会 2012 年版,第 105 页。

② 同上书,第 113—114 页。

主题报告中，也可以捕捉到全球化概念在国际社会中的变化。在佐藤一子教授介绍的主题报告中提到，全球化对各国有着“显著的经济、社会和心理方面的效果”，但教育培训整体水平的提升却已经成为国际竞争能否取胜的紧迫课题，而由此引发的社会正义的理念正受到侵蚀，包含成人教育在内的社会服务亦在不断缩减。这种现象不仅在宏观层面上表现明显，在涉及个人生活的微观层面也同样有着深远影响。因此，在这一过程中，对于成人学习必要性的认识也在显著深化。[①]简言之，我们在成人教育的变化上看到了对全球化的批判，以及作为克服全球化弊端的一个路径。日本也同样如此，成人学习的必要性在日益增大的同时，对其公共支持的保障却反而大幅度缩小。

2009 年 12 月，在巴西贝伦又举行了第六次国际成人教育会议，该会议报告描述了全球化进程中世界发生的深刻变化：“在全球化世界中，开启了通向诸多可能性的路径，特别值得一提的是源自超越地理界线的丰富多彩的文化学习的可能性。但是不平等的扩大也成为了我们这个时代具有支配性的特色。世界人口的大多数还生活在贫困之中，约有 43.5%的人日均生活费不足 2 美元。世界的贫困阶层大部分都生活在农村。……食物、水、能源亦分布不均，长此以往，这种生态性的衰退将威胁人类生存的本身。”

在这样一种全球化的背景下，无疑“成人教育，是对我们所面临的课题能够给以解决的重要对策”。但在实际上，我们还是存在很多问题，其中“极为重要的一点，就是以第五次国际成人教育大会(CONFINTEAV)为契机，对成人教育结构进行再构建并强化的期待却未能够得以实现”。[②]这也是对第五次国际成人教育会议以后的发展所进行的批判性总结。它同时也反映出处在一个全球化的浪潮中，人们认识到要对世界终身教育进行再创建的困难重重。

---

① 佐藤一子:『生涯学習と社会参加』，東京大学出版会 1998 年版，第 25 页。

② 第 6 回国際成人教育会議「行動のためのベレン・フレームワーク」(2009 年 12 月 4 日)，http://www.mext.go.jp/a_menu/shougai/koumin/1292447.htm(2011.12.1)，文部科学省による仮訳。日本経済調査協議会编:『新しい産業社会における人間形成—長期的観点からみた教育のあり方』，東洋経済新報社 1972 年版，第 17 页。

二、关于日本终身教育的政策

在日本,终身教育或终身学习一词主要是作为政策性术语出现的。宫原诚一编著的《终身学习》(东洋经济报社)一书1974年出版发行,自此以后,日本在使用终身教育的同时也开始使用终身学习的概念。

1972年日本经济调查协会又编制出版了《新产业社会中的人的形成——长远观点下教育的存在方式》(东洋经济报社),其中对终身学习做了如下阐述:“终身学习这种新的教育观念强烈地促进了对原来教育理念的革命性反思,特别是在对我国偏重学校教育进行深刻反省的同时,也强烈要求对作为人的形成的第一基础的家庭教育的振兴。终身学习的立场再次鲜明地表明,学校教育是继家庭之后的第二基础的教育场所,就大学来说,它也不再是以前所认为的最后完成教育的场所。”

该书还指出:“在今后的社会中,应打破原有整齐划一的学校教育,而支援‘致力于自我启发的终身学习’并以此作为文教政策的基本理念,即通过家庭、区域社会、学校、企业等来提供多样化的学习机会,以迅速整合有助于人的形成的环境条件。”[①]如果再从今后的产业社会对“自我启发”重视的观点来看,我们所使用的应该是终身学习的概念而非终身教育。上述产业界将终身学习作为教育改革理念的提案,虽然重视了家庭教育和自我启发的教育,但对公益性教育的终身学习应如何予以保障的观点却没有体现。

文部省作为国家教育行政机关在答申报告中开始使用“终身学习”一词的,是在1981年的中央教育审议会期间所发表的名为《关于终身学习》的咨询报告。为了更详尽地予以解读,这篇咨询报告对终身学习和终身教育做了如下的区分和

① 第6回国際成人教育会議「行動のためのベレン・フレームワーク」(2009年12月4日),http://www.mext.go.jp/a_menu/shougai/koumin/1292447.htm(2011.12.1),文部科学省による仮訳。日本経済調査協議会编:『新しい産業社会における人間形成—長期的観点からみた教育のあり方』,東洋経済新報社1972年版,第1页。

定义：

“当今，人们为了充实自我和提升生活（品质）而基于自发的意愿，并根据需要选择适合自己的手段、方法而开展的学习就是终身学习。为了（实现）这种终身学习而考虑综合地整合、充实社会上各种相互关联的教育功能，这便是终身教育的理念。”

基本来说，终身教育就是作为一种教育改革的基本理念，并基于个人学习的观点而使用的一种术语。终身学习并不是一种思想，而是特指持续个体一生的一种学习机能。对文部省提出终身学习理念加以变更的，是1984年临时教育审议会提出的咨询报告。特别是第二次咨询报告（1986年）——《迈向终身学习体系》，其核心理念如下：

“本审议会以迈向终身学习为主线，摆脱学校中心的思考方式，提出21世纪教育体系改革的统合方案。”“今后的学习就是在摆脱以学校教育作为自我完结性的思考方式的同时，谋求在学校教育中养成自我教育力，并在此基础之上基于个人的自发意识，再结合个人的需求，在自我责任范畴内自由地选择适合自己的手段和方法，这是一生都应持续进行的事情。”①

在这一答申报告中，终身学习被定义为持续个体一生的学习，同时并作为教育改革的一种理念。但是，对终身学习自我责任的强调，亦就成为以后终身学习市场化的推进依据。自此以后，学校教育和社会教育都在临时教育审议会答申报告的导向作用下发生了很大变化。

需要指出的是，日本政府在将终身学习作为教育改革的整体框架及其理念化方面，与联合国教科文组织的思考还是有着相通之处。然而，例如与《贝伦行动纲领》相比，其对于现代社会面临的困难，终身学习又应如何发挥重要作用的意识则显得十分淡薄。而且，即使在中央教育审议会的答申报告《关于开拓新世代的终身学习振兴策略——以构建知识循环型社会为目标》（2008年）的内容中，也没有看到其与《贝伦行动纲领》具有实质性相通的问题意识。而只是在提及现代社会

① 臨時教育審議会：『教育改革に関する第二次答申』1986年。

问题时作了如下表述："考虑到近年来被指责的国民经济的差距问题，非正规雇佣的增加问题等，为了每个个体根据社会的变化，拥有持续一生的职业能力和就业能力（可被雇佣的能力，employability），习得并更新将社会生活经营下去需要的必要知识和技能，并能够将各种所持有的资质和能力给予延伸，从而创造每一个国民都能够依据需要持续学习的环境乃是当务之急。有鉴于此，寻求包括能够提供学习机会的各种支援方案亦在考量之中。"

但是，实际的支援方案并不具有现实性。对于当下社会教育、终身学习领域中存在危急状况的认识也很薄弱。结果就是很大可能将终身学习归结于"自我责任"的教育。换言之，承认终身学习所承担的克服现代社会所面临的困难具有不可或缺重要作用的意图最终未能在答申报告中体现出来。

由于日本终身教育的发展脉络不同于联合国教科文组织等国际机构，如日本提倡把源于兴趣爱好和素质提升的学习视为自我责任之所在，而这也是日本一贯以来对终身教育、终身学习的通俗理解。但如果把终身学习放在国际语境中来看，移民劳动者和年轻人的失业问题、人权问题、识字问题、贫富差距扩大问题等在《贝伦行动纲领》中提到的社会现实问题才与终身教育、终身学习密切相关。

就日本而言，特别是在东日本大地震以后，他们开始寻求能够应对各种风险的社会教育和终身学习。在这一点上，日本需要和诸多社会性的问题相关联，与联合国教科文组织的终身教育、终身学习的结构产生共鸣，并重新定位日本的终身教育。比如，欧盟的以职业教育为中心的终身学习在今后的日本终身学习政策中或许会占有一定的位置。总之，日本的社会教育源远流长、由来已久，已形成了日本终身学习的内涵，但在职业教育等领域仍显不足，仍有很大余地需要学习欧洲的经验。

三、 现代的社会教育和福祉

在现代社会中，贫困、差距、生活危机、雇用问题、精神性疾病、个体发展障碍等社会福祉的诸多问题正在不断扩大。固然这些问题主要需由社会福祉政策来解决，然而通过教育政策的制定来对福祉问题进行解决的先例也并不少见。并且一直以来两者的关联及构造都被视为重要的课题，但事实上，两者的相关性却是微弱的。

如在社会教育学领域，小川利夫曾就社会福祉的理论展开过讨论，其主要是以儿童和青少年的生活问题以及教育、福祉的权利保障为主进行的讨论。小川曾这样定义："教育福祉在今日的社会福祉层面，特别是为儿童服务的福祉，实际上都被置于极为暧昧含糊的地位，其是致力于'导致被轻视被剥夺儿童、青少年甚至成人的学习和教育权利'的保障的一种体系化的概念，从而将教育福祉置于福祉国家之下的教育权保障而展开的讨论。"①然而，时至今日，有人论述"各种层面上均在摸索的福祉国家和福祉社会的联动可能性"，②可以说就是在推敲局限于福祉国家之下的教育权保障，福祉社会中教育福祉的存在方式也受到了质疑。在社会教育领域，呈现出了可以被称作是区域中"相互依存的联动的实践和学习"③而与区域福祉中的互酬性、相互性相结合、相重叠的社会教育的福祉现象。这意味着基于社区的社会教育、终身学习（包括学校教育）和区域性福祉被统合、进而新创出融合的活动。可以说在今天，我们不止于教育权的保障，还要寻求孕育出社区社会资源的新的社会教育体系的创造和理论探究。

目前，这种阐明社会教育与福祉论的相关理论、实践百态和课题的重要性已经与日俱增。高桥满的近著《社区工作的教育实践》以"教育和福祉相结合"为副标题，并在开头部分做了如下阐述：

"在社会教育和社会福祉的领域，在如何研究的问题上，两者的实践目的和具体介入方法是存在差异的。然而，存异的同时，考虑如何统合两者的实践以及能否寻求相互的关联，这对于构建更好的区域社会才是重要的。"④

第二次世界大战以后，社会教育确立了作为国家教育行政的地位，而在社会

---

① 小川利夫『教育福祉とは何か』//小川利夫、高橋正教編著：『教育福祉論入門』，光生館 2001 年版，第 2 页。

② 齋藤俊明『訳者あとがき』//ノーマン・ベリー：『福祉　政治哲学からのアプローチ』，昭和堂 2004 年版，第 236 页。

③ 高橋滿：『コミュニティワークの教育的実践』，東信堂 2013 年版，第 62—63 页。

④ 同上书，はしがき。

福祉专门化的过程中，社会教育和社会福祉同样被置于垂直分化的行政体制之中。但是，在社会教育特别是公民馆积极参与地域构建这一历史事实，以及社会福祉被推进并进而成为重要课题的背景之下，社会教育和社会福祉的关联性逐渐被关注。至此，就像以上所提到的那样，对现代日本诸多社会问题的解决，区域层面的应对，其迫切性已成燃眉之急。

在日本历史进程中社会教育与区域社会一直保持着密切联系，其不仅停留于教育、学习、文化或体育领域，并更致力于营造适宜于居民居住的地区。而这也是区别于欧美的日本社会教育的重要特征。再从另一层面看，福祉是对生活上有困难的人开展的个别支援，区域性福祉所做的就是旨在构建提升区域社会成为幸福社会的工作。也就是说，社会教育也好，福祉也好，在保持并发挥其固有职能的同时，其目的都是为了持续营造更好的区域社会，而在两者的职能发挥、领域拓展的过程中亦多有重叠，如果将两者重复融合的目标予以命名，就可以称之为社会教育福祉。

四、社会教育和福祉的嵌入式关系

(一) 社会教育和福祉的历史关联及机制

社会教育和福祉历史上是在嵌入式的关联中发展至今的。最初关注到这一点的是在《作为历史课题的社会教育福祉论》中探讨战前日本社会事业和社会教育关联机制的小川利夫。小川提到“我国的社会事业和社会是如何带着深刻的历史性实质关联而确立起来的，这点被如实地表现了出来”，[①]他并考察了基于社会事业理论的社会教育观的演变。

小川主要考察了社会事业理论中社会教育所处的位置，并通过对社会活动理论中社会教育所处位置的考察，进一步明确了社会教育和福祉的历史关联。在这一点上能提供启示的是德国社会教育学的理论框架。

① 小川利夫：『教育福祉の基本問題』，勁草書房 1985 年版，第 111 页。

给予日本社会教育一种教育学理论的依据是,19 世纪末到 20 世纪初被介绍到日本的德国社会教育学。①吉冈真佐树曾指出,19 世纪中叶出现在德国的社会教育学对两个系谱作了区分。一个是"强调教育的社会性方面的教育学",其又是"与'个人的教育学'相对的,强调对于教育和人类形成的社会的规定力的立场"。另一个系谱是"致力于'社会问题解决'的教育学",是"不止于狭义的教育的内涵,而应是旨在对当下社会问题予以解决的一项运动,又是以教育为主轴的同时包含有其他精神性和物质性援助的"。后者的代表人物第斯多惠将社会性教育学定义为"学校以外的、社会的、甚至国家的教育福祉事业的总体含义"。②

上述两个谱系,在当时社会性教育学向日本的介绍中都有体现,特别是后者。熊谷郎在《最近大教育学》一书中曾对此做了如下阐述:"社会性的教育学正试图为防止肩负着将来开化大业的未成年人的身心不良影响而建立保护性的规则,也就是对公共儿童尽全力地去保护,进而不限于原有的教育范围,着手于社会教育,并将成人教育的需求纳入考量范围,还要为使成人成为适合儿童教育的教育者而建立各种设施。"③

在此,社会性教育学被认为是担负起了儿童保护这一社会问题的重任,同时,将成人教育纳入社会教育的理论范畴展开讨论也备受关注。重要的是,社会教育是社会问题的教育性解决,是将社会教育作为成人教育同时予以区分并展开论述的。

其后,川本宇之介在《社会教育的体系和设施经营·体系篇》(1931 年)一书中,亦记述了"社会性教育学作为社会教育的思想背景而贡献的巨大力量,它促进了社会教育的发展",以及"教育的社会化和社会的教育化",④这一观点体现了对社会性教育学的依存。川本在"教育的社会化和社会的教育化"机能中定位了"学校教育的社会政策性设施",揭示了其包含在社会教育的概念之中,是将"对贫困、

① 参照拙著『現代社会教育の課題と可能性』,九州大学出版会 2007 年版。
② 吉岡真佐樹:『教育福祉専門職の養成と教育学教育』,『教育学研究』2007 年第 74 卷第 2 号,第 90 页。
③ 熊谷五郎:『最近大教育学』,同文館 1903 年版,第 421 页。
④ 川本宇之介:『社会教育の体系と施設経営　体系篇』,最新教育研究会 1931 年版,第 299 页。

疾病、残疾、低能等特殊儿童施加教育上的保护”①来作为重要的教育性社会政策。

由此来看，社会性教育学就不止体现出“强调教育含有的社会性语境”的教育性立场，而且还是解决社会问题，特别是承担青少年保护的教育福祉事业的学问，这也是在当时的日本社会教育领域可以看到的两个侧面。换言之，社会教育的领域，不仅是青少年教育和成年教育，同时还包含着儿童保护等社会性的事业，其需要关注的是“不局限于固有教育范围内”的社会教育的历史性概念。

因此，如果说把价值置于社区中普遍的互酬性和信赖性的范畴，那么今天对于福祉的定位便是价值的焦点。在这一点上，历史性地定位教育福祉，映射出的是以社区为基础而形成的社会教育的意义。

由上可见，社会教育不仅局限于固有的教育范畴，作为社区中注重协动和互利的教育福祉事业在今天依然有被重新解读的空间。日本的社会教育和德国的社会性教育学的概念亦有重叠。日本主要是以“强调教育的社会性方面的教育学”的立场而受到关注，同时通过对以“意味着学校以外的，社会的以及国家的教育福祉事业的总体”的立场而重新受到关注，这也可以挖掘出社会教育的现代社区价值。

(二) 承担社会教育福祉机能的公民馆

就幼保一体化、不上学、长期缺勤儿童问题，贫困儿童、受歧视儿童问题，残障儿(者)和失足少年等夜间业余初中问题，养护设施等儿童设施问题等这些围绕教育和福祉的问题，在日本是20世纪60年代后半期开始用教育福祉的术语来予以讨论的。②人们普遍认为“教育福祉”这个术语主要是学校教育和福祉的结合，社会教育也在夹缝中参与着重要作用。

在“教育福祉”概念之外，日本在二战以后创设了公民馆，公民馆事业在日本被定位于社会事业。提出公民馆构想的寺中作雄曾指出，公民馆应该积极着手于

① 川本宇之介:『デモクラシーと新公民教育』,中文館書店1921年版,第586页。

② 小川利夫、高橋正教編著:『教育福祉論入門』,光生館2001年版,第5页。

教育、文化以外的社会事业和保健事业。这是因为出于推进“增进町村民的幸福，充实他们的生活”为目的的缘故，公民馆的具体事业列举如下：生活贫困者的生活咨询，就业咨询，托儿所、保育所的设置，儿童保护咨询所的设置，保健咨询，结核病预防，营养改善指导，婚姻咨询等。①

战前的社会教育和社会事业的嵌入式构造在战后的公民馆中被具体地表现了出来。1949 年颁布的《社会教育法》中将公民馆的设置目的定位于“健康的增进”和“社会福利的改善”，即为法律上的表述。

然而，在之后公民馆的普及过程中，教育机构的性质则被加强，而福祉性的要素则逐渐消失。换言之，社会教育、公民馆中教育和福祉的要素逐渐分离。这一点特别是在大城市中尤为显著。相对地，在长野县、冲绳县等农村自治型的公民馆中，则还存在着包含福祉要素的社会教育活动的开展。

尤其是在冲绳，其将初期公民馆包含的福祉性要素的活动延续至今，这种叫字公民馆（自治公民馆）的活动备受关注。而另一方面，近几年来也可以看到位居大城市中的公民馆所举办的活动则呈现出削弱的趋势。然而对于自治活动、传统节日活动、祭神活动、娱乐、教育、福祉等以区域为基础联合举办的活动，其都把公民馆作为据点来开展的事例也有很多。

而在字公民馆机能被削弱的区域中，公民馆的福祉性要素也正在相应地消失。一方面，随着福祉行政的完善，字公民馆中相互扶助的福祉活动占有的位置已越来越小。另一方面，一些传统的相互扶助的活动，也由于厚生劳动省的政策，而由社会福祉协会来主导。但冲绳的字公民馆则是在有着社会教育和福祉两方面的因素并在嵌入式的关系之上发展而来的，虽然最近其形式发生了一些变化，但可以看到其不仅开展着相互辅助的福祉活动，而且还出现了具有现代意义的区域性福祉活动的新的组织形式。

近几年来，在大城市的公民馆活动中，都将积极开展福祉活动作为公民馆的事业的区域正在不断增加，历史上社会教育和福祉的嵌入式关系在现代得到了新

---

① 寺中作雄：『公民館の経営』1947 年//横山宏、小林文人編著：『公民館史資料集成』，エイデル研究所 1986 年版，第 176—177 页。

的诠释。笔者在接下来介绍的松本市、松江市、北九州市,甚至还有埼玉县的所泽市,富士见市的公民馆中开展的康复训练活动,以及福冈市校区公民馆中开展的区域性福祉活动等,就都在开拓着新的实践领域。

五、区域社会教育福祉的实践

近几年来,日本的社会教育福祉正以公民馆为基础进行了一系列的实践性开拓。众所周知,公民馆在创设初期就是以肩负社会教育福祉的机能而诞生的。这种机能被一部分地域性的自治公民馆继承了下来。其次,一些公立公民馆也在开展相应的区域性福祉活动。其中,以特别引人关注的就是岛根县的松江市、长野县的松本市和北九州市的事例为例,考察它们作为社会教育福祉的实践特质。

(一)公民馆和区域福祉的融合——岛根县松江市

岛根县松江市[①]的做法是在小学校区里设置公民馆,现在有 27 个馆。即由各地区组织的公民馆运营协议会(由区域代表构成)作为管理者,配置有非常勤职位的馆长和正式职位的主任以及主事,还组成了由地区社会福祉协议会(以下简称为地区社协)的事务局担责的地区保健福祉推进员(4 名职员)的体制。公民馆馆长兼任地区社会教育协会常任理事和事务局长,以地区保健福祉推进职员为中心,全体工作人员负责地区的保健福祉。

在松江市,公民馆和区域性的福祉活动是交相融合的,据说它们之间没有界限。某地区社会福祉协会会长曾说:“参加者不知道哪些算是公民馆,哪些是社协的活动。做的时候干脆认为都是公民馆的活动。”公民馆的财政虽主要来自教育委员会,但福祉部门也有部分预算列入。

① 有关松江市的論述参照了上野谷加代子、松端克文、斉藤弥生編著:『対話と学び合いの地域福祉のすすめ　松江市のコミュニティソーシャルワーク実践』,全国ユミュニテイライフサポートセンター,2014 年を参照するとともに、2013 年 3 月 27、28 日に実施した現地調查(末本誠、上野景三および筆者が参加)に基づいている。現地調查に際しては、特に松江市公民館地域活動コーディネーターの松本祥一氏に大変お世話になった。

在公民馆主办的活动中，系统性的学习或讲座很少，但举办文化祭、体育运动、交流活动、儿童体验活动、防灾讲座、人权讲座及多样化的社团活动则很多。另外，在以公民馆为基础的地区社协中，还开展着多姿多彩的构筑健康、守护老年、构建网络、把握福祉需求、区域生活支援、留守老人支援、残疾儿童（者）支援、婴幼儿和老年人沙龙、育儿支援等区域性的福祉活动。公民馆的社会教育事业和地区社协的福祉事业在公民馆中交叠展开，其中亦没有任何界限。

实际上，由公民馆主办的事业和地区社协举办的活动都是由四位公民馆职员负责的，两类活动虽然各自进行，但无论是从身为活动负责人的职员的角度来说，还是从居民的角度来看，都可以说两者是交相融合的。将公民馆定位于“对话和相互学习平台”的位置，将公民馆的学习机能和区域性的福祉机能有机地予以关联的事业正在开展着。例如，在白潟公民馆中，从地区社协的副会长到公民馆长，都将作为福祉课题的构建老年人的生存价值和发掘地区的历史文化相结合，从而开展着“发现我们的城市”这一纪录区域历史的事业。①

犹如白潟公民馆那样，能够看到通过居民的学习来解决区域性的福祉课题，以及把社会教育和区域福祉予以融合的意识化实践，它们大部分都是通过公民馆的事业和地区社协的活动为基础而开展的。但在这里，虽然看不到有意识的组织化学习，但看到的却是通过公民馆的活动，公民馆职员对居民的学习和社会福祉活动给予的支援。

(二) 社会福祉教育的据点——北九州市市民福祉中心

北九州市的市民福祉中心设置于 1995 年，在 2005 年，市民福祉中心和公民馆合并而成为市民中心。这个设施可以说是一个社会教育福祉中心。

北九州市在 1993 年起草的《老龄化社会对策和计划》中曾建议，“以区域居民的福祉活动、居民交流和生涯学习活动为据点，以小学校区为单位完善市民福祉中心”；以此为基础，北九州设置了市民福祉中心。在这里所指的福祉，他们作了如下定义：

① 上野谷加代子、松端克文、斉藤弥生編著：『対話と学び合いの地域福祉のすすめ：松江市のコミュニティソーシャルワーク実践』，全国ユミユテイフサポートセンター，2014 年版，第 193 页。

过去的福祉是以需要帮助的人为对象的,随着核心家庭化和少子高龄化的进展,这个范围也在扩大。现在"为了每个人的生活,为了更丰富的人生构想"①已经成为了共识,因此福祉的视野也拓展到了全体社会。

为此,在北九州市,应对老龄化的进程以及人口减少的现状,市民积极主动地开展了福祉社区的构建,其据点就设在小学校区里,他们同时将推进区域福祉和终身学习(社会教育)相结合的区域建设作为主要策略。但是,最近也发生了废止公民馆,将其合并至中心的举措,人们存在着担心,来自社会教育界的批判声音也越来越多。实际上,2005 年市民福祉中心和公民馆合并为市民中心后,公民馆就已被废止。

从以后的发展来看,通过市民福祉中心合并而成为市民中心来看,城市治理的功能被体现了出来,区域福祉和终身学习的功能则被缩减了。当初市民福祉中心的理念亦被阻断,设施也只存在了短短的十年就画上了句号。

再就市民福祉中心的归属来看,其归保健福祉局的地区福祉部管辖,当时对终身学习和区域福祉同样重视,但拥有丰富的社会教育设施管理经验的专职馆长也不在少数。回到初创期的市民福祉中心来看,当时在馆长的领导下,一方面以公民馆性质的活动为中心,另一方面则开展福祉活动。而通过这些活动,作为居民自治而组建的城市建设协议会为居民开展城市建设的事例并不少见。城市建设协议会在设立的当初也有过摸索,但有社会教育职员经验的馆长推动,就可以看到形成了崭新的城市治理活动的趋势。

再就保健福祉事业来看,其在白天开展居民护理咨询和生存价值咨询、保健师的育儿咨询、老年人的健康咨询和育儿论坛等的活动。在一个市民福祉中心同时开展社会教育和社会福祉,它的责任布局和配置的职员也不相同,比如,白天的服务和晚上的公民馆讲座互相联动,两者之间的结合也十分契合。因此,与其说是社会教育和社会福祉的融合,还不如说是两者之间在事业上具有相同的意识以及在结构上予以了机制的统合。

---

① 『市民福祉センターを中心とした「地域づくり」中間総括(検討報告)』,北九州市保健福祉局地域福祉課 2003 年版,第 6 页。

也有人认为，市民福祉中心的建立间接地导致了公民馆的废止，其似乎遗留下了行政上的弊端。然而，在灵活运用公民馆活动的实践积累、追求和摸索的各种新理念和方法中，不是也有开拓社会教育福祉新路径的可能吗？实际上，初创期市民福祉中心的实践已经体现出了这种可能性。①

（三）周边区域的公民馆和福祉广场的活动——松本市

长野县松本市作为历史上最先开展先进社会教育实践的地区之一，在日本的社会教育界广为人知。特别是公民馆在每一小学校区内都建有一个设施并配备了专职人员，与此同时，其还开展以町为单位设置的町内公民馆及其为基础的活动，因而在开展教育、学习和区域治理及联动的实践层面具有鲜明特征。

在上述公民馆活动的基础上，因为老龄社会、地方分权、居民参与社会福祉构建等新时代的要求，各地区还纷纷出台了设置福祉设施的政策。例如，“29个地区的福祉设施事业推进研究会”在1994年就提交了《29地区福祉据点事业推进相关提案书》。在这个提案书中，他们将福祉设施定义为：“在就近区域中，建设居民为主体的共同思考、共同创造的健康福祉广场”。对于主要理念之一的“保健、福祉、医疗和终身学习的联动”，他们又作了如下说明：

“在就近的生活场域中，和自己周围的专家一起学习自身的健康、福祉和医疗是现代社会所需求的。松本市就近设置了地区内学习场所的公民馆，我们有着居民学习和实践的丰富经验。在把福祉与终身学习场所——公民馆结合的事业上，可以让福祉活动的切实展开成为可能。”②

因此，各地区从1995年就开始以“地区福祉广场”为目标设置了福祉设施。与北九州市的市民福祉中心不同，他们联合地区为单位、公民馆为中心的地区福祉广场的活动，可以说就是以公民馆为根基的社会教育福祉。而地区福祉广场也有着重要功能，即在地区福祉广场中进行着非正规和非正式教育的学习活动，所谓“复活了公民馆的‘檐廊’作用，同时获得了回到公民馆的原点重新审视地区的契机”③，地区

① 松田武雄：『現代社会教育の課題と可能性[新装版]』，九州大学出版会2009年版。
② 『29地区福祉拠点事業推進に関する提言書』，29地区福祉拠点事業推進研究会1994年版。
③ 村田正幸：『あとがきにかえて』，『「地域づくり推進」への実践から』，社会教育資料集刊行委員会2008年版。

福祉广场也促进了公民馆的再发现。虽然以公民馆为基础,公民馆和福祉广场也可以说是互相补充的关系。

松本市负责社会教育福祉活动的基础就是町会和町内公民馆。现在以比“地区”更近于身边的福祉城市为目标,就命名为町会福祉,并以此为单位开展福祉和地区治理的新活动。如蚁崎西町会,就由町内公民馆的妇女俱乐部的活动发展演变为以居民为主体的民主性的町会,并在 1997 年提出了“福祉的町建宣言”,即从社会教育的视角来展望福祉型的城市建设。如松本市就将町会・町会公民馆定位为地区治理的基本单位,并建立起了以地区公民馆、地区福祉广场为中心的设施,而这也是通过支援居民身边社会教育福祉而开展地区治理的一种体制。

简言之,社会教育就是通过正规或非正规的教育及学习的计划安排,以及非正式学习的积累,而伴随着对个人自我实现的追求,以实现更好的社会为目的及主要宗旨的事业,这也意味着区域型社会资源实现了融合。这种以个人自我满足和更好的社会实现为目标的观念其实也是福祉的理念。可以说社会教育和社会福祉尽管探究的方式不同,但是两者的理念是互通的。而这一点也是社会教育福祉概念构想的依据所在。

虽然这里介绍的三个自治体各自的体系和方法都不尽相同,但它们都是在地区中为实现社会教育福祉理念而构建的新的公民馆构想,在这一点上它们又是相同的。松江市和松本市是以公民馆为根基而展开的构想;北九州市是从福祉视角统合了公民馆的构想。因此,北九州市的状况是在行政层面出现了对社会教育理解的误差,由此并导致了公民馆的废止。

此外,松江市的情形是通过给公民馆来配置福祉职员,其纵向跨越了行政的社会教育和社会福祉的融合实践而展开,另一边的松本市则是在独立设置地区福祉广场的基础上开拓社会教育和福祉的联动,在这一点上两者有所不同。北九州市也是社会教育职员和福祉职员在同一设施内共事,在克服纵向行政割裂弊端这一点上和松江市类似,但它没有把公民馆作为根基,却在新设置市民福祉中心这一新体系的构建上独树一帜。

如此,三个自治体各自的体系和方法虽大相径庭,然而在具体实践中联动社会教育和福祉，通过结构化的统合实践来尝试新的开拓，却具有着共同的特性。如在行政上，为克服纵向行政的隔合而配置责任职员，同时配置负责社会教育的职员和负责福祉的职员且通过两者的合作联动，使区域社会的教育福祉实践的推进成为可能。又如，社会教育和福祉的协作实践还可以创造出地区治理、构建出社区管理的生态。即通过社会教育和福祉的实践，以建设更好的区域社会则是三个自治体的共同目标。

第五节 俄罗斯终身教育体系发展的现状与展望

当今的俄罗斯已经步入了后工业化的时代，其社会发展的重要标志之一，便是知识的不断更新、教育的不断发展，同时教育越来越承担起知识形成、积累和传递的重要功能。众所周知，在现今的条件下，教育在广义上又是人们特别推崇的一种经济活动。而智慧经济①以及构建在知识基础上的社会建设与发展，如果没有创新教育体系提供支撑和保障，则根本难以实现。因此，教育以及职业技能已经成为促进经济发展、提升公民责任和增强社会凝聚力的重要保障因素，而教育的主要任务之一，也在于催生对新知识的需求。由此而言，教育的过程应该是持续不断的，也应该是终身的。

在俄罗斯，终身教育体系的构建，首先是由确保社会经济持续发展和更全面满足广大民众在教育方面的需求所决定的。俄罗斯在加强教育体系现代化建设的过程中，采取的重要举措之一，就是创造和完善终身职业教育的条件，同时向着终身教育的方向过渡。这又与其增强创新吸引力、优化教育教学计划、发展基础设施、保障平等获取教育资源的体制机制等联系在一起，并被列为俄罗斯教育现代化理念倡导的优先方向。简言之，发展终身教育的目的就是为了构建各方面的人才培养体系，就是为了提升国民的文化水平，就是为了成功参与全球化的竞争，因而其具有国家战略的重要意义。

① 创新性知识在知识中占主导、创意产业成为龙头产业的知识经济形态，是完整的、真正意义上的知识经济形态。智慧经济形态由国民创新体系与国民创业体系组成，两者使创新驱动由增长方式上升为经济形态。

一、 俄罗斯终身教育思想发展的源流

俄罗斯学者普遍认为，在一定意义上，“终身教育”并不是一个全新的理念。[①]其实早在柏拉图、亚里士多德、孔子、塞内卡等古代思想家的著作中，就包含着一些关于终身教育的最初论述。如文艺复兴时期，西欧许多国家开展的普通教育和成人教育，就为后来的系统教育创造了条件。而系统教育则为终身教育奠定了基础。19世纪的工业革命，又刺激了成人教育的发展。歌德、卢梭、伏尔泰等在各自的论述中，也都曾谈及终身教育。他们大多把终身教育与人的全面发展联系在一起。在俄罗斯，В.Г.别林斯基、Н.И.皮罗戈夫、К.Д.乌申斯基等人[②]亦宣传教育的人道主义思想以及提倡培养“真正的人”的观点，呼吁公众去思考和解决与人的终身教育相关的问题。甚至有学者认为，当代终身教育理念的代表人物应该是夸美纽斯。

尽管人们对终身教育的兴趣与研究最大程度的呈现是发生在20世纪下半叶和21世纪初，但是，作为一个学术问题，“终身教育”则早在1929年就由英国成人教育家耶利克利在其《终身教育》一书中系统地提了出来。作者把接受教育看作每个人日常生活不可分割的组成部分，提出了构建终身教育理论的初步构想。而作为当代的一个现实问题，联合国文化合作委员也在1968年把发展终身教育确定为在教育领域工作的主要指导原则。1969年，联合国教科文组织将终身教育列入为国际教育年(1970年)规划的12个目标之中。1972年，联合国教科文组织还在其编著的《学会生存——教育世界的今天和明天》报告中强调知识更新的重要性，肯定并推广终身教育的思想。报告书并指出，为了获取职业成功必需的全部知识，一般意义上的正规教育是远远不够的。

在俄罗斯，苏维埃时期[③]的教育体系就包含了儿童、青少年和成人教育的所

---

① С. М. Павлова, Проблемы развития непрерывного образования в России, Научное обозрение. Педагогические науки. No.1, 2017, p.144.

② В.Г.别林斯基：1811—1848，俄罗斯杰出的革命民主主义者、哲学家、社会活动家、俄罗斯文学批评和文学理论的主要奠基人。Н.И.皮罗戈夫：1810—1881，俄罗斯著名教育家、科学家、俄罗斯外科学的主要奠基人。К.Д.乌申斯基：1824—1871，俄罗斯著名教育家、俄罗斯教育心理学奠基人。

③ 1917年11月7日，十月革命爆发并且取得胜利，俄罗斯建立苏维埃政权。1922年12月，苏联成立。1991年12月，苏联解体。1917—1991年也因此被称为俄罗斯历史上的苏维埃时期。

有形式，它们相互关联、彼此承继，原则上已经具备了开展终身教育的前提。但是，囿于20世纪二三十年代的社会形势和经济条件，终身教育的构想难以付诸实施。1941—1945年，苏联抗击德国法西斯的侵略，进行了艰苦卓绝的伟大卫国战争。战后面临着重重的经济建设方面的困难，这也影响了终身教育工作的展开。

此后的60年代，俄罗斯进入了一个持续稳定的发展时期，社会福利快速增长，民众的文化水平显著提高。这一切也为终身教育的发展提供了良好的条件。70年代，俄罗斯学界开始了对终身教育的实质性研究，终身教育概念开始在国内得到传播。此后数十年间，涌现出了一批从不同角度、运用不同方法对终身教育进行研究的专家学者，如 А.П.弗拉季斯拉夫列夫、В.Г.奥努什金、Е.И.奥加辽夫、А.Л.扎格尔斯基、И.В.别斯图热夫-拉达、А.А.维尔比茨基、Б.С.格尔舒斯基、В.А.格罗霍娃、Г.П.津琴科、Л.Н.科哈诺娃、Д.С.鲁哈泽、Ф.Г.菲利波夫、В.Г.奥西波夫、Л.Б.纳乌莫夫、А.А.维尔比茨基、Е.И.布拉日尼科，等等。

尤其需要指出的是，从70年代下半叶起，在弗拉季斯拉夫列夫和奥努什金等的领导下，包括教育学家、心理学家、社会学家和经济学家在内的一批学者共同开展了对终身教育基础理论的研究。奥努什金、奥加辽夫和扎格尔斯基等专家还侧重从社会效益和经济效益的角度对终身教育进行探讨。进入学者研究视野的问题还包括：认识活动的心理特点、中小学及此后各阶段持续教育的问题、国外的相关经验等。

俄罗斯第一部具有影响力的总结性专著是由弗拉季斯拉夫列夫完成的。[①]作者指出，终身教育是一种有目的、有系统的为获取和完善知识与技能的行为。这一行为不仅在教育机构里进行，而且也通过自学得以实现。弗拉季斯拉夫列夫在研究中厘清了“终身教育”与“公共教育”的区别，分析了基础教育和补充教育的类型，其同时亦为普通教育机构做了分类，提出了个体教育原则、不间断教育原则和体系教育原则，由此勾勒了终身教育体系和亚体系的结构。通过比较，弗拉季斯拉夫列夫指出终身教育相对于传统教育所具备的优越性以及终身教育拥有的用以克服传统教育体系所存在不足的条件和能力。其最终还描述了终身教育在苏

---

① А.П.Владиславлев，Непрерывное образование：проблемы и перспективы. М.1978.

维埃制度及社会条件下的发展方向。

奥努什金则在自己的著作中指出：在终身教育的理念中，教育是一个完整的体系，一方面，它为个体在其一生中进行的学习和发展提供了条件保障；另一方面，它满足了对新的知识、能力和技能的社会需求。他认为，终身教育的主要功能包括，(1)填补功能：填补学校教育的空白点；(2)适应功能：适应不断变化的劳动条件；(3)发展功能：发展个体的创造性潜能。专著概括了终身教育统一体系的基本特征，梳理了实现体系要求的统一性。①

奥努什金还首次对个体进行了全面研究，强调社会需要保障的不仅是职业发展所需要的条件，还有个体精神发展的基础以及人在生命每个阶段作为社会中一个积极成员的形成条件。

20 世纪 80 年代，Б.С.格尔舒斯基、Ю.А.库斯托夫、В.Б.米罗诺夫等专家学者还更为全面地阐述了构建终身教育体系的前提和客观条件，毋庸置疑，上述研究对进一步深化终身教育的理论基础，同时也对构建终身教育的体系进行了系统性和结构性的分析。其贡献在于研究了终身教育背景下社会、个体和职业兴趣之间的相互关系，考察了终身教育的内容结构与承继性问题，同时也研究了各种教育机构之间的相互作用和组织机制。

二、 俄罗斯终身教育政策化的过程

1986 年苏共中央和苏联部长会议讨论通过并颁布了“关于从根本上提高对接受高等教育专业人士的培养和使用工作的质量措施”。“终身(不间断)教育”的概念第一次在国家级的文件中出现。1991 年 12 月，苏联解体，以市场化和积极融入欧洲与世界政治、安全、经济、教育等接轨为标志，俄罗斯又开始了全面社会转型的进程。

1992 年，俄罗斯通过了新的《教育法》，教育体系被诠释为一个整体：也即为连续的、相互作用的和各层级连贯的教育计划、标准和机构所构成的整体。此外，这部教育法还提出了职业教育的新理念，即要求对人才进行基础的、人文的和多

① В.Г.Онушкин，Теоретические основы непрерывного образования，М.，1987.

层次的培养，由此并确定了中等专业学校的毕业生可在压缩的时间段内在高等院校相同相邻专业进行学习的权利。1996 年颁布的《关于高等职业教育和大学后职业教育法》中，也有教育过程连续性和继承性的表述。与该法律一起出台的，还有《关于俄罗斯联邦 1996—1997 年促进居民就业的目标方案》，在这份政府决议中，提到了继续教育的角色和地位。即从 90 年代末起，继续教育开始被赋予越来越重要的意义，并且从那时起，每年都有相关的政府文件出台。

2008 年制定的《俄罗斯联邦 2020 年前社会经济长期发展纲要》曾在"教育发展"部分对终身教育体系的构建做出了规定，指出终身教育是整个教育体系的组成部分，其内容应包含落实国家教育标准、实施补充教育、提高专业技术水平和组织再培训。

实施终身教育发展的构想也在俄罗斯国家教育大纲中得到了体现。《俄罗斯 2025 年前国家教育纲要》确定了国家教育现代化的目标和任务。其主要目标之一，就是创造一种机制，使教育体系能够得到持续不断的发展并且确保该体系与个体、社会和国家的需求相适应。而在纲要中，职业教育则被认为是社会经济发展以及国家各领域科技进步的基础，同时也是个体形成、发展及其自我完善的重要手段。作为职业教育发展的优先方向，新的教育范式关注和研究的重点在于个体的兴趣，知识的构成、创造能力和整体素质的形成。纲要明确了发展当代终身职业教育体系的任务，即保障教育内容、教学技术和教育领域经济机制的完善，以确保教育服务质量的提高。

俄罗斯终身教育体系的构建与推进是在欧洲终身教育的研究和实践不断深入的背景下进行的。2000 年，在葡萄牙首都里斯本召开的欧洲峰会确定了欧盟在教育领域的理论政策和实践举措，同时通过了终身教育备忘录。备忘录指出，向经济和知识型社会的转型，若要取得成功，就必须伴随终身教育的发展。欧洲国家领导人亦认为，新的理念在于终身教育不再只是学习过程的一个组成部分，它正在成为教育体系的根本原则。而欧洲作为一个建立在知识基础之上的社会，其信息、知识以及推动它们更新的动因和为此必需的技能，都将成为欧洲发展、竞争力的提高和劳动市场增效的决定因素。换言之，终身教育的理念与措施不仅关注由快速变化的劳动力市场特殊性引发的经济需求，而且还重视社会和文化层面的意义。如果不具备积极参加社会进程的能力，不具备适应职业、文化、民族和语言多样性的能力，则个性的发展就难以实现。

在国际上，终身教育的概念已经得到较为清晰的界定。对终身教育概念做出规定的国际文件包括：《关于技术和职业教育公约》《关于承认欧洲地区国家教育课程、高等教育和学位证书公约》《关于承认地中海地区阿拉伯和欧洲国家教育课程、高等教育和学位证书国际公约》《关于青年就业问题的决议》《独联体成员国教育法典模式概念方案》等。在这些文件中，终身教育作为一种在构建教育体系时必须予以考虑的原则得到了明确的表述。

俄罗斯在实施和推进终身教育的过程中，"终身教育"的表述亦出现在各种各样的法律法规、文件大纲之中。但是具体内容却各有侧重。目前通用的定义是：终身教育是由国家和社会机构建设的一个完整的教育过程，用以确保个体创造性潜能的持续发展和精神世界的全面丰富。这一过程由相互关联和有机统一的教育环节组成，对应社会需求，以共同完成个体的基础教育和职业培养，满足个体对自我教育和终身全面和谐发展的追求。①

关于终身教育，目前俄罗斯社会已经达成的若干共识是：终身教育是一个由人们从幼年到老年参与其中的不间断的过程；终身教育应该是教育体系中的优先方向；促进终身教育积极发展的因素包括全球趋势，不断获取、更新知识的需求，信息技术的完善，时间成本的提高；终身教育的参与者始终要有扩大专业知识和社会文化知识的追求以及自身作为一个完整的个体全面持续发展的愿望；终身教育的主要目标在于培养高质量的、在职业和社会各层面都具有适应性的人才，在现代社会的条件下他们具有竞争优势并且在劳动力市场广受欢迎。

总之，终身教育需要与时俱进，不断创新。而决定终身教育创新方向的因素，又包括社会和经济的改革、对教育体系和教育过程等的不断更新、研究制定新的管理模式、课程内容和规模的变化、新课程的开设以及持续不断探索教学的新形式和新的技术手段。

---

① С. М. Павлова, Проблемы развития непрерывного образования в России, Научное обозрение. Педагогические науки. No.1, 2017, p.145.

三、俄罗斯终身教育体系的结构

如图3-3所示，俄罗斯的终身教育是一个完整的过程，其由经过专门组织的不同层级的教育环节组成，通过层级的逐渐提升，而为受教育者提供改变其社会地位的可能性。终身教育关注的核心，是人的本身——也即人的个性、愿望和能力。而终身教育的最终目的，则是确保个体创造潜力的逐步提升和精神世界的全面丰富。

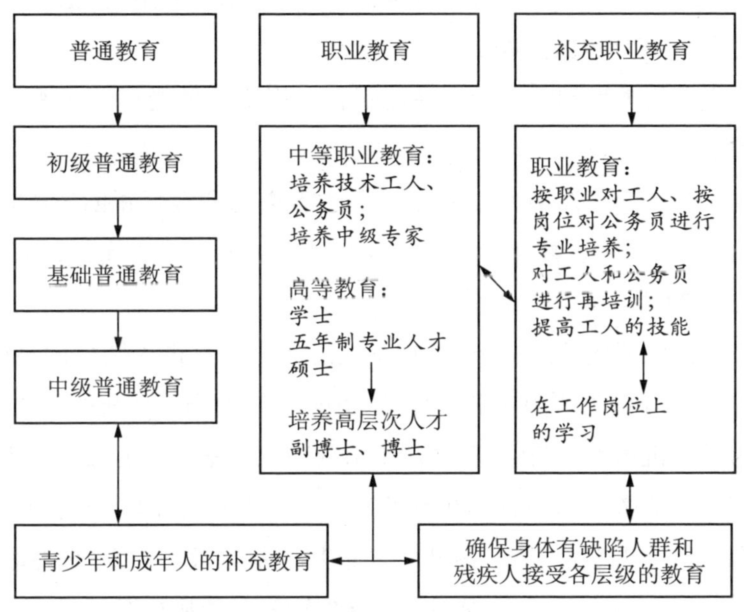

图3-3　俄罗斯终身教育示意图①

(一) 俄罗斯终身教育模式的层级

俄罗斯的终身教育分为三个层级：

其一是职业前教育，包括儿童学前机构、教育课程、中等普通教育学校中的初级预备课程等；

其二是初级、中级和高级职业教育，包括职校、技校、学院、大学、研究院等；

① Н.С. Барабаш, Непрерывное образование в России и мире: новые подходы, тенденции и технологии, Инноватика и экспертиза, Vol.14, No.1, 2015, p.263.

其三是大学后教育，包括副博士研究生、博士研究生、培训学院、培训系、进修机构的课程网络以及其他大学后的学习形式等。

终身教育体系的建立使得各层级的教育有了连续性和有序化的融通，同时确保了一个层级向另一个层级的合理和有效的转换，由此起到了提升每个层级的意义和作用。

(二) 俄罗斯在终身教育领域发展职业技能和提高技能水平的“路线图”(2011—2020 年“信息社会”纲要，俄罗斯通信和大众传媒部)①

俄罗斯在终身教育领域首先十分重视发展职业技能教育，并着力提升普通员工的技能水平。其具体做法如下：

(1) 建立网络教育初始区域。在此平台上提供能够受广大优秀教师欢迎的国外网络课程。

(2) 建立自己的慕课平台。在俄罗斯，教育创意和教育新创公司的数量逐年增加，但是它们中的大多数常常会遇到教育机构尚未做好实施新方法的情况，有时甚至缺乏一般的电子信息条件。

(3) 推动俄罗斯优秀的、具有自身特色的教育项目进入国外的慕课平台，并且在全球范围内提供类似的项目以实现与国际教育时空一体化的目的。

(4) 为教育机构配备新的、建立在使用网络课程基础上的教育技术手段。开放教育的目的是培养众多教育者在市场关系的条件下全面参与社会和职业发展，同时赋予教育体系开放的品质，由此将导致其在制定教学规划、选择教学地点和时间以及把控教学节奏的时候，能够从基于“终身”的原则向“终身教育”的原则转变。而在具体实践中，这个体系将借助于网络技术得以实现。

(三) 俄罗斯在终身教育领域采用的方法和技术手段

俄罗斯在终身教育领域推进的方法与手段十分丰富多样，具体来看又有以下的方式。

(1) 混合型教学：这是全日制教学与运用高科技手段的远程教学的结合；方法是提供运用个人电脑、平板电脑和移动设备进行教学；其可以作为义务教育的

---

① Н. С. Барабаш, Непрерывное образование в России и мире: новые подходы, тенденции и технологии, Инноватика и экспертиза, Vol.14, No.1, 2015, p.266.

补充，以及为普通教育提供数字材料，其一般作为全日制教育课程的补充。

(2) 虚拟课堂教学：即通过网络研讨、电子研讨班等进行的教学；

(3) 慕课—免费视频教学，制作 15 分钟到 1 小时不等的课程，同时加测试题，考核通过可以发远程教育证书。

(4) 翻转教学：改变传统的授课方式，通过独立完成作业的方法，向相反方向转变。即在积极提供各种形式的教学材料的基础上，教师把更多时间集中在实践环节、讲解难点和具体事例的分析上。

(5) 异步教学：学习者可以和集体一起学习，也可以根据自己的日程安排作息。其借助于数字教学材料和信息技术，参加“早晨课程”“晚间课程”。远程教育的经验能够合理地、理想地安排教师的工作时间，同时与异步学习的学生班组进行快速有效的协调。

(四) 俄罗斯终身教育的主要标准

俄罗斯所谓的终身教育，有其自己独特的标准。其基本内涵是，教育要涵盖人的一生；具备激励个体学习的机制；人一生所受教育的各阶段、各层级之间的连续性和开放性；教育体系的灵活性；教育内容的丰富性；教育方式方法的多样性；学习时间和地点的多元性；学习者对学习科目选择的自主性；教育结果的评价和认定不是根据知识获得的方式，而是根据实际的效果；教学科研发展的速度与国家经济现代化的进程相适应；等等。其中尤其是多样化的特征，正在成为俄罗斯终身教育体系发展的重要原则。

俄罗斯的终身教育还包含教育的三种形式：正规教育、自发教育和非正规教育。在一定意义上，终身教育的基础，是初级教育和中级普通教育，因为学习动机、学习能力以及学习者自我学习和表现的责任意识正是在这两个阶段形成的。

正规教育将不再是知识传播的主要过程，重点正在转移到学习能力和独立掌握知识能力的培养上。由此“获知事实”的重要性在降低，获取信息的必须性、掌握寻找和诠释信息并把它转化为新知识的能力在增强。非正规教育的作用在提高。

在俄罗斯的现实语境中，还有几个与“终身教育”一起被频繁使用的概念，如“成人教育”和“终身职业教育”。这些概念内涵相近、外延相邻，但各有侧重。如以终身职业教育为例，它指的就是在一定的职业活动中为了获得与更新知识、技能以及获取一些对人的全面发展而言具有重要意义的知识而进行的义务职业教育。这是一种有明确目标的教学行为，它始终进行着，目的是在于提高学习者的专业技能、知识水平，它也由多个阶段的教育组成。经过这些阶段的培养，学习者逐渐变成在劳动力市场广受欢迎的高素质人才。

（五）俄罗斯终身教育的市场

在俄罗斯，随着社会转型、市场关系的发展和对社会各方面的渗透，工人、雇主和政府之间的关系正在发生根本的变化。目前，在保护劳动关系的所有参与者利益方面，终身教育居于重要的地位。在俄罗斯教育和科学部辖属下的终身教育体系内，有1 350多个教育机构和中高级专门学校在从事专业进修和和专家再培训的工作。①

俄罗斯终身教育市场的潜在规模也很大。根据“经济学人”（The Economist Intelligence Unit）统计，俄罗斯人在国外教育机构中用于终身教育的支出达到100亿美元。②目前，实际供给和潜在需求之间存在着十多倍的差距。随着新需求者的不断涌现和已有体系的日益完善，终身教育市场必将进一步成长并且得到发展。

根据Cnews Analytics统计，在俄罗斯，各种从事终身教育的公司机构的发展速度亦很快。而与此同时，作为对比的是，存在着一些影响终身教育在国家层面发展的不利因素，如传统大学的保守性、相关法律的缺位和经费支撑的不足。

专家根据调研预判，俄罗斯终身教育市场（运用创新模式同时首先是在非正规教育领域的终身教育）的增长率可达20％—25％。

终身教育在俄罗斯的发展与国际趋势吻合，各种正规和非正规教育形式全面发展，与传统的全日制教育形式共同受到重视。终身教育在提高教学的机动性、对接社会需求和发展软件服务等方面也发挥出重要的作用。

由于智能手机、平板电脑等现代化通信设备的大量使用，其生产销售市场的迅猛发展为“移动学习”提供了越来越多的条件，同时也为终身教育产业不断注入

①② http://studbooks.net/1871912/pedagogika/analiz_nepreryvnogo_obrazovaniya_rossii_rubezhom.

了新的生机。根据2016年10月到2017年3月统计数据显示，俄罗斯互联网用户月平均8 700万人，占全国人口的71%。[①]在俄罗斯，目前有100多家外国公司借助最新电子技术手段提供教学服务，接受这类教育的人数超过35万人。在俄罗斯提供业务培训的外国教学机构未来将会强化自身的工作。而与世界上教育最发达的国家相比，90%的教学机构都能够运用电子技术提供教学。俄罗斯在这方面落后于先进水平大约5—7年。

正是在这样的背景下，俄罗斯终身教育市场出现了一种新的、积极运用正规教育与非正规教育相互连接的行为体，同时运用电子技术手段的教育机构的数量亦在增加；网络教学和研讨型教学的规模在扩大，全日制教学逐渐压缩；按国际模式进行人才管理的技能在增强。

(六) 评价终身教育质量的维度

如何加强对终身教育的评价，以提高终身教育的质量，则是俄罗斯推进终身教育现代化的中心问题。这一问题也反映了社会经济和科学技术发展的规律与进程。简言之，教育质量问题体现出的是生产、经济和社会的现代需求与教育体系之间的矛盾与协调，而后者并不总是在各方面都能符合这些需求。俄罗斯学者强调："教育体系，作为一种社会的，因而也就是开放的体系，不可能不感受到来自社会经济因素及总量的影响。所以，研究教育问题不可能不涉及社会其他领域的问题。"[②]

在对终身教育的质量进行评价时，俄罗斯教育家亦强调全面发展，希望培养"真正的人"的理念与传统得到传承，即教育的质量不仅体现在课程的知识内容和层次上，同时还应该体现在受教育者作为个体的和作为公民的世界观、道德发展水平等因素上。这也是教育的主要社会价值。由此，显而易见的是教育的质量，不仅仅应该通过教育本身的参数来衡量，而且还应该通过教育领域以外的一些标准来评判。"教育的质量不能够也不应该只是在教育参数的基础上得到考察，因为教育——是一个广阔的社会经济和社会文化的标准。"[③]

---

① http://studbooks.net/1871912/pedagogika/analiz_nepreryvnogo_obrazovaniya_rossii_rubezhom.

②③ Р. Х. Джураев, Организационно-педагогические основы интесификации системы профессиональной подготовки в учебных заведениях профессионального образования: дис. … д-ра пед. наук. -СПб., 1995. p.292.

四、 俄罗斯职业教育的发展

(一) 职业教育是俄罗斯终身教育的重要组成部分

俄罗斯的职业教育形成于苏维埃时期，是为了满足国家工业化发展阶段的计划经济需求而构建的。苏联解体之后，俄罗斯的职业教育也根据市场经济和创新发展的需求进行变革。

首先是市场经济的转型催生了对新的专业和职业的需求，导致职业教育的规模、结构、水平与劳动力市场需求之间的差异增大，人员培养问题的紧迫性亦由此日益突出。由于人员素质能力与经济机制改革的效果密切相关，这就要求探寻路径，开展集约化的工作，提高技术人员的专业水平和从业积极性。

(二) 俄罗斯职业培养体系系由初级职业教育、中等职业教育和高等教育构成

俄罗斯初级职业教育设有 280 多个专业(苏维埃时期最多曾达到 1 400 个)，担负着培养经济、农业、轻工业、贸易、金属加工、餐饮等方面技术工人的任务。近十多年来，初级职业教育领域最大的变化就在于随着相关部委的改组、合并和解散，许多进行初职教育的行业性教育机构纷纷关闭。2000 年，俄罗斯尚有 3 893 家初级职业教育机构，而到 2011 年，这一数字几乎减少了一半，仅为 2 043 家。相应地，学习人数也减少了一半。如居民每万人中，接受初级职业教育的人数，2000 年是 115 人，到 2011 年是 64 人，仅为 2000 年的 55.7%。学校和学生数量的下降也影响了技术工人的培养。2000 年，俄罗斯初级职业教育机构的毕业生有 76.3 万人，2011 年为 51.6 万人，减少 1/3。2000 年，一万名就业人员中，就有 118 名初级职业学校的毕业生；而到了 2011 年时，这个数字仅为 76 人。

(三) 与初级职业教育相比，俄罗斯的中等职业教育发挥的作用更大

中等职业教育的主要任务是为青年人接受普通大众教育、促进个体的成长与发展提供保障。具体定位是为国家的劳动力市场培养 300 多个专业方向的具有中等职业水平的人员。中职教育的形式有全日制、全日制—函授(夜大)、函授和自学认定制。主要形式为全日制。

(四) 中等职业教育由国家、地方和私立教育机构来实施

俄罗斯8个联邦区都有中职教育。培养结构庞大。社会、经济各领域的市场化运作模式对劳动力需求构成的影响是非常明显的。社会转型之初，对某些领域人才的大量需求(如经济专业人才)，导致对另外一些专业的压缩，也刺激了某些领域专业人士数量的自发增长。经济和管理人才始终是社会需要的。2012年，俄罗斯中职教育机构培养了51.89万名学生。其中，经管专业的学生占24.2%，几近全部学生的四分之一；保健卫生专业学生占10.8%，交通专业的学生占8.6%。其后是学习教育和其他人文科学的学生。

俄罗斯重视教师的专业水平对于发展中等职业教育具有着重要意义。目前，俄罗斯中职教育机构的高质量专业教师是有保障的。

2016年，俄罗斯有中职教育机构3 552家，教师135 000人，技术工人、公务员方向培养的学生563 000人，中级专家方向培养的学生2 305 000人，万人中接受过中职教育的技术工人和公务员27人、中级专家65人。①

俄罗斯中等职业教育界意识到，在积极对应劳动力市场需求的同时，还需要进一步明确和强化国家层面的调控和管理，以优化人才培养结构。

众所周知，在任何一个社会里，高等教育的发展总是与经济发展紧密相联，因为在一定意义上，它是后者的组成部分。社会需求的增长与变化，必然要求教育持续不断地更新和现代化。在当今世界，创新知识成为国家经济发展和竞争力提升的决定因素。国家在经济上的引导力，只有在社会生产中运用最先进的现代化技术时，才能得以实现。社会转型以来，尤其是在融入欧洲教育空间的过程中，俄罗斯的高等教育不断发展，主要表现为高等教育机构数量的增长。2000年至2012年，俄罗斯高等院校的数量，从965所增加到1 080所，增长率为11.9%。引人瞩目的是，增长最快的是私立大学，从358所增加到446所。②与此相对应，大学生人数也呈快速增长的趋势。2000年有大学生470万名，2012年就增长至650万名。2000年，1万人中有大学生324名，2012年是454名。俄罗斯的绝大

---

① 2015年相应数字为3 638、133 000、686 000、2 180 000、47和149。

② 私立大学在对高等教育多元化发展做出自己贡献的同时，也存在着兼职老师过多、培养结构庞大、专业设置集中(经济、管理、人文社会专业等)等问题。

多数学生都在国立或市立大学学习，如 2000 年，90.1%的大学生在国立和市立大学学习，人数为 427 万名，2010 年则为 613 万名。在国立大学参加全日制学习的学生，2000 年占全部大学生人数的 57.1%，2012 年为 49.3%。私立大学则更多地提供夜校和函授教学。2000 年，私立大学全日制学生占比为 39.0%，2012 年是 23.5%。函授生：2000 年是 51.6%，2010 年是 72.1%。国立大学函授生，2000 年 35.6%，2010 年 44.1%。

2015 年，为切实提高高等院校的教学科研质量和在欧洲乃至世界教育空间的地位和竞争力，俄罗斯关停并转了一批院校及其分支机构。2016 年，高等院校的总数为 896 所，大学生人数 480 万名，全日制学生 240 万名，全日制—函授学生 15 万名，其余为函授生。每万人中有大学生 325 名。

俄罗斯高等教育建设的重点之一是营造创新环境，并且认为这对于终身教育的实施具有重要的意义。“……高等教育机构的创新环境……可以促使个体创新资源的发展”。[①]俄罗斯总理梅德韦杰夫更是把大学称作为“创新创造空间的中心”。[②]只有在考虑到每位大学生个性特点的情况下，在有利于个性潜力开发的良好心理环境中，培养具有竞争能力、具备并且始终保持自我发展和继续学习意愿的人才才是可能的。而创建这样的环境，在很大程度上，取决于具体实施教育计划的学校领导和教师。俄罗斯社会发展的现实要求高教系统的教师，需要具有以创新模式进行工作的愿望，具备精神上自我完善、学习和再学习的动因，善于快速适应新的变化并且积极接受新的信息（掌握新的教学技术，能够运用最新的技术设备），同时拥有不断进行科学探索的意愿。自然，远非所有的教师都能符合这些要求。这在一定程度上是由于教师本人的“保守”所致。此外，学校缺乏足够的国家资金的支持用以推动教师创新转型也是一个重要的原因。

五、 俄罗斯终身教育的实践

考察一些具有代表性的学校和机构在终身教育方面的实践，会有助于更具体

① П. Н. Осипов，Субъекты системы профессионального образования как гаранты его качества // Отечественная и зарубежная педагогика，No.6，2012，p.46.

② Федеральный справочник Образование в России，М.，2016，p.13.

地了解俄罗斯终身教育采取的路径、机制与建设的进程，同时了解取得的成果和存在的问题。选择的院校和机构，按层级从中小学补充教育机构、普通职校、专门职校、到综合性大学，所在地域，既有首都和社会经济发达的大城市，又有边疆区和民族地区。

（一）2015年青少年补充教育体系状况

作为终身教育体系的组成部分，形成于20世纪20年代的课外活动的传统，一直延续并保存至今。2014年9月4日，俄罗斯联邦政府出台了《关于确立发展青少年补充教育理念的决定》，俄罗斯青少年补充教育体系的发展由此进入一个新的阶段。其主要目标是要使5至18岁青少年接受补充教育的人数占比上升至75%。另外一个重要任务，是使俄罗斯联邦各主体提供的补充教育的条件能够均等。①

用于青少年补充教育的支出在俄罗斯联邦教育预算中所占比例并不高，但呈增长趋势。2012年是2.6%，2014年为3.8%。根据2012年12月29日颁布的《俄罗斯联邦教育法》的规定，相关预算由俄罗斯联邦主体承担。预算外投入呈微小增长。在总的补充教育支出中，用于青少年补充教育的预算外支出占比：2011年至2015年分别为6%、7%、8%、8%和9%。

为青少年提供补充教育属于地区和市政的权力和工作范畴。近几年来，除教育系统的机构之外，文化和体育系统的机构也加入了向青少年提供补充教育的行列中来并且数量不断增长。但由于青少年整体人数的下降，②导致教育系统本身的机构在减少。全日制普通教育机构中的小组班和收费补充教育则开始发挥越来越大的作用。中小学补充教育大纲范围的不断扩大、学生参与度的不断提高，致使预算外补充教育政策的大力实施而使接受收费补充教育学生的人数逐年增长。学校也对预算外资金颇感兴趣。与此同时，农村地区补充教育机构的数量也

① 根据俄罗斯宪法，俄罗斯是一个联邦制国家，由平等的主体（共和国、边疆区、州、联邦直辖市、自治州、自治区）组成。目前有85个主体。每个主体除了联邦机构外，还有其执行机构、立法机构和司法机构。主体有自己的宪法或章程，以及由地方议会通过的自己的法律。

② 俄罗斯多年来呈人口自然负增长。

在逐渐增加，仅2014—2015年间，就上升了17.5%。尽管数量在增加，样式亦日渐丰富，但普及程度仍待提高，提供服务的规模也依然有限。此外，与城市相比，农村地区文化部属下的音乐、艺术学校和体育部属下的体育学校数量稀少；尤其在涉及帮助优秀青少年脱颖而出、解决监管等问题方面，效果也很不明显。在全国各地，补充教育机构的分布也不平衡。而从2013年起，青少年中身体有缺陷者和残疾人接受补充教育服务的人数开始增长。2013年是72 594人，2014年和2015年分别是79 422人和97 769人。①但尽管如此，其占比却还是很低。

在实施补充教育的各种机构中，数量最多的是艺术类（35%）和体育类（29%），涉及的是文化、技术、旅游方志、生态生物等方面的分别占2%到6%。在活动小组中，比例情况也大致如此，如艺术类占24.1%，体育类占21.6%。2015年，在艺术类和体育类机构接受补充教育的青少年分别占全体人数的37.3%和28.9%。②

从事补充教育的教师人数从2012—2013学年起有所缓慢增长。这一期间，教师增加了7 514人，教育机构增加了464家。2013—2015年，有84 291人进入到了青少年补充教育机构教师的行列。与此同时，青年教师（35岁以下）的人数有所下降，退休年龄教师的人数增长（2010—2011学年至2015—2016学年分别是14%和1.5倍）。近五年来，补充教育教师的工资增幅超过了普通中小学教师的13.5%。但在总体水平上，其还是低于后者的17%。③

基础设施的状况在补充教育机构中较为理想，需要翻修的机构不超过20.5%。这一比例远远少于普通教育机构。

（二）莫斯科州省城职业学院终身教育体系的发展

莫斯科州省城职业学院建于1930年，其最初是一所为莫斯科州南部地区培养低年级教师的师范学校。1994年改制升级为学院，通过扩大招收专业，开始培养造型艺术（美术）、外语、俄语语言和文学、体育以及学前教育的教师。2011年，

①② Федеральный справочник Образование в России. М.2016，p.76.

③ Федеральный справочник Образование в России. М.2016，p.78.

学院与另外5个职业学校合并，进一步扩大了中等职业教育专业的数量，有的放矢地培养劳动力市场需要的人才。

1995年，学院成为莫斯科州第一个构建起学前、普通和职业教育连贯体系的教育机构（幼儿园—小学—普通中学—自主中等职业教育学校—与大学合作机制）。换言之，其在一个体系框架内，实现了“全面地、完整地发展受教育者的个性”的目标，并且为构建持续与终身的教育设施提供了实践基础。

学院在终身教育领域的主要工作任务是：对应地区劳动力市场的需求，构建具有竞争性的、灵活有效的教育模式；推动地区（莫斯科州）职业教育大纲相互融通，建立统一的教育空间；强化教师和学生的科研活动，将国际标准引入职业教育过程；培养学生在就业和职业发展问题上的自决能力。

除了专业中等职业教育之外，学院的学生还同步接受补充职业教育，而且每个专业都有专业外语教学。

以市场为导向的社会经济发展形势和新的国家教育标准要求重新审视并且调整教育机构和用人单位之间的联系。莫斯科州省城职业学院与州内的企业、机构签订了519个协议，并且在下列方面开展务实而有效的合作：安排学生实习，帮助毕业生就业，组织教师进修、深造和其他人员的再培训，商讨制定职业教育大纲，参与国家对毕业生的最终认定，等等。学院培养的学生在劳动力市场上广受欢迎。有80%的毕业生就业时专业对口。每年平均75%的毕业生进入高等职业学校深造。

（三）俄罗斯普列汉诺夫经济大学终身教育体系

俄罗斯普列汉诺夫经济大学位于莫斯科，建于1907年，这是俄罗斯第一所培养高级经济人才的高等学府。2015年，学校制定并通过了“普列汉诺夫经济大学2021年前持续—终身教育发展”的构想。学校设有自己的高级中学和技术学校。在那里接受了中等专业教育的学生有机会进入经济大学按加速大纲进行学习。而夜校（全日—函授）形式则使学生能在方便的条件下边工作边接受高等教育。根据社会发展及其对人才的需求，学校有150多个教学培养计划，例如，硕士教育层级，有13个方向，60个全日制培养计划和10个全日—函授培养计划。学校聘请各领域中的优秀学者和来自重要企业的专业人士授课，因此，学生所学的内容直接反映了经济、法律、社会管理等方面国际国内最新的时势动态和研究成果。学习期间，学生都能参与以“在行动中学习”为原则的基础设计项目，到学校的合作伙伴单位中去实习，这样的单位有 800 多个。学校与 35 个国家的 120 所大学签订有合作协议，学生和老师都有机会到国外学习、深造和开展学术研究。学校与法国、德国、荷兰等 14 个国家的高校联合开展的国际培养项目，使参与的学生有机会获得双学位。

学校多年来已经为中高级企业培养管理人员，以全日制—函授（夜校）形式和函授形式（网上 MBA），开展“工商管理硕士”创新教育的项目，参与的院系有综合商学院（被福布斯列入“最佳俄罗斯 MBA 商学院”名单，拥有 AMBA International 国际认证）、补充职业教育系（全部运用电子教学和远程教育技术手段）、国际商业和国际经济系（已取得学士、硕士学位的或有不少于 2 年工作经验的人，都可以报考）、营销和企业商学院（设有所谓 Mini-MBA 课程即压缩型课程，为那些刚起步的或者希望优化自己职业技能素质的企业界人士开设），等等。

对于那些在职业上已经取得一定成功、但是还希望加快自身仕途进程、提高自身社会地位的人士，学校提供攻读工商管理博士 DBA 的机会，这一学位的取得有助于他们进入企业甚至国家的上层管理系统。

作为终身教育的组成部分，学校还设有冠以“银色一代学校”名称的老年大学，为已经退休但希望继续学习的人员开设创意大师班、计算机课程和各类研讨课等。

（四）从小学到大学后：罗斯托夫州顿河地区终身教育扫描①

对于罗斯托夫州普通教育与职业教育的从业人员而言，持续—终身教育是一个“完整的过程，它确保个体的创造潜力逐步发展以及精神世界全面丰富，同时为受教育者提供改变自身社会地位的机会与条件”。②罗斯托夫州教育机制提供的条件使生活在这里的人们能够从小就根据自己的兴趣爱好对某个方面进行较为

① 罗斯托夫州位于俄罗斯欧洲部分的南部。流经该州的顿河是俄罗斯第三大河流。

② Федеральный справочник Образование в России. М.2016, р.246.

深入的学习，并且由此了解自己未来专业或职业的性质。而由学前教育和普通教育的课外活动、补充教育、普通教育的提高班等环节构成的一个完整体系可以帮助受教育者认识、培养和发展自己的专业兴趣。该体系的重要元素之一，是专长学校和专长课程。罗斯托夫州 40%教育机构都有专门的教学计划开展专长教育。普教系统中的提高教育机构(物理数学、信息技术工程建设等方向)与州里的技术大学保持密切互动。在罗斯托夫州州长弗・戈卢别夫的倡议下，包括中小学在内的每家市立教育机构，亦都开设有技术创意小组。青少年补充教育系统有 23 个机构(内含 36 个技术创意方向)，2.3 万名学生参加学习，教师人数为 596 名。这些措施使罗斯托夫州在青少年科技创意发展方面在全俄名列前茅。俄罗斯总统普京对顿河地区学生们取得的成绩给予了高度评价，并邀请他们赴索契参加“天狼星”教育中心的落成典礼。大部分在补充教育机构学习过的学生中学毕业后都会选择在技术专业的职业教育机构学习。

中等职业教育在罗斯托夫州的终身教育体系中扮演了重要角色。目前，职业技能更多地被看成是员工根据需要重新定向的能力和完成转化了的和更为复杂的职责的能力。州终身职业发展战略设计的学习阶段为：(1)为获取相应技能而接受的义务职业教育；(2)为知识、能力、技能的更新而接受的教育；(3)与提高专业技能同步，学习其他在人的生活中重要的、需要的、对人的创造性发展有利的知识与技能。6.8 万人在州教育部下属的 99 个中等职业教育机构里接受培养。“定制型”培养模式不断得到加强和完善。2016 年起，有关部门还推出针对接受中职教育群体的地区劳动力市场最有需求和最有前途的职业清单，并根据州社会经济发展和劳动力市场的变化，不断对清单进行调整。而中职学校，则对应清单调整课程的设置。

建立“教育集群”(人才储备和人才配备保障体系)也是州职业教育现代化建设的新方向。其主要工作与任务是及时回应州经济发展对于技术工人和专家的需求，有效实施职业教育和补充职业教育计划。州里已经建起了 3 个“教育集群”：(1)州教育部下属的伏尔加顿河金属加工和机械制造技术学校、罗斯托夫机械制造技术学校等职业技校“集群”；(2)顿河国立技术大学和南联邦大学等高校

“集群”;(3)企业公司“集群”。州里还有 21 个地区级的技术工人和高级人才行业培养资源中心,同时在企业里开设为数众多的教学实习点。

用人单位(雇主)也积极参与教育计划的协商并制定人才培养的全过程。州职业教育机构与企业签订了 3 700 份人才供需培养长期合作协议,19 000 多份在企业进行生产教学和实习的协议。

州职业教育机构为成年人亦提供了各种短期教育培训项目,通过多功能应用技能中心实施,这些中心都配备有最现代化的教学实验设施。25—65 岁就业人口中接受进修和职业培训的人数占比,2014 年是 29.20%, 2015 年为 37.03%。

(五) 托木斯克大学终身教育实践

托木斯克大学建于 1878 年,是俄罗斯亚洲地区的第一所大学。学校也建立了终身教育体系,接受的教育者包括从学龄前儿童一直到退休老人。补充教育教学计划确保学校实施的从幼儿园一直到老年“开放大学”教育的连续性。学校有 10 多个部门参与补充职业教育工作,由远程教育学院(院内设有高级培训系)整体协调。学校的幼儿园为学龄前儿童提供教育项目,“开放大学”则为老年人服务,教育创新学院和学校下属的高级中学负责实施中小学生的补充教育。

学校与托木斯克州、西伯利亚联邦区普通教育系统一起建设“教育连锁工程”。2015 年,又建起了托木斯克大学合作伙伴网,进入这一网络的有联邦区的教育发展中心、9 个城际天才教育发展中心、托木斯克州教委、32 个拥有地区创新中心资质的教育机构、100 所中小学(也是托木斯克大学进行专长教学的合作试验平台)和教学法服务机构等。同时,还成立了托木斯克州教育空间发展委员会。

学校与 150 个实体经济企业合作,并实施了 120 个补充职业教育的计划。这些计划的特点是模块化结构、个性化路径、知识与实习相结合、采用最新的教育技术和方法等。尤其是采用远程教学是托木斯克大学补充职业教育的重要特点,每年大约有 5 000 人通过远程技术接受补充教育。实践证明,利用这一方法,能提高受众的数量,扩大受众的来源地,吸引更多有工作经验的人在不脱产的情况下接受补充职业教育，同时为他们提供新的发展机会，由此也能够提升他们在劳动力市场上的竞争力并促进个体发展。

学校还始终通过对应社会发展的需求来实施和推进终身教育，并以此对这些需求作出迅速和有效的回应。学校把"慕课"作为一个重要的发展方向，运用于各个层级的知识性、教育性和职业性的教学计划。每年并制作10—15个网络课程，安放在多个公开网络平台上供受众共享。据统计，在一年半的时间里，就有8万人利用学校的"慕课"进行学习，其中1.7万人来自国外(美国、德国、加拿大、墨西哥、以色列、南非、摩洛哥、中国等)。

2011年，托木斯克大学引入了建立在CQAF国际标准基础上的欧洲补充职业教育模式，这使得学校得以和国外其他大学一起实施国际补充教育计划。2015年起，学校还进入了欧盟和东欧国家终身职业教育质量欧洲模式支持体系委员会。

与此同时学校亦重视教师队伍的建设，为他们的专业发展提供系统化的支持，包括接受终身教育的条件。

(六) 东北联邦大学与远东终身职业教育

东北联邦大学位于俄罗斯萨哈自治共和国首府雅库茨克市，①其前身是建立于1956年的雅库茨克国立大学。为适应联邦区②发展对人才的需求，学校建立了终身教育发展机制，以为地区社会可持续发展服务。具体而言，第一，建立起了从大学前培训到职业再培训和进修的多层级教育体系，以为人们在人生各阶段实现自身的社会化、成长和发展提供帮助。作为实施远东和贝加尔地区社会经济发展战略的主要教育基地，学校实施了346个高级和中级的职业教育计划，165个补充职业教育计划。根据社会需求，还为不同年龄段和不同发展需求的人群，包括所谓"未来的学生"和"未来的雇主"设计教育计划。例如，在2016—2017学年实施的121个硕士教育计划中，就有36个是按照6个新的培养方向制定的。第

---

① 雅库茨克市位于西伯利亚列纳河左岸的图伊马达山谷。由于地处北纬62度以北，因此夏季有很长时间的"白夜"，而冬季(尤其在十二月)白昼时间只有3—4小时。面积122平方公里，是俄罗斯远东继符拉迪沃斯托克和哈巴罗夫斯克之后俄罗斯远东第三大城市，也是俄罗斯永久冻土带中最大的城市。

② 俄罗斯远东联邦区位于俄罗斯国土最东端，是俄罗斯最大的联邦区，面积617万平方公里，人口617万。

二,社会用人方(雇主)直接参与主要教育计划的制定和实施。根据对地区劳动力市场需求的预测及时调整教育计划,例如,扩大了硕士培养计划和补充职业教育计划在学校教育架构中的比例。为俄罗斯北极和北方地区定点培养人才。与540家企业签订合作协议进行有目的性的教学和实习。大企业派人参与在学校进行进修和再培训工作。第三,不断更新终身教育的内容。目前,学校已实施206个进修计划、83个职业再培训计划。根据社会需求,设计制定新的补充职业教育计划;扩大与国内外其他院校在以网络形式组织教学方面的合作;不断调整学生实习的内容和形式。第四,扩大实施补充职业教育的范围。目标是到2020年,使自治共和国内25—64岁年龄段的居民接受东北联邦大学终身教育学习计划的人数占比不少于55%。为了落实终身教育关于"每个人都有权力和机会获得其所希望的教育、选择与个体的能力和需求相适应的个性化的教育路径"的理念,学校创设了专门的教学单位,制定了进修和教师职业再培训计划。每年实施130多个补充职业教育计划。学校2010年建立的终身教育学院,可以为整个联邦区提供教育服务。2015—2016学年远东联邦区各类企业和机构的4万多人在东北联邦大学参加了各种进修和职业再培训。

(七) 汉特—曼西斯克自治区的终身职业教育①

汉特—曼西斯克自治区的职业教育体系相对年轻,但立足于坚持各层级连续性、继承性的教育原则,因而发展十分迅速。现有23所学校提供职业教育。每年通过自治区预算拨款接受职业教育的人数为7 500人。自治区职业教育发展的特点是其实践性导向。2014年起,自治区70%以上的教育机构向实践性导向教育转型。30%的学生所学的专业是"最为市场需要、最有前途的"(50—TOP)。企业几乎深度参与了所有实践性导向教育的实施过程(合作组织教学和实习,协助安排入职,进行市场调研等)。自治区还设立了6个资源中心,协调职业教育机构与各企业之间的互动,安排职业指导,组织职业技能比赛,等等。各层级教育的继

① 汉特—曼西斯克民族自治区成立于1930年12月10日,位于西西伯利亚平原中部秋明州境内。俄罗斯主要的含油气区和世界最大的产油区之一。自治区的名称源于当地居民汉特人和曼西人,他们的祖先来自南部中亚大草原。面积53万平方公里。人口165万人。

承性通过职业教育机构与高等院校之间的合作得以了实现。例如，苏尔古特工艺学校与苏尔古特国立大学通过签订合作协议，大学的工学院和工艺学校就可以共同实施学士教育计划。

（八）发展残疾人和身体有缺陷人群的中等职业教育

确保残疾人和身体有缺陷人群接受中等职业教育的问题越来越受到俄罗斯各级立法和行政机关以及社会各界的重视。俄罗斯联邦《教育法》确认并保障残疾人受教育的权利。根据俄罗斯教育和科技部的要求，关于残疾人接受中等职业教育的补充内容也列入了中职教育实施的规范之中。其明确了职业教育机构要为残疾人士组织教学的要求。仅2016年一年，俄罗斯就通过颁布了《2016—2018年确保残疾人和身体有缺陷人群获得中职教育的跨部门综合计划》等三份国家层面关于发展残疾人职业教育的文件。各联邦主体也各自有自己相关的法律法规和行动指南。在一系列政策措施的支持和保障下，2016年，在中等职业教学机构中，接受残疾人和身体缺陷人群的机构占64％，比前一年增长4％。另外，这一群体接受中职教育的人数、接受基础普通教育的人数和被培养为技术工人和中级专家的人数等指标都有上升的趋势。与普通人一起学习的占81％；单独编班的为13.5％。混合模式（部分课程一起上，部分课程单独上）的为4.3％。接受个性化教学大纲学习的占1％。“计算机程序设计”“经济与会计”“看护”“厨师、糖果师”“数字信息处理”“医疗推拿”“汽车技术服务和维修”等，是最受这一群体欢迎的专业方向。俄罗斯中等职业教育的国家标准赋予了这一群体在学习时间、教育资源提供的形式、实习场地的选择等方面的特殊安排。例如，他们可以有比普通人多6—10个月的时间用于掌握所学专业。教学计划也可根据他们的具体情况进行调整。如开设新的“适应课程”，以帮助他们提高学习和交流能力，增强社会和职业的适应性。2016年，在汇聚这一群体的中职教育机构中，7.7％的机构增开了“适应课程”（2015年是5.6％）。课程有“语言发展和交流实践”“有效就业基础”“医疗和社会康复”“聋哑人社会适应”等。28％的教育机构为这一群体制定了个性化的教育计划，包括内容设计和时间安排（2015年是23.4％）。电子教学和远程教学的方法越来越多地运用到为这一群体所开展的教育之中。远程教学使用最多的专业是“计算机程序设计”“信息保护的组织和技术”“社会保障的权力和组织”等。教师和专业人员的配备有保障：53%的教学机构有心理专家（2015 年是 51.5%），2.7%的机构有手语翻译，5.1%的机构有专设的导师（2015 年是 4.7%），6%的机构有专设的助理（2015 年是 3.2%）。

国家和教育机构的各个层面都开始重视为中职教育从业教师提供专门的培训，以使他们掌握与这一群体工作的能力。目前，相关教学方法保障的推进速度还不理想，用于这一群体教育的专门技术设备的普及也有待提高。

按计划，到 2020 年，俄罗斯中职教育机构中为残疾人提供教育及运用远程方法的单位的占比将达 70%。

六、俄罗斯构建终身教育体系的未来举措

俄罗斯终身教育体系构建的未来计划：

（1）进一步加强终身教育设施建设与社会发展进程的对接，提高国家教育发展战略实施的实际效应。

（2）加强国家对教育服务市场的调节，建立平等获得教育的机会，通过制定清晰严格的标准提高教育质量。

（3）国家承担初级职业教育的财政责任。

（4）确定新的向终身教育投资的义务，包括私有企业的责任和公民自身的责任，保证职责的履行；确保国家参与的比重；国家把资金投入到教育现代化建设的所有层面；建立国家和私人投资的透明度和互利模式，建立提高对教育（包括职业教育）投资总体规模的透明和互利模式。

（5）确保教育体系各个层级拥有高质量的教师；加速培养终身教育体系中的教育人才，不断提高他们的才能；合理有效地解决在培养和再培养教育人才过程中遇到的文化、心理和年龄问题。

（6）承认非正规教育和自发教育的正式地位；制定新的相应的法律法规，确定非正规教育和自发教育资质能力的框架以及它们在职业教育现代化建设中的

作用;保障正式承认的机制。

(7) 进一步发展和加强教育系统与社会其他部门的联系与合作,在学校与公司企业间建立起密切的关系。

(8) 加强外语教学,加深对各种文化的理解,提高在世界全球化进程中的应变能力。

(9) 进一步加强现代信息技术手段的运用,促进向新的教育模式的转换,使之成为培养教师适应创新活动的重要手段。

(10) 抑制教育不平等的现象。

第六节　终身教育体系构建的国际动向

众所周知,一国之终身教育体系的构建,大多需要本国政府通过教育政策的制定来予以支持与推进,而处在一个全球化的世界,各国教育政策的制定又大多会受到国际化程度的影响。为此,对"终身教育"政策的国际动向予以仔细梳理,对于本国终身教育体系的构建大都能够起到登高望远的重要作用。本节笔者即从国际化的视角去观察与揭示终身教育政策的发展动向,尤其是可以看到以OECD为首的国际社会对"终身学习"术语的使用范围正在扩大,但从公权力政策介入的角度来看,笔者以为采用终身学习及终身学习政策的提法似乎更为合适。因此本研究拟将终身学习的相关政策作为终身教育政策的一部分来看待。本节的讨论将从以下四个方面来展开:一是终身教育政策的最新发展状况;二是个性化与学习支援的新视角;三是"教育"扩张的新趋势;四是东亚型终身教育政策的特征与现状。

一、 终身教育政策的新发展

就世界范围来看,我们首先需要关注的是在20世纪后半叶提出的终身教育理念在国际社会及世界各国被引入并以政策形式被具体化以来的动向。所谓“急剧变化社会”的出现及其应对的理念揭示出的课题是现实的，这也是国家层面制定应对策略所不可回避的，所以这个动向体现出的是对于终身教育课题理解的广泛性和深入的程度。

从最初出现的这种所谓变化，比起刚开始提倡终身教育理论的半个世纪以前，现代社会所面临的变化则更加激烈。若要列举其中特别重要的变化，似乎首先应把目光转向信息社会以及以前所未有的发展推进着全球化的步伐。互联网给我们生活所带来的改变也是无法估量的，这一点已不必重申。为此，世界各国都不得不转向“以知识为基础的社会”。而从 OECD 提出的“素养”（2006 年）来看，在全球化的背景下，为了培养既能驾驭 IT 设备又能够开展跨文化交流；既具有主动表现自我的能力，而且又对虚拟世界理解下的新时代进行教育改革，这不仅事关学校教育制度的变革，而且在终身教育领域也确实势在必行。

其次是学校的僵化以及如何克服学校僵化的课题。毋庸置疑，学校至今仍然居于教育制度的核心位置，而且众所周知的以发展中国家为主的国际化方面，教育的普及依然是重要的课题。伊里奇的《非学校化社会》（1977 年）和弗莱雷的《被压迫者的教育学》（1979 年）等均展开了对教育自身存在原因的重新追问与讨论。在接受这些被认为是教育认识论观点的讨论之后，捷尔比的《终身教育论》（1981 年）也成为了这种新观点的补充。此外，在成人教育研究领域关于“成人学习”的研究也有了显著的进展，其对有关超越“学校模式”的热烈讨论也同样备受关注。

第三，是关于国际社会所面对的“可持续发展教育（Education for Sustainable Development，ESD）”的课题。关于 ESD 已经不需要再作特别说明，在 2016 年的 10 月，也就是作为联合国项目而开展的“ESD 十年”的最后一年之际，日本举行了各领域利益相关者的会议。其中，在冈山公民馆——CLC（Community Learning Center）举行的会议中还特别通过了《冈山协定》。这一协定是向世界传达终身教育作为非正式教育而肩负部分 ESD 重要责任的一个宣言。

毋庸置疑，如何理解“激烈的社会变化”这一终身教育政策的前提，还是存在着诸多的考量。如少子化、高龄化造成的社会纽带的割裂等就可以列举许多现象,而作为源自这些现象的解释却存在着一个共通之处,就是力求通过终身教育的推进,来培养应对“激烈社会变化”的“新人”。

第二个引人关注的焦点是,各种各样新的学习援助方案的被提出,并以终身教育政策的形式被具体化。由于内容较多而无法一一说明,详细内容可以参考各国的报告,以下仅列举最新政策的开展所出现的一些动向。

第一种现象是国家主导的终身教育、成人教育的相关政策。其又包括以下几种形式:

(1) 通过制定新的法律和改革法律的方式建立终身教育制度(中国、法国、丹麦、美国、瑞士、西班牙、德国、芬兰、匈牙利、韩国、日本等)。

(2) 设置特别委员会并制定终身教育计划(荷兰、英国、波兰、芬兰、墨西哥、韩国等)。

(3) 设置国家层面的终身学习振兴中心(韩国)。

(4) 构建各利益相关者之间的终身教育网络(德国、加拿大、韩国等)。

第二种是以取得资格、学位为目的的终身教育学习支援政策:

(1) 明确资格取得的质量标准和框架机构建立的终身教育制度(奥地利、英国、西班牙、葡萄牙、德国、荷兰、芬兰、丹麦、匈牙利、瑞士、加拿大、美国、韩国等)。

(2) 构建终身学习经验的评价体系(葡萄牙、德国、法国、奥地利、荷兰、丹麦、挪威、加拿大、美国、墨西哥、韩国等)。

其中不乏像韩国的学分银行、挪威的实际能力改革(The Competence Reform)等重视学习者个人的努力和选择,并试图对通过学习掌握的能力做出真实评价的做法,由此也可以预测未来新思想的展开。

第三种是伴随教育休假和信息提供等财政支出方面的制度而激发后续学习动机的政策。

(1) 制定与教育休假有关的扩充与完善的制度(葡萄牙、德国、瑞典、芬兰、韩国等)。

(2) 提供面向个人的学习券及学习信息等对学习动机予以激发的举措(奥地

利、英国、瑞典、挪威等)。

第四种是通过远程学习及利用网络进行自学等学习机会的扩充方式(西班牙、英国、匈牙利、奥地利、中国、韩国等)。

第五种是建设新的学习设施、引入专门职员制度。其中特别可以关注的是韩国幸福学习中心的建设和正在推行的平生教育士的制度化(韩国)。

上述这些终身教育的新动向已经波及就业和劳动领域,并辐射到了高等教育、成人教育、识字教育等范畴。从朗格朗提出的过于抽象的终身教育到OECD提出将终身教育限定在职业领域的回归教育,在终身教育(成人学习)政策化过程中各国都强调了“持有复合视角”的必要性。上述支持学习者的各种新形式的组织主体亦是多样化的,终身学习“遮阳伞”的概念系统则再次概括了终身教育关注的课题。关于这一问题,以下再做讨论。

二、 个人化和学习支援

第二个需要论述的问题是在终身教育政策的开展过程中,即从“终身教育”向“终身学习”术语的转换所体现出的“学习”的意义已经得到了广泛的重视。首次指出地球环境具有有限性特征的是罗马俱乐部发表的报告——《成长的极限》中的第六章《无界限的学习》,可以说此报告如实地表达了这种视角转换的意义。要解决所有面对的各类课题的深刻挑战,学习是人类唯一可寄托的方式,除此而无其他。而后联合国教科文组织又发布了《学习权宣言》(1985年)和德洛尔(Jacques Lucien Jean Delors)委员会的报告《学习——财富隐藏其中》(1996年)等亦都体现了国际社会对“学习”乃至“终身学习”的热切关注。在此基础上,1995年“终身学习”又被OECD的发达国家教育部长会议选作主题,其更体现出在谋求终身教育具体化过程中的主题变化以及国际影响力的扩散。那么如此这般终身教育主题的变化又究竟意味着什么呢?

其一,从“教育”到“学习”的视角过渡阐明了将“学习者”的观点带入终身教育政策的重要意义。从结论上来看,所用术语的变更不仅是政策主体的改变,而是含有重新拷问人类学习根本含义的意义。正如联合国教科文组织发布的《学习权宣言》(1985年)所指出的,“学习行为居于所有教育活动的中心位置,是从人类行为的任由摆布的客体向创造自己本身历史的主体改变”。原本“教育”和“学习”存在表里关系,前者是以类似教师这样的他者介入为前提,相对应的后者是重视学习主体存在的用语。有必要关注的是,为了强调后者的观点而使用的“自我决定学习(self-directed learning)”的概念,①这是成为政策变化背景的具有教育论意义的转变。

其二,如前所述,各国终身教育政策大多以个人的学习为基础,并通过制度化政策的开展对个人进行学习的支持。具体来说,如职业资格和毕业资格的结构性精巧话题和个人学习经历评价体系的建构,其中教育质量保障的相关制度是其主要内容。OECD的《世界的终身学习》中全国性的职业资格的基准制定和与其并行的学习经历的认证体系(Recognition of Prior Learning Schemes: RPI)已经被诸多OECD盟国引入本国。此外,在这份报告书之前的OECD《全部人的终身学习》(2001年)中提出应由成人学习引发视角转换的终身学习的推进,成就了其“学习者中心”的思考方式。在此基础上,必须持有将摆脱以往循环教育的狭隘性,并在学习者一生的全部生活轨迹中开展多样化的学习,以及包含其动机部分体系化的观点。在这些尝试中,学分银行、学习凭证,以嵌入动机为目的的信息提供等新的学习支援框架正在得到开发。除此以外,类似挪威的“实际能力”的相关讨论以及基于学习者利害关系的新支援方式也开始得到了关注。

有关对劳动者学习经历进行评价的挪威的“实际能力”和法国的“知识框架·知识树(arbre de connaissance)”等的讨论,以及作为问题的制度构建则是对学习者在人生多元的场合从学习体验中获得真正能力的认真评价和判定的课题。学习者在正规教育、非正规教育,甚至人生各种场合的体验中进行学习,这就犹如法国“知识树”学习经历的评价制度就是将学习者通过所持有的能力和由社会性构建的资格制度连接在一起的具有对接机能的制度。这个接口之所以能够成为有

① 自我决定理论由美国心理学家德西(Edward Deci)和瑞安(Richard Ryan)提出,一般指内在地控制自己的行为,根据个人的信念和价值而不是基于社会规范或群体压力行动。

效机能,或许正是因为终身学习所附带的正义性特征所致。

如上所述,在各国通过应对 PRL 制度的完善而建立起公正的能力评价基准的过程中,那种客观的框架反而会造成低估和限定劳动者的情况。进一步地说,在这一方面公共资格框架制度到底对学习者个人持有的实际能力能够得到何种程度的适当评价,对此疑问依然存在。类似"实际能力论"这样的讨论,为尽可能贴近学习者实际具有的能力而做出的评价,则是学习者本位的观点。就如巴西青年成人教育学者盖多奇(Gadotti · Moacir)所论述的,"(针对不识字人员的)青年或成人教育项目,不是严格依据既定方法去评价,而是必须要依据作为劳动者的徒弟般的生活品质能否被转变为现实的基准"。

这种以学习者为中心的观点与成人教育研究领域中成人学习论的发展不无关系。在德国,关于成人教育方法论的讨论,以往的基于阶级意识的形成论的方法论正在衰退,取而代之的是以克服劳动者个人认同危机为主的讨论则更加备受关注。可以说,这一变化也是以个人学习为主体的现今终身教育政策的发展方向与趋势之一。

其三,从"教育"到"学习"的视角转换以及对"个人学习"的重视,附带产生的则是个性主义与学习公益性之间的矛盾。通过终身学习的转变,在以 OECD 成员国为首的终身学习政策中,关于为获取学习内容及与之相关的广泛立场已经有所涉及。随之而来的则是公共机构的职能,他们是在各种各样的场合开展的对以支援个人学习活动为中心的,其中学习的个人主义化乃至商品化又成为了新生问题的可能性。其内容比较偏向教养和文化活动,在这一点上我们又可以以日本终身学习政策的展开为例进行讨论。

日本 1990 年颁布的所谓终身学习振兴法在文化与教养方面限定了立法的内容,但是它也对其主要推手民间的文化产业进行了定位。其意义是为了赋予学习作为商品乃至消费对象的位置,同时以市场化的方式面向企业开放。这一政策由于泡沫经济的崩溃而没能发挥出充分的效果,以致造成了时至今日学习者个人被定位为受益者而需要自己负担经费的原则。日本存在基于战后的教育基本法的被称作为社会教育法制的教育制度,因为国家以及自治体在责任上存在由公费负担面向居民的公民馆、图书馆以及博物馆等学习设施的整备制度，所以这也为公共学习机会被缩减的政策带来了接连不断的批评声。国际上以教养和生存意义作为终身教育政策的国家很稀少，学习的个人主义和商品化的倾向却较为普遍。

OECD 在《世界的终身学习》一文中指出，面对学习活动的动机和实效会如实反映出社会的差异，而如何对此予以克服则成为课题。在变化剧烈的社会中，学习成为人们充实劳动和生活的关键，而随着这一变化，不能接触学习机会的人也就可能成为对个人权利的重大侵害。而从“教育”向“学习”用语的转换，实际上则孕育着公共权力的责任乃至个人权利保障的问题，这也是一个不可忘却的命题。因此，有必要重新思考《学习权宣言》开头部分的宣言，“所谓学习权，是指读书的权力，持续询问、深入思考的权利，想象和创造的权利，理解自身世界，书写历史的权利，获得全部教育方式的权利，使个人的和集团的力量得到发挥的权利”。如今通过终身教育的普及而要达到的目标则是人类诸多能力的开发。即便学习是个人自主进行的，其成果也将还于社会。我们应该尊重学习的公共性和公益性，而不可以因为术语的变化而忽视公共机关对人的学习机会与义务的保护。

三、“教育”的扩张

所谓“教育的扩张”，这里指的是终身教育政策跨越了以教育为主要对象和领域的部门框架。换言之，教育已经在劳动、卫生、农业等其他行政领域扩展，甚至还在民间组织的范围内得以开展。在终身教育政策具体化的进程中，笔者已经指出这种对象的扩张正在加速推进。而通过个人终身学习成为政策的主轴，亦就决定了作为对象的学习活动将在更广阔的领域和场景中展开。但这不过是成人学习固有的基本特质而已，而若由国家行政组织自上而下进行推进的话，这一举动就含有“教育”向其他领域渗透和扩张的意义。

20 世纪 70 年代，OECD 提倡回归教育。1971 年，法国制定了终身教育法（如《继续教育框架中职业训练教育组织相关法律》），其都致力于在劳动和职业领域对终身教育的对象进行限定并推进具体化、组织化。但是，法国的终身教育法承认有助于成人终身教育及职业能力形成的高等教育机关，对此实施的劳动部、国民教育部双方均规定横跨部际机构的设置所体现出来的，是对实体化的终身教育机构的保证。但以此全权委托给教育机关是有困难的。正如我们已经看到的，在由终身学习的观点转换体现出的对象领域扩张的今天，这种复合型的体系究竟要怎样构建却成为了重要的课题。

从学习者的观点来看，对象已经由联合国教科文组织提出的“正规教育”向“非正规教育”，乃至“非正式教育”“偶发教育”的范围扩大，最终扩展到了所有认知领域。事实上人们在讨论成人学习的过程中，人一生经历的所有事情在某种意义上都是一种学习。20 世纪 70 年代，OECD 的循环论和法国的终身教育法等都是结合了这种成人教育的特质并选择了易于明确化的领域，同时推进具体化的解决方案。像以上所提到的那样，步入 21 世纪的 OECD 包含有克服回归教育狭隘性的复合型学习领域。

从 OECD《世界的终身学习》的调查报告结果来看，这一体系有两个要素构成：一是终身学习机制的内容是以各国原有的传统学习组织为基础的。OECD 报告书以成人学习实施的“内容以及形式”为题列举了英国的“大学开放”和“夜宿制大学”等传统组织、瑞典的“市民大学”和“学习小组”等新型机构，这体现了开展的情况应以该国历史发展过程中固有的成人教育组织作为终身学习的实体来理解。一直以来提出的终身教育政策也不应是创设全新组织和制度的，而是理解为将以往的教育与学习机会进行再编的原理。

二是这份报告设置了《国家政策合作》的章节，“集权机制”“辅助机制”“联邦机制”三种政策架构分别体现了对不同国家的适用，报告同时并梳理了不同机制的优缺点。

这种国际机构的梳理能够对各国政策的判断形成一种指针，但从笔者的关注点来看，需要像挪威提出的实际能力论这样的相关理论，去反映站在学习者立场的考量方式及行政组织，因而教育行政部门需要构建发挥一定领导力的机制。

在这一点上，20 世纪 60 年代以后，与终身教育相关的讨论在开始行进的过程中，就以与儿童持有不同特质的成人学习者的相关研究为发端。然而，笔者推测以成人教育领域为发端的与成人学习有关的教育研究，即隐藏着引发教育理论全体变革的可能性。

四、东亚型终身教育政策推进的可能性

最后需要触及的是关于以区域社会为基础的东亚型终身教育政策推进的可能性。如前所述，作为OECD成员国的终身教育政策虽然遵循着同一理念，但在实际推进过程中却是依赖着各国传统的成人教育组织和制度的基础进行的。而这一特征在东亚的日本、中国和韩国大致也同样适用。如以日本为例，所谓社会教育法制就是作为自治体行政承担主要责任的学习机会提供的机制而存在的。正如以上所述，终身学习政策已经实现了导致该体制解体的机能，然而在此有必要关注的还不止这一点，而是这一机制是区域社会中居民学习机会得以保证的要素。日本的社会教育法制是以通过对公民馆、图书馆和博物馆的利用而提高自我解决问题的能力，并创造区域发展为目标。这种观点及其对策与中国的社区教育和韩国的平生教育的对策是有共通点的。在此东亚型的终身教育政策推进的可能性就是指以区域社会的居民自治性学习活动为基础的终身学习开展的政策。

由于区域社会具有的教育和学习的含义涉及很多方面。其基本是植根于生活的社会连带的创造。法国成人教育研究者蒙伯格(Delory-Monberger,)就迄今为止联结人与人的国家、企业、机构、团体和区域组织等的传统归属集团失去了社会纽带意义的问题予以了评述，并在个体零散生活的现代社会中，以恢复人们社会性联结为契机的传记学习的课题展开了讨论。中东纷争和各国排外主义的扩大化等社会的分裂就是今日国际社会要迫切解决的紧急课题。而且区域社会及其保留的社会性纽带的机能的崩溃和消失，中、日、韩的状况与欧洲同样深刻。从日本的仇恨言论可以看到排外主义的扩大化和少子老龄化进程中代际间的错位均已经成为了严重问题。在少子老龄化持续的将来可以预想到多文化社会的扩大，社会性连带将成为更加重要的学习课题。同样的情况是，中、日、韩的任何一个国家虽然形式不同但却遭遇同样问题。东亚特色的以区域社会为基础的居民

学习机会的保障和扩充，可以说就是针对上述社会问题的应对策略。

再进一步地说，正如已经触及的“可持续发展教育（ESD）”这一国际社会正在面临的课题，就是来自区域的课题解决能力应该得到发挥的克服对象。作为东亚型终身教育政策的条件，在中、日、韩的社区教育中心、公民馆和平生学习馆这样的区域学习据点正在完善中。这种学习和实践的据点在ESD中发挥着重要作用。2014年在冈山市举办的“为推进ESD的公民馆—社会学习中心国际会议”中被采纳的“冈山协定2014”曾这样指出：“在公民馆、社会学习中心以及和这两者类似的设施、机构中植根于自治体的学习，是通过各国教育及学习制度上全部教育机会的提供者以及相关人员的协商而解决的，达成比ESD及可持续发展更加广泛的目标联结。”这次会议以亚洲为中心，多数公民馆—社会学习中心的相关人员参会。以中、日、韩为中心的将区域性基础设置为主轴的东亚型终身教育政策应该能够通过这种被各国接受的方式而获得更加普遍的意义。

第四章　中国终身教育体系构建的立法机制研究

中国自从改革开放以后，随着国际化进程的加快，终身教育的推进也得到了前所未有的重视。但从前期研究来看，其重点主要集中在终身教育理念及思潮的介绍、国际终身教育理论及实践的考察，以及终身教育政策制定与推进的探讨方面。而对终身教育法制化的研究，特别是终身教育立法的探索，则是在进入 21 世纪初以后，才开始被予以了关注。这一状况亦与终身教育理念的导入较晚有关。除此以外，由于基础理论研究的滞后，导致对终身教育内涵界定与理解的不够清晰，这也直接影响了终身教育法制化的进程。

近几年来，随着终身教育理念在世界范围内的普及与推广，终身教育的理论已经日益成熟并自成体系。受国际社会的影响，我国也开始了终身教育体系的构建，尤其是在立法层面的尝试，因为体系的构建离不开立法的保障。那么，我国终身教育立法的可行性又在哪里呢？如果要推进立法的进程，又有可能会遇到哪些困境？指导我国终身教育立法的原则又是什么？我们又应如何构建国家层面的终身教育法？以上诸项问题都是我们在立法的具体过程必须予以了解并给以解答的课题。

本章即从中国终身教育发展进程的角度，通过对福建、宁波、上海等五地《终身教育促进条例》利弊的解读与分析，去探讨与研究我国国家层面终身教育立法的可行性与遇到的难题，并由此阐明中国终身教育立法的重要性与必要性。

第一节　我国终身教育的立法探索

一、国家层面的立法探索

教育的发展与国家的整体方针及政策的推进密不可分。近二十年来，中国共产党先后召开的几次全国代表大会，2002 年党的十六、2007 年党的十七、2012 年党的十八、2017 年党的十九大其均在大会的重要报告中对推进终身教育进行了明确的定位。

2002 年党的十六大报告指出："教育是发展科学技术和培养人才的基础，在现代化建设中具有先导性全局性作用，必须摆在优先发展的战略地位。""加强教师队伍建设，提高教师的师德和业务水平。继续普及九年义务教育。加强职业教育和培训，发展继续教育，构建终身教育体系。加大对教育的投入和对农村教育的支持，鼓励社会力量办学。"

2007 年党的十七大报告也明确提出要"优先发展教育，建设人力资源强国""优化教育结构，促进义务教育均衡发展，加快普及高中阶段教育，大力发展职业教育，要发展远程教育和继续教育，建设全民学习、终身学习的学习型社会"。

在 2012 年党的十八大报告中则更进一步地明确指出：要"加快发展现代职业教育，推动高等教育内涵式发展，积极发展继续教育，完善终身教育体系，建设学习型社会"。而建设学习型社会的重要基础就是终身教育体系的核心。

在 2017 年党的十九大报告中，亦再次就"加快建设学习型社会，大力提高国民素质"及把"优先发展教育事业，深化教育改革"的方针放在了极其重要的地位。

简言之，上述几次党代会均把教育的发展与国家的命运及现代化建设紧密联系在了一起。在此举国机制的方针推动下，国家终身教育立法也开启了起草的程序。

二、 地区层面的立法探索

就我国的现状而言，虽然国家层面尚没有制定终身教育法律，但在福建、上海、太原、河北、宁波等五省市则分别制定了地方终身教育法规。如2005年，福建省人大首先通过了《福建省终身教育促进条例》，这也成为我国大陆地区首部关于终身教育的地方法规。2011年，上海市通过了《上海市终身教育促进条例》。2012年，山西省也通过了《太原市终身教育促进条例》。2014年，河北省接着通过了《河北终身教育促进条例》。2015年，宁波市跟着通过了《宁波市终身教育促进条例》。上述五部地方条例亦是目前我国大陆少有的终身教育地方法规，研究和比较这几部地方法规，解析终身教育立法的重点和难点，对于国家终身教育法的制定无疑具有一定的借鉴与参考意义。

首先就各地方条例的体例来看，福建省终身促进条例有22条，上海和太原各35条，而河北和宁波则分别为40条和33条。上述条例所涉及的内容也极其广泛，其中包括了终身教育促进的范围，终身教育的管理体制和职能的构建，终身教育热点问题的界定，如学分银行、开放大学，终身教育发展条件的保障和法律责任的落实等。具体而言，又可分为以下几点：

（一）关于终身教育的定义

终身教育立法的前提就是对“终身教育”进行定义，而只有对终身教育进行了准确的定义才能明确立法主体、立法对象、实施机构等的职责和义务。就福建、上海、太原等地对“终身教育”的定义来看，它们都不约而同地强调了终身教育是“学校教育外”的活动，但在定义的方法上却存在一定的差别。如表4-1所示：

表4-1

地区	内　　涵	定义方法	说　　明
福建	本省行政区域内现代国民教育体系之外有组织的终身教育活动	排除法	将现有的初等教育、高等教育等学校教育排除在外，只要不属于现代国民教育体系且有组织的教育活动都属于终身教育活动

续表

地区	内　　涵	定义方法	说　　明
上海	本市行政区域内除现代国民教育体系以外的各级各类有组织的教育培训活动	排除法	将“终身教育活动”进一步界定为“教育培训活动”
太原	由国家机关、社会团体、企业事业单位、民办非企业事业单位等组织依托各类教育资源开展的社区教育、职工教育和农村成人教育等活动	列举法	具体介绍了社区教育、职工教育和农村成人教育的内涵
河北	本省行政区域内现代国民教育以外各级各类有组织的教育培训活动	排除法	将“终身教育活动”进一步界定为“教育培训活动”
宁波	本市行政区域内终身教育活动（除现代国民体系外，各类有组织的教育培训活动）	排除法	将“终身教育活动”进一步界定为“教育培训活动”

在上述几部地方立法的过程中，关于终身教育的定义是目前学术界、人大代表、终身教育工作者普遍感到最难把握、存在争议也最大。立法部门意识到终身教育应当以现代国民教育为基础，应该包含从婴儿到老年的所有教育。但组成国民教育体系的学前教育、义务教育、高中教育、职业教育、高等教育的政策、制度都比较健全，且大多数已经制定了相应的法律法规，而涉及学校以外部分的教育，如各类教育培训的政策与制度就比较薄弱，也缺失相应的法律法规。因此，各地方立法都把重点放置于现有法律法规尚未涉及或未能完善的教育形态来由终身教育加以规范，由此用以辐射整个国家教育体系的构建，且在立法对象和目标上也可以有所特指。①对于这样一种考量，在法国、美国的终身教育法中也有体现。它们就是把终身教育法置于高等教育或职业教育的领域予以强调与凸显。其优点是以终身教育的推进来完善某一领域教育的薄弱，而缺点则是无法体现终身教育的整体性与完善性，且更无法从终身教育的整体高度去重新构建或完善国家教育体系。

① 王宏：《我国地方终身教育立法比较及对国家立法的启示》，《开放教育研究》2014 年第 1 期，第 74—80 页。

(二) 关于终身教育的任务

终身教育实践所要解决的问题很多,因对象、性质的差异,各种各样的教育或培训在条例中均有提及。纵观福建、上海、太原、河北、宁波五地的地方立法,其涉及的主要内容可以见表4-2:

表 4-2

终身教育任务	福建	上海	太原	河北	宁波
成人学历教育		√	√		√
在职人员教育培训(职工教育)	√	√	√	√	√
失业人员培训	√	√	√	√	
进城就业农村劳动者就业培训	√	√	√	√	√
农业教育培训(农村成人教育)	√	√	√	√	√
老年教育	√	√	√	√	√
残疾人教育培训	√	√	√	√	√
社区教育	√	√	√	√	√
家庭教育		√	√	√	

由表4-2中可以看出,各地对终身教育的定义及其理解虽然存在一定的差异,但对终身教育的工作重心却有着相同的认识,即重点均放在成人教育、继续教育层面,其范围亦涉及近年来经常提及的各类成人教育培训、社区教育以及老年教育等。从总体上看,虽然各地区在终身教育的重心上均已达成了一定的共识,但在具体细节中却又存在一定的差异。如在成人教育层面,上海强调的是成人学历教育,太原侧重的是农村成人教育与培训。在家庭教育层面,上海和太原虽然都有提及,但上海更注重社区对家庭教育的作用,而太原只是粗略地提及要进行家庭教育。又如在社区教育层面,各地虽然均有提及,但途径和方式又略有不同,福建和宁波关于社区教育的阐述较为笼统,而上海、太原、河北的规定则相比之下要详细很多。

(三) 关于立法目的

在终身教育立法中,政府不仅是立法的主要推动者,同时也是终身教育内容的提供者。从教育本身来看,教育是公民的一项权利,终身教育应该成为公民自发的发展需求。但从省市层面的立法目的来看(见表 4-3),终身教育立法注重的还主要是政府的义务,而缺少从公民学习权利保障的角度去进行阐释的意图。由此可以看出,这些法律的立法意识及立法理念似乎仍未与国际接轨,显示了在公民受教育权保障方面的意识薄弱乃至缺失。①

表 4-3

地区	立法目的
福建	发展终身教育,鼓励终身学习,提高公民素质,促进人的全面发展
上海	满足市民终身学习需求,发展终身教育事业,推进学习型社会建设,促进人的全面发展
太原	满足市民终身学习需求,发展终身教育事业,推进学习型社会建设,促进人的全面发展
河北	健全终身教育体系,建设学习型社会,满足公民终身学习的需要,促进人的全面发展
宁波	满足市民学习的需要,促进终身教育的发展,推进学习型社会建设

(四) 关于终身教育机构

凡有教育就必须有设施,终身教育也不例外。终身教育设施其实包含学校在内的各种学习场所。以下是中国开展终身教育活动的一些基本教育设施。

1. 开放大学的建设

福建终身教育的地方立法较早,因此它只提到了关于建设开放大学的一些规定。而《上海市终身教育促进条例》则明确指出要发挥开放大学的作用,整合成人高等教育资源,搭建开放的学习平台,并规定广播电视大学保证每天一定时间播放终身教育节目,以促进终身教育发展。太原亦指出要利用广播电视大学加强数字化学习资源的建设,以为远程和社区教育的发展提供条件,并着力扩大终身教育的覆盖面。河北省也强调开放大学应利用现代信息技术,建设终身教育公共服

① 黄欣、吴遵民、池晨颖:《终身教育立法的制订与完善——关于〈上海市终身教育促进条例〉的思考》,《教育发展研究》2011 年第 7 期,第 18—22 页。

务平台和终身教育数字化学习资源库，以推动资源共享目标的实现。除上述规定之外，河北省还主张各级各类学校和终身教育培训机构应利用互联网、移动通讯等资源，向社会开放教育课程，促进终身教育发展。由于宁波市属于地级市，因此其没有开放大学的建制，故而在其《终身教育促进条例》中未对开放大学做出明确规定。

2. 社区教育机构建设

社区教育在我国已经成为实施终身教育的重要场所，但福建条例没有明确提出要建立社区教育机构。上海在立法中要求“区、县和乡镇人民政府、街道办事处应当根据实际情况，完善社区教育网络，对社区学院、社区学校的人员和经费予以保障”，同时还对社区学院、社区学校的建设提出了明确的要求。太原在立法中也提出“设立社区大学、社区学院、社区学校、社区分校”四级机构，并要求建立独立的场所、配备必要的教育设施和相应的教师和管理人员，其还特别强调要为社区教育的发展提供充分的保障条件。河北的《终身教育促进条例》要求“县级以上人民政府应当加强社区教育工作，完善社区教育设施，建立健全社区教育体系”，同时明确提出社区教育学院应当成为社区居民提供科技、文化、卫生、法制、养老等方面的培训服务，并鼓励其他教育机构为社区居民提供终身教育服务。宁波市的《终身教育促进条例》也规定了市和县（市）区人民政府、乡（镇）人民政府、街道办事处等应当加强社区教育基础设施的建设，应当完善社区教育的网络，建立社区教育服务圈，同时还明确提出要针对不同的教育对象，开展思想道德、科学素养、文化体育、专业技能、医疗保险、休闲养生、法律知识等教育活动，以满足社区居民对多样化教育培训的需求。

3. 社会培训机构的建设

针对不断增加的社会培训机构，福建、上海、太原、河北、宁波五地亦都分别从不同角度对其进行了不同的规定。如福建是从正反两方面提出了培训机构的职责，重点强调资格证书的发放、查验和管理。上海与此相关的规定共有五条，占据了整个条例篇幅的七分之一。如上海特别注重社会培训机构建立的合法性及其运行的科学性，同时还分别对非经营性培训机构和经营性民办培训机构提出了不同的申请程序，而且还对经营性民办培训机构提出了较多的要求，如提出应建立教育或培训机构学杂费的专用存款账户及监管制度等。太原则规范了社会培训机构的教学管理职责，其对注册入学、学习时间、课程和成绩登记等作出了相关规定。而在培训机构建设上，河北的《终身教育促进条例》规定的比较详细，如终身教育培训机构必须完善办学条件，提高教育培训质量，落实各项办学承诺，不得发布虚假招生信息，不得违反规定收取培训费用，不得恶意终止办学等。除此之外，还要求终身教育培训机构应按规定对成绩合格者发放教育培训证书，证书信息应该进入终身教育电子信息网络，并允许单位和个人免费查询。宁波市的《终身教育促进条例》对此则比较简单，其仅指出国家机关、企事业单位、社会团体民办非企业单位和其他社会组织可以委托各类学校和教育培训机构可以开展终身教育的培训。

（五）关于终身教育管理体制

福建省地方条例规定县级以上人民政府设立终身教育促进委员会，负责协调、指导、推动和评估终身教育工作，同时为本级人民政府对有关终身教育的决策提供意见和建议。上海市地方条例就终身教育机构的设置更为健全，不仅设立了市级层面的学习型社会建设与终身教育促进委员会，同时还要求在区、县设立终身教育协调机构。太原和上海相似，均将终身教育与学习型社会关联，也建议设立终身教育与学习型社会建设促进委员会，负责统筹、协调、指导和推动终身教育与学习型社会的建设工作，同时还规定了政府教育行政部门的五项职责。河北省地方条例则要求县级以上人民政府的教育行政部门应当会同有关部门编制终身教育发展规划，并报本级人民政府批准后实施，与此同时还对各部门的职责做了详细的规定，如人力资源社会保障等部门负责失业人员、农民工的教育培训，民政部门、残联等组织负责残疾人的教育培训等。宁波市《终身教育促进条例》比较简单地指出了教育行政部门是终身教育工作的主管部门，民政、共青团、妇联、残联等单位应根据各自的职责做好终身教育的组织管理和具体实施工作等。

（六）关于终身教育的师资队伍建设

1. 终身教育专职队伍的建设与保障

福建省地方条例对终身教育专职队伍的建设并没有做出特别规定，但上海和河北省则不仅要求专职教师应该取得相应的教师资格，而且还特别重视专职教师的基本权利。如上述条例都强调“从事终身教育的专职教师在业务进修、专业技术考核等方面与相应的专业技术人员享有同等权利”。不同之处在于上海条例将职务评聘纳入了相关行业职务评聘系列，并有针对性地对社区学院、社区学校的专职教师职务评聘提出具体建议。而太原则强调管理人员队伍的建设，并将其置于与专职教师同等的地位。宁波《终身教育促进条例》只是笼统地规定了政府有关部门应当根据终身教育机构的性质将从事终身教育工作专职教师的专业技术资格评审列入相关系列职称评审，同时建议相关部门要建立和完善终身教育教师信息资料库的制度。

2. 终身教育兼职队伍的建设与保障

福建省条例规定应“鼓励专家、学者以及其他有专业知识和特殊技能的人员志愿为终身教育服务”，但其没有涉及教育者的质量和监管等。上海鼓励专家、学者“兼职从事终身教育工作”，同时要求这些兼职教师要有与终身教育相关的经验和技能，以保证优质的教育质量。上海还提出建立终身教育兼职教师信息资料库，为终身教育工作提供师资信息服务。太原则鼓励教师、学者、离退休人员以及其他具有专业知识和特殊技能的人员从事公益性终身教育工作。河北的《终身教育促进条例》不仅提出要鼓励专家、学者从事终身教育工作，还明确说明其他具有相应职业资格的人员也可以从事终身教育工作。宁波市的《终身教育促进条例》则基本没有对兼职人员的采用问题做出明确规定。

（七）关于终身教育的经费

经费对于终身教育事业的发展起着决定性的作用。各地的终身教育促进条例对终身教育的经费投入都有形式内容及程度不同的规定。如福建省在法律的具体规定中，完全没有经费投入的规定，显示该法缺失政府主体的支持与保障。上海则对经费提出了明确要求，即要求列入各级政府预算，并逐年增长。太原对经费的规定更为具体，提出每年人均 2 元的标准。上海和太原对职工教育经费也都作出了具体规定，上海还要求终身教育经费向一线职工倾斜，以避免职工教育经费仅用于高级管理者的进修。河北省也规定终身教育的经费应当用于终身教育的公共服务事业，国家机关、社会团体、企事业单位均应按照有关规定为本部门、本单位人员的教育培训提供经费保障，企业则在提取教育经费时不得超过工资薪金总额的百分之二点五，且准予税前扣除。宁波除类似于河北一样允许税前扣除以外，还要求市和县（市）区人民政府将终身教育经费列入相关经费预算，保障终身教育经费的逐步增长。上述五地的共同点是鼓励社会经费的筹措与资助。

（八）关于学分银行

建设学分银行是加快我国终身教育体系构建，推动教育深度改革与发展的重大战略，同时学分银行也是我国当前学习型社会建设的热点。[①]上海和太原的立法都提出了学分积累与转换制度的规定，但上海终身教育条例对于学分银行的相关条文要比太原详细，不过其缺陷是仅对成人高校之间（双向）以及普通高校向成人高校（单向）进行的学分互认与转换作了规定。河北省则提出要逐步建立公民学分积累，转换与认证制度，以促进不同类型的学习成果进行互认和衔接。宁波市《终身教育促进条例》提出了应逐步建立和完善适应终身教育发展的学分管理体系，该条例还指出终身教育学分积累要包括学习信息储存、学分认真管理、学分信用管理、学分奖励等内容。详见表 4-4。

表 4-4

地区	学分积累与转换制度
上海	逐步建立终身教育学分积累与转换制度，实现不同类型学习成果的互认与衔接。成人高等教育同等学力水平同类课程的学分可以在各类成人高等教育机构之间相互转换，普通高等学校的普通高等教育课程的学分，可以转换为电视大学、业余大学等成人高等教育同等学力水平同类课程的学分
太原	逐步建立终身教育学分积累与转换制度，实现不同类型学习成果的互认与衔接
河北	逐步建立公民学分积累，转换与认证制度，促进不同类型的学习成果互认和衔接
宁波	建立和完善适应终身教育发展的学分管理体系和学分积累制度

（九）关于社会资源整合

1. 教育文化体育资源的开放

再从终身教育资源整合的视角来看，终身教育体系的构建还必须依赖于整个

① 吴遵民：《论建设国家学分银行的路径与机制》，《开放教育研究》2016 年第 1 期，第 43—49 页。

社会资源的统合、支持与协调。上述五地的立法都要求图书馆、博物馆、科技馆、文化馆、体育馆、美术馆、工人文化宫、青少年活动中心、妇女儿童活动中心、老年人活动中心等公益性的设施能为市民开放并提供必要的资源。具体来说,太原是明确要求公益设施“扩大免费开放的范围”,福建要求“在终身教育活动日,政府设立的上述场所和设施应当免费向公众开放”,上海则要求这些公益场所可以通过举办讲座、展览展示、科普教育等开展终身教育活动,河北、宁波又要求上述公共场所免费或者优惠向市民开放,以开展有益于提高公民素质的公益活动。

2. 各级各类学校应该发挥的作用

学校教育资源也是终身教育事业发展过程中最为重要也是最为可靠的社会资源。因此,充分发挥学校内现有的教育资源,不仅可以实现人尽其才、物尽所用的效果,而且也能在一定程度上体现教育公平、公正与正义的原则,以让更多的校外教育者分享优质教育资源。上海和太原两地都有具体规定要求普通学校在师资、科研、课程开发、场地、教学设备等方面为终身教育提供服务,同时也提到广播电视大学在终身教育发展中的作用。福建则鼓励普通学校教师为终身教育提供志愿服务。河北省则规定普通高校应当发挥师资、设施、场所等方面的优势,在不影响正常教学的情况下,为开展终身教育提供资源服务。

第二节　国家终身教育立法的重要性

一、终身教育立法背景

众所周知,一项成熟政策的最后归宿必然是立法,因为只有通过立法才有可能把政策层面的成熟思路与具体策略予以切实落实与规范,终身教育的发展也不例外。如今,作为保障国民学习权的终身教育思想已经深入人心,构建一个统合各种教育资源的终身教育体系也已达成基本共识,而把推动终身教育与创建学习型社会联系起来的理念也已成为党和国家的基本方针与政策。那么,如何把以上各项基本共识与重大原则通过立法的形式予以准确定位与最终落实，则唯有通过终身教育立法才能实现。在此背景下，福建省（2005 年）、上海市（2011 年）、太原市（2012 年）、宁波市（2014 年）和河北省（2014 年）纷纷进行了地方层面的终身教育立法探索，但限于对终身教育理解程度的限制，上述五个地方出台的地方性法规仍然存在诸如只具立法的象征性而不具法律的适用性，或把终身教育理解为学校外的继续教育，窄化了终身教育的内涵等弊端。①

但是上述地方性法规也确实实现了我国大陆终身教育立法零的突破，其对正在酝酿的国家层面终身教育法的制定还是起到了奠基与推波助澜的作用。

二、我国国家终身教育立法的必要性

（一）改变国民教育观念的紧迫性

改革开放以来的很长一段时间，促进经济发展已经成为我国社会发展的基本战略，受此影响，我国社会开始盛行功利性主义的教育思想，应试教育的风气亦弥漫着整个社会。长久以来，人们习惯性地把学校教育视为个人学习与发展的唯一途径，于是“应试”亦就成为了重中之重。而所谓的公民素质、道德情感、人的全面发展也都被抛掷脑后。这种错误的功利主义教育观念在我国一度盛行甚至根深蒂固，相反，终身教育理念却未能进入社会公众的思想观念。②因此，为了实现“学习型社会”的基本构想，同时从根本上扭转“重文凭、轻能力”的功利主义教育观，终身教育立法必将成为一个重要而迫切的选择。

（二）完善中国教育法体系的需要

如果从国家法制建设的角度来看，完善国家法律体系也是多年来立法者追求的目标和社会的期盼。如今我们在一些重要乃至实体教育领域均没有实现立法，如学校教育领域、学前教育领域等，终身教育领域也是其中之一。因此，加快制定

① 黄欣、吴遵民：《中国终身教育法为何难以制定——论国家终身教育法的立法思想与框架》，《开放教育研究》2014 年第 6 期，第 36—41 页。

② 兰岚：《中国终身教育立法研究》，华东师范大学博士学位论文 2017 年。

终身学习法的进程，乃是健全与完善我国教育法律体系的重要举措。[①]

（三）终身教育权利保障的使然

在当今世界越来越认识到权利重要的时代，以及法律发展健全的历史事实也一直表明着法源于权利意识的科学命题，世界各国开始对终身教育立法首先是基于终身教育权利保障的意识开始凸显。众所周知，终身教育的重要理念之一，就是它的权利性和非功利性；亦即终身教育概念的提出实际上就已经创设了终身教育权利的内涵，现在要使这个权利得以实现并落到实处，就必须对终身教育进行立法保障。换言之，终身教育呈现于法典的主要价值，就在于它体现或蕴含着教育权利的完全性、拓宽了教育权利的外延性。

（四）促进成人教育健康发展的需要

我国成人教育事业曾经发展迅速，其从学历补偿到学历提升，包括继续教育、职业培训等，使得非常多的成年人虽然因为各种原因而失去了接受学校教育的机会，但由于成人教育的兴起，使得他们得到了非常好的补偿。现在仅就广播电视大学来看，其在校学员就已达300多万人，除此以外还有大量的以自考、网络学院等方式参加成人教育的人员。我国目前虽然没有制定成人教育法，但成人教育的理念已经发展到了终身教育、终身学习的高度。因此，如何顺应潮流，加快制定“终身教育法”，并通过此法来规范成人教育，并继续大力推动与促进成人教育的发展，不吝是一个非常紧迫而急需的课题。

（五）我国当下教育改革和未来发展的需要

从教育体系本身所具有的特性来看，由于一国之教育体系的形成其中大都蕴涵着漫长的历史积淀和文化传统，而为了保持一定的稳定性和持续性，教育体系也大都具有某种程度的保守性和滞后性。为此，任何企图对教育体系进行改革的思想和举措一旦落到实处就往往难以深入推进。从我国社会的现实状况来看也是如此，由于历史对教育造成的过多欠账，以致社会上的大多数人仍然热衷于功

---

① 姚来燕：《我国终身学习立法问题的探讨》，《广播电视大学学报》（哲学社会科学版）2012年第4期，第97—101页。

利性的应试教育，过分推崇学历文凭的现象亦普遍存在，这些都无疑对教育的理解乃至终身教育体系的构建形成阻力和障碍。例如，目前我国终身教育的发展还未达到世界先进国家水平就是一个鲜明的例证。为此，为了切实推广终身教育思想，加大终身教育体系构建的力度，就不仅需要人们进一步转变观念，营造健康的终身教育氛围；同时还需要通过国家行政力量的推动，尤其是立法制度的建立来对已有的国民教育体系实行整体性的顶层改革。无疑，这一自上而下的整体推动不仅重要而且必须，因为它不仅可以扭转我国社会普遍存在的重文凭、轻能力的短视意识，而且对增强终身教育的全民意识及形成终身教育体系构建的社会基础也具有事半功倍的重要作用。需要指出的是，虽然党的十六大报告已经明确提出了要建立终身教育体系的要求，而且这也是国家政策发展的未来趋势；但是，如果没有具有权威性及强制作用的法律支持，则终身教育体系的建立和推行就仍然是“不可能的任务”。所以，对终身教育进行立法保障势在必行。①

第三节　推进国家终身教育立法的建议

一、国家终身教育法的立法原则

综观国家终身教育法的立法意图，笔者以为首先应该定位于制定一部诠释终身教育理念、确立终身教育方针、制定终身教育制度的法律。同时，它还必须从国家和全局的高度出发，为制定或修订下位法以及相关的教育单行法提供法律依据。那么，国家终身教育法的最根本立法理念究竟是什么呢？笔者认为，其应是早已在国际社会达成基本共识的“权利性”和“非功利性”的思想。由此，依据“权利性”的理念所要确立的就是为全体公民建立一个能保障终身学习权的法律制度；而依据“非功利性”的理念所要确立的立法宗旨，则是着重解决终身教育活动

① 罗建河：《试论我国终身教育的立法保障——国外终身教育立法的启示》，《成人教育》2009 年第 7 期，第 35—38 页。

的价值取向问题。换言之，开展终身教育并不仅仅是为了国家繁荣或个人职业能力的提升，它更应关注“人生真正价值”的实现，而其最终目标就是期望创建一个人人皆学、时时可学、处处能学的“学习型社会”。如果按学习社会的创始人罗伯特·赫钦斯的说法，就是在这样一个社会里，人们将自发地通过持续的学习活动来完善自身的人格，同时为实现人生真正价值的转换而努力。因此，我国终身教育法的价值基础和指导思想，就不仅应把确立“学习社会”的理念作为重要的目标思想，同时还应把它作为重要的实践构想来予以切实推进。①

至于终身教育法的基本原则又指的是贯彻于整个终身教育法体系之中，能够指导终身教育法制定和实现的基本准则，因此它又集中体现了以终身教育为主要内容的终身教育法律制度的本质和特征。换言之，立法必须坚持一定的原则，必须有利于立法主体站在一定的高度来认识和整体把握，以使立法最终能在经过选择的正确思想理论指导下，沿着有利于执政者或立法主体期待的方向发展。简言之，有利丁从人局上把握立法方向，并将整个立法作为一盘棋来运作，同时能够集中地、突出地体现执政者的某些重要意志，以有利于协调立法活动自身的种种关系，如统一立法的宗旨和精神，以使各种立法活动有一种一以贯之的精神品质并发挥积极作用；又如要实现立法的科学化，以使立法活动能够按照教育规律有效执行。总之，执法必须首先确定原则，那么当法律规范出现空白或漏洞时，它才可以作为基本准则而去对法律的不足之处予以弥补。②一言以蔽之，终身教育法基本原则的确立就是为了建立一种全面的、持续的终身教育模式的准则，它也是对“教育法”原则下推进终身教育理念的具体体现。

具体地说，我国终身教育的立法还须遵循以下各项基本原则：

（一）公平性原则③

由于推进终身教育是一项普惠性、公益性的政策，所以其首先就必须遵循公

① 黄欣、吴遵民：《中国终身教育法为何难以制定——论国家终身教育法的立法思想与框架》，《开放教育研究》2014年第6期，第36—41页。

② 张竹英：《终身学习法立法中应当关注的几个重要问题》，《广东广播电视大学学报》2006年第2期，第22—28页。

③ 兰岚：《中国终身教育立法研究》，华东师范大学博士学位论文2017年。

平性的原则。2015 年修订的《教育法》在其第十一条第一款中就提出了“健全终身教育体系”的内容，但与此同时又增加了一个补偿性的条款，即“国家采取措施促进教育公平，推动教育均衡发展”。而在同一条款中又将“教育公平”与“教育均衡发展”与构建终身教育体系并举，这就充分表明了国家期望通过“终身教育”的推进来进一步促进教育公平，并最终达到教育均衡发展的目的。至此，“教育公平”原则作为我国终身教育立法中的一项重要立法原则就具有了十分重要的意义。

简言之，如果一个普通公民连基本的平等受教育权都得不到保证，那么又何谈他的未来与发展。①这也正如“休克疗法之父”杰弗里·萨克斯在其新著《贫穷的终结》中所述：只有人人都能迈上发展的轨道，我们这个时代才具有了令贫穷终结的可能。而保障人人迈上发展轨道的重要因素又是什么？无疑，那就公平的教育。

再就教育公平的基本涵义而言，它又一般包含两层意思：一是面向所有学生，二是提供优质均衡的教育。优质公平作为 21 世纪的重要理念现在已经成为世界各国制定教育质量标准的基本原则。联合国教科文组织近年来也特别明确地把教育公平作为教育质量的重要指标来衡量各国教育发展的程度，因此其对世界各国的教育质量标准具有重要影响。《达喀尔行动纲领》曾提出了六项目标，其中亦大部分与教育质量和教育公平有关。如在纲领中，“全面、平等、优质”等字眼反复出现。联合国教科文组织还同时将教育公平提高到基本人权的高度，他们提出了关于质量和公平的大质量观，这一主张对世界各国教育标准的制定也具有重要指导意义。如今各国在研制教育质量标准时，都无不将教育公平作为其考虑的基本出发点，而事实上教育质量标准的本身就是确保教育公平的重要手段与方法。

美国国家科学教育标准也明确将公平作为基本原则，指出科学教育必须面向所有的学生，且不论性别、年龄、家庭、种族、文化背景、健康或者残疾，都应该有接受科学教育的权利和机会。②而就我国目前的状况来看，我们仍然存在着较大的贫富差距、地区差距和城乡差距，其中的一个重要因素就是因为不同人群获得的

① 王振杰：《终身教育体制机制创新探析》，《福建论坛》（人文社会科学版）2011 年第 11 期，第 175—179 页。

② 中国教科院教育质量标准研究课题组：《教育质量国家标准及其制定》，《教育研究》2013 年第 6 期，第 4—16 页。

教育机会和教育资源的不均等而造成了个体知识的差异，由此亦影响了社会阶层的上升和流动。终身教育的实施及其体系的构建，无疑将有利于满足广大社会成员多样化的学习需求，并形成惠及全民的公平教育意识，由此对提升劳动者的文化和知识技能，进而有效改善个人社会生活的质量，解决好不同群体之间的差距，以及在更大程度上推动社会的公平和公正等都具有重要而不可或缺的作用。为此，在终身教育活动的开展过程中，始终坚持公平性原则，尤其注重对“弱势群体”的保护，其意义不仅非同一般，而且其价值观所引发的政策导向则更是不容小觑。

（二）公益性原则①

关于“公益”，《日本民法典》的解释为“有关祭祀、宗教、学术、技艺及其他公益”。②而就现实社会来看，教育的“公益性”则是教育事业客观存在的一种社会属性，它不以办学者的主观意志为转移，也无论是由政府办学还是由非政府组织或个人办学，教育都应该具有公益的特质。换言之，“公益性”就是特指以社会公共利益为目的活动，而社会公共利益又指以不特定多数人的利益，并且一般是指非经济性的利益，当然也并不意味着民间机构不能进行任何营利性的活动，只是其营利不应该是该组织或机构进行活动的最终目的，而只是完成目的的一种手段或途径。“公益性”需要通过法律等国家强制性的规范来进行严格规定以限制其可能的“营利性”行为。由于教育是负有培养下一代以及提升国民整体素质的重要功能，因此它普遍地具有公益性的特质。简单地说，公益性就是教育内在具有的社会属性，而与办学形式及主体无关。③

我国2015年修订的《教育法》，将其原文第二十五条改为第二十六条，同时又增加了一款作为第三款，其内容如下：“国家举办学校及其他教育机构，应当坚持勤俭节约的原则。”其原第三款则改为第四款，内容为：“以财政性经费、捐赠资产举办或者参与举办的学校及其他教育机构不得设立为营利性组织。”上述内容表明，办学要遵循“勤俭节约”的原则，同时在办学过程中不能单纯以营利为目的，要

① 兰岚：《中国终身教育立法研究》，华东师范大学博士学位论文2017年。

② 参见《日本民法典》第34条。

③ 邢永富：《教育公益性原则略论》，《北京师范大学学报》（人文社会科学版）2001年第2期，第50—54页。

遵守办学的“公益性”原则。而实施终身教育的目的也是为了教育的公平化与平民化，并充分保障公民的学习权。因此把公益性原则作为终身教育立法的基本原则不仅旨在落实教育法的基本精神，而且也体现了终身教育法作为保障国民受教育权的重要特质与意义。

再就终身教育公益性原则的内容来看，其具体指的就是在终身教育的发展过程中要以社会公共利益，以及不特定多数人的非经济利益为落脚点，其意在保障公民个人学习权的实现，因此经济利益或指标并非就是考量的标准。公益性作为终身教育立法的核心原则，将使我们走出教育产业化给人带来的严重困惑。今后则无论是国家以何种形式举办终身教育，公益性都是其必须遵守的一项基本准则，因为它可以保证终身教育的纯粹性，保证终身教育是人人都可以接受的公平教育。

（三）开放性原则①

所谓开放性，是指教育作为公共产品的性质在立法中必须体现民主权利的保障，这种权利又包括各项教育决策、教育资源分配、教育信息等的民主开放与透明。由于时代的发展，现代教育已经逐步发展成为一个开放的系统，而教育的现代化进程也只有与教育的民主化、开放化进程同步发展，它才能打破原来教育由少数人、特别是社会统治者垄断、主宰和专制的局面，从而使其能够成为社会大众所共享、所掌握和所利用的公共资源。②

再从终身教育自身的角度来看，其理想就是要让教育成为每个人在其所有人生阶段都可以接受的活动；那么，唯有坚持终身教育开放的原则，才可达成以上的理想。换言之，终身教育的开放性，一是要推进教育主体与教育内容的开放；二是要实现教育资金来源的开放。③而上述两项内容在新修订的《教育法》中亦都有所呈现，它体现出的就是国家的期望，即通过立法来规范并指引未来教育的走向。

---

① 兰岚：《中国终身教育立法研究》，华东师范大学博士学位论文 2017 年。

② 黄济、王策三：《现代教育论》，北京：人民教育出版社 1999 年版，第 183 页。

③ 兰岚：《我国终身教育体系新探——以〈教育法修正案〉为视角》，《现代远距离教育》2016 年第 3 期，第 21—27 页。

因此，终身教育法亦应该在此基础上进一步强化开放性的原则，以使其符合国家教育法的基本精神，并进一步彰显其自身的特质。

（四）终身性的原则

终身性原则是终身教育法的又一项重要原则，其含义非常广泛。《中华人民共和国教育法》第十一条规定："国家适应社会主义市场经济发展和社会进步的需要，推进教育改革，促进各级各类教育协调发展，建立和完善终身教育体系。"第十九条："国家鼓励发展多种形式的成人教育，使公民接受适当形式的政治、经济、文化、科学、技术、业务教育和终身教育。"第四十一条："国家鼓励学校及其他教育机构、社会组织采取措施，为公民接受终身教育创造条件。"笔者以为，终身教育法只有确立了"终身"接受教育的原则，才能保证学习者终身学习的机会。由于终身教育是持续人一生的、多方面的学习过程，因此其既要贯穿人的一生发展，又要覆盖人的全部发展。又由于终身教育是终身学习的基础，没有终身教育提供学习条件，终身学习也就无从谈起。前者为后者提供了支持，而后者又是前者的延续，它们共同支撑着终身教育体系的运作。①简言之，终身学习是从个人角度出发的自主选择，是一种自下而上的过程；终身教育则是从社会角度出发的战略选择，是一种自上而下的过程。没有在终身教育思想指导下建立起来的终身教育体系，人人参与学习就将成为纸上谈兵，学习化社会就更无制度保障；而没有人人参与终身学习的先决条件和社会基础，终身教育亦将成为空中楼阁。因此，只有在社会和个人两个层面相互配合、同步发展，终身教育和终身学习才有可能变为现实，学习化社会的理想才有可能实现。②

由此，我们在终身教育的立法过程中，还必须树立以下一些观念：一是终身教育应该成为公民必须享有的基本权利，它也是公民为了适应现代社会的发展和知识更新的需要，所必须享有的权益。二是终身教育又是国家和政府应当为所有公民提供的义务，因为保障公民的终身学习权就是国家和政府应尽的责任。三是国

① 吴遵民：《关于现代国际终身教育理论发展现状的研究》，《华东师范大学学报》（教育科学版）2002 年第 3 期，第 38—44、61 页。

② 顾明远：《形成全民学习、终身学习的学习型社会》，《求是》2003 年第 4 期，第 42 页。

家应该为出台终身教育法而努力，因为只有通过立法才能确保每一位公民可以公平地、无障碍地获得学习资源、机会和条件，由此终身教育权的保障也才可能落实。①一言以蔽之，终身性原则应该成为终身教育立法的核心原则，同时也是最基本的原则。

(五) 非功利性原则

终身教育除了具有促进经济发展、提高个人生活质量的功能之外，其更重要的作用还在于完善个体的人性与人格，并最终实现人的全面发展。因此，推进终身教育的发展，亟需抛开功利主义的价值取向，无论这一取向具有多么诱人的内涵，诸如国家繁荣、经济增长等。笔者认为，我国发展终身教育的价值目标首先应立足于使全体公民树立终身学习的自主意识并养成终身学习的自觉行为，其次是最终建立国际社会所一致倡导的学习型社会。根据这一指导思想发展终身教育，那么社会经济的推进与繁荣、个体生活质量的提升与丰富固然也是应有之意，但若将价值基础仅仅定位于狭隘的经济目标，终身教育终将失去灵魂和人性完善的终极追求。因此，我国的终身教育立法框架必须首先明确立法的目的是为了保障公民终身学习的权利，满足公民终身学习的需求，并以提高公民的精神文明素养以及规范终身教育的组织实施作为立法的基本宗旨。诚然，非功利性的价值取向并不代表完全否定一些具有实利倾向的活动，对于一些急需通过公益性的终身教育活动或职业培训以解决下岗或再就业的民众而言，终身教育无疑为其提供了最好的支持与服务。②

(六) 社会性原则

社会性原则是对多样性原则的拓展和必然要求，其指学习主体的社会性和学习机构的社会性。因为终身教育不是个人或少数人的需求，而是社会大众的普遍需求，同时也是一个民族、一个国家立于不败之地的根本基础，所以终身学习应该

① 张竹英:《终身学习法立法中应当关注的几个重要问题》,《广东广播电视大学学报》2006 年第 2 期，第 22—28 页。

② 黄欣、吴遵民:《中国终身教育法为何难以制定——论国家终身教育法的立法思想与框架》,《开放教育研究》2014 年第 6 期，第 36—41 页。

是全社会的学习，而社会性原则首先就体现在终身学习对象的广泛性和多样性，如终身教育的主体不再局限于儿童、青少年，而是全体公民，且不论其性别、年龄、职业等都可以成为终身学习的主体。而在学习机会的提供上，仅由政府办教育也是不可能满足多样化并不断增长与变化的需求，因此社会力量的参与也是一种必然的选择。包括终身教育的推进机构也应当呈现社会性的特征，即既有公办的，也有民营的；既包括正规的，也包含非正规的；既有学习型的专门机构，也有通过工作场所、图书馆、美术馆等途径进行的。而社会力量的积极参与，还可以分担政府教育经费的负担与压力。

（七）统一性原则

法制的统一性是实施法治的基本前提。在立法上体现法制统一的原则就是要求立法机关所创设的法律应内外和谐统一，即做到整个法律体系内的各项法律与法规之间的衔接和相互一致。首先，我们必须统一立法尺度，一切有关终身教育的法律制定都必须遵循以宪法为根据的原则，即任何相关法律不能违背宪法，任何地方法规不能与中央法规相抵触。其次，应当注意有关终身学习的各个部门法之间的相互补充和相互配合，但又要防止冲突与重复。最后，还应避免不同类别法律规范之间的矛盾，或同一类法律规范之间的矛盾。

如《教育法》明确规定了教育的公益性质，规定教育机构“不得以营利为目的”。但《民办教育促进法实施条例》则认可了“出资人可以取得合理回报”。这就使得教育法律规范在内部结构上存在着一定的矛盾和冲突，所以终身教育立法过程中就一定要对类似问题给予合理思考与解决。

二、明确《终身教育法》的立法目的

作为一部国家层面的重要法律，立法的目的就在于鼓励终身学习，推动终身教育，增进全民学习机会，满足国民追求自身发展的愿望，从而提升国民素养，并通过学习型社会的建设，去推动人的全面发展。因此，对于立法目的的条款可以表述为：“为保障全体公民接受终身教育的权利，满足公民终身学习的需求，提高全体公民精神文化素养以及规范终身教育的组织和实施，根据《中华人民共和国宪法》和《中华人民共和国教育法》的规定，制定本法。”这一条款将简约并概要地揭示了国家终身教育法的立法宗旨与基本内涵。

三、 确定《终身教育法》的适用范围

再就终身教育法的适用范围而言，其一直存在着较大的争议，即学校教育是否应该包含在终身教育法框架范围内的问题。认为不应包含的学者指出，终身教育法主要是解决学校以外或正规学校教育结束以后的教育问题，尤其是被排斥在学校制度以外的所谓非制度化教育问题。由于学校教育已经是制度化了的教育，所以终身教育可不必再予关注。而认为应该包含的学者则提出，既然该法是关乎个人接受终身教育的法律问题，那么学校教育就当然应该作为人生的一个阶段而被包含其中。笔者对后者的观点持赞同的态度，即亦认为学校教育应包含在终身教育的立法框架与内容之中。虽说终身教育理念在最初提出之际，其主要是围绕学校后或学校外的非制度化教育而展开的，但如何把学校与校外教育有机的加以连接，以及又如何打破制度化与非制度化教育之间的鸿沟，则早已成为终身教育体系构建过程中必须要解决的关键命题。因此，终身教育法不仅需要明确学校教育的定位，同时还要在学校与学校外教育之间架起连接的立交桥，同时构建起一个开放的教育制度。

四、 确立立法的若干准则

(一) 以柔软性立法为准则

在解决教育领域中的各种问题时，教育法的强制性与实施力度与其他法是有区别的。换言之，教育法的实施主要依靠社会力量的维护和公民的自觉遵守，同时需要通过正面宣传规范推进。所以，教育法本质上不是一种行政制裁的手段，而是综合运用行政、民事、经济乃至刑事力量的一种制裁方法。因此，“调整过程

的民主性，强制措施施行中的柔软性”应该是教育法实施的基本特色。终身教育法作为教育领域的一部重要法律，这一特色需要得到继承和体现。与此同时，作为国家层面的立法，它还应从宏观层面确立起终身教育的发展制度与推进模式，以保证作为教育法律的稳定性。①

（二）以纲领性准则为核心

由于国家层面的终身教育法是终身教育领域中具有最高法律效力的一部法，因此它在宏观上具有为我国终身教育的发展和体系构建指明方向，在中观上为其他下位法的制定明确思路的重要作用。为此，在法律文本中的总则部分就可以充分运用“纲领性立法”的方法。也即通过原则性的阐述明确法律的立法思想、立法原则与立法目标，同时需要通过清晰的表述去确立该法的权威性及在相关法律领域的核心地位。②

（三）对集权与分权规则的统一③

此外，根据我国《立法法》的规定来看，教育问题不在《立法法》第八条规定的法律保留的内容之中，④因此其不属于法律保留事项。换言之，其并非只能通过全国人大及其常委会通过国家立法的形式规范。其次，根据《立法法》第七十三条的规定，地方性法规可以为执行法律、行政法规的规定，根据本行政区域的实际情况做具体规定，并且可对属于地方性事务需要制定地方性法规的事项进行立法。虽然对于何谓“地方性事务”，目前尚没有准确的定义，但一般认为本行政区域内的教育事务应该属于其中。⑤甚至民族自治的地区还拥有更为自主的教育立法权限，只要不违背法律或者行政法规的基本原则，不对宪法和民族区域自治法的规定以及其他有

① 兰岚：《我国终身教育立法困境探析》，《现代远距离教育》2015 年第 6 期，第 16—23 页。

②③ 兰岚：《中国终身教育立法研究》，华东师范大学博士学位论文 2017 年。

④ 《立法法》（2000 年 3 月 15 日第九届全国人民代表大会第三次会议通过，2015 年 3 月 15 日第十二届全国人民代表大会第三次会议修正）第八条规定：下列事项只能制定法律：（一）国家主权的事项；（二）各级人民代表大会、人民政府、人民法院和人民检察院的产生、组织和职权；（三）民族区域自治制度、特别行政区制度、基层群众自治制度；（四）犯罪和刑罚；（五）对公民政治权利的剥夺、限制人身自由的强制措施和处罚；（六）税种的设立、税率的确定和税收征收管理等税收基本制度；（七）对非国有财产的征收、征用；（八）民事基本制度；（九）基本经济制度以及财政、海关、金融和外贸的基本制度；（十）诉讼和仲裁制度；（十一）必须由全国人民代表大会及其常务委员会制定法律的其他事项。

⑤ 许安标：《关于中央立法与地方立法权限的划分》，《中国法学》1996 年第 3 期，第 40—45 页。

关法律、行政法规专门就民族自治地方所做的规定做出变通规定即可。[①]从上述规定来看,在我国教育立法权限的分配体制中,地方对教育事务拥有较大的立法空间。[②]

再从我国立法的现状来看,终身教育在我国已有六部地方条例出台,[③]地方条例作为试点给我国的终身教育立法积累了宝贵的经验与财富。而国家层面的终身教育立法就是要在《教育法》的统领之下,确立我国终身教育的发展方略,明确在中央领导下如何统一思想、积极推进各地的终身教育工作。所以,在立法中要把握好中央集权与地方分权的立法界线。国家层面的立法应该注重从顶层设计的角度,去明晰终身教育的推进步骤与整体思路,其意在从宏观上整合现有教育资源、搭建立交桥,建立一个从上而下终身教育的推动系统。同时,在立法中还要明确终身教育的地方责任、保障责任,以发挥地方政府的主动性,并为地方立法和其他行政法规的后续出台明确思路。

(四) 协调与其他法律的关系

首先需要确认的是终身教育法乃是《教育法》的下位法,因此其立法精神与内容理应与《教育法》相一致。但终身教育法又是一部教育专门领域的特别法,因此在两部法律的规定如果发生冲突的情况下,则可以依据"特别法优于一般法"的原则,以终身教育法的规定内容予以执行。

又由于终身教育法与《义务教育法》、《高等教育法》、《教师法》等属于同位阶法律,故而在同位阶法律之间它们具有相同的效力,因此凡现有法律已有规定的,则终身教育法就不用再予提及。而《终身教育法》的立法重点主要就是规范终身教育的发展,打通各种教育形态之间的阻隔与壁垒,重新进行教育资源的优化配置,并着力于终身教育体系的构建。[④]

---

① 参见《立法法》(2000 年 3 月 15 日第九届全国人民代表大会第三次会议通过,2015 年 3 月 15 日第十二届全国人民代表大会第三次会议修正)第七十五条。

② 申素平:《教育改革进程中我国教育权的结构与分配》,《中国高教研究》2009 年第 1 期,第 16—18 页。

③ 分别是福建省、上海市、太原市、河北省、宁波市,还有我国台湾地区。

④ 兰岚:《我国终身教育立法困境探析》,《现在远距离教育》2015 年第 6 期,第 16—23 页。

（五）明确终身教育法的法律责任[①]

在解决终身教育领域中遭遇的若干问题时，其法律强制实施的力度和范围与其他法律相比还是具有很大的区别。这是因为教育法的执法特点是以正面激励与规范为主，具体实施也主要是依靠社会力量的维护和公民的自觉意识。至于违法惩戒，也不仅是单纯依靠行政制裁，而是需要综合运用行政、民事、经济乃至刑事等各种手段多管齐下。其最终目的也不仅是为了惩戒而是为了引导，为了教人向善，体现教育的价值和追求。上述理念与原则亦应在终身教育法中予以贯彻与执行。

但是，法律责任在终身教育法中仍然是一项不可或缺的内容，因为它体现了终身教育法的完整性。换言之，只有制定了惩罚措施，危害终身教育的行为才能得到真正的规制，公民学习权的实现才能得到具体的保障。

在责任内容的规定上，应排除采取单一性及列举式的做法，而应采用混合式的手段。所谓混合式的手段就是兼采单一式和概括式的优点，扬长避短，以使法律的规定尽可能周延。具体来说，概括式的规定要明确哪种程度的行为才会构成终身教育法的违法行为并应承担相应的法律责任；列举式的规定可以对概括式的规定做进一步的明确，而单一式则可以列明具体行为及其导致的法律责任。概括来说，两者的有机结合才能最大限度地发挥终身教育法所制定的法律责任与规定内容的功效，以避免留下法律责任的空白。

就终身教育的具体法律责任而言，其一般包括三种责任类型。也即民事责任、行政责任和刑事责任。民事责任以财产责任为主，行政责任通常是由行政机关承担的责任，当行政机关不作为或行政行为失当或不当时，为了对行政机关进行惩戒通常会要求其承担行政责任。刑事责任则是最为严厉的一种形式，只有构成刑事犯罪才会承担刑事责任。而行政责任和刑事责任的出现，通常还会附带民事赔偿责任，以弥补受害人的损失。具体承担哪种责任类型，则由违法的性质和程度所决定。

---

① 兰岚：《中国终身教育立法研究》，华东师范大学博士学位论文 2017 年。

关于终身教育法的责任内容，由于其在推行过程中，会涉及多个主体，所以我们可以按照其所处的地位而分为国家行政机关、国家行政机关工作人员、教育机构、公民个人等(由于终身教育不属于国家强制的义务教育，所以此法责任主体仅限于政府机构及所属工作人员)。

1. 国家行政机关及其工作人员的法律责任

国家行政机构在终身教育的推行过程中，主要起的是管理责任，其工作人员代表政府机关开展工作。其主要的工作内容应包括为终身教育划拨经费，并保证经费的合理使用；监督终身教育机构的设置及正常开展教育教学活动。其对应的职责范围与相应的法律责任相应。

(1) 违反经费保障的法律责任。

在立法中我们应该明确地方政府必须将终身教育的经费纳入政府预算，如若政府部门没有履行这一职能就需承担相应的法律责任。“国务院有关部门和地方各级人民政府违反本法规定，未履行对终身教育经费保障职责的，由国务院或者上级地方人民政府责令限期改正；情节严重的，对直接负责的主管人员和其他直接责任人员依法给予行政处分。”

划拨了专项教育经费之后，经费的使用和监督也是一个重要问题。如若有“侵占、挪用终身教育经费，或者向终身教育机构非法收取或者摊派费用”等情形之一的，就应当由上级人民政府或者上级人民政府的教育行政部门、财政部门、价格行政部门和审计机关根据职责分工责令限期改正；情节严重的，对直接负责的主管人员和其他直接责任人员依法给予处分。

终身教育经费是终身教育推进的前提和基础，将政府的经费调拨与监管责任纳入法律调控内容，并同时配合相应的法律责任，不仅有利于资金的有效使用和监管，而且也可以对政府的推动起到促进与监督的作用。

(2) 管理责任。

按照终身教育的立法意图，政府是终身教育事业的主要推进主体，终身教育的专门机构是由政府设立并在其监督下开展活动，因此政府在其中起着重要的领导和监管责任。所以，如若政府在终身教育机构的设立、领导和监管过程中出现重大失误，相应的行政机构及其负责人员就应当承担相应的监管责任。

例如，政府行政机关如出现以下行为：未按照国家有关规定制定、调整终身教育机构的设置与规划的；终身教育机构建设不符合国家规定的办学标准、选址要求和建设标准的；未定期对校舍安全进行检查，并及时维修、改造的；未依照本法规定均衡安排终身教育经费的。如果县级以上地方人民政府有上述情形之一的，应当由上级人民政府责令限期改正；情节严重的，对直接负责的主管人员和其他直接责任人员依法给予行政处分。

在终身教育立法中将政府行政机关及其工作人员的工作职责纳入法律调控范围，同时对于失职行为给予相应惩罚，这样既有利于将政府行为落到实处，同时也体现了国家对终身教育的推动负有主要推动责任，其对于终身教育的发展意义重大。

2. 教育机构的法律责任

终身教育的教育机构是开展终身教育的重要场所，教育机构的合法运行对于终身教育的推进和公民学习权的实现具有重要意义。因此，各终身教育机构应当在法律的监管之下有效运行，如果有违法经营或损害公民学习权的情况，就应当承担相应的法律责任。

（1）非法营利的法律责任。

由于教育的公益性特征，我们对教育机构的运营应该有着较为严格的要求，教育机构的收费标准也应严格按照国家的物价要求。而如果“终身教育机构违反国家规定收取费用的，由县级人民政府教育行政部门责令退还所收费用；对直接负责的主管人员和其他直接责任人员依法给予处分”。

此外，终身教育机构作为为公民提供学习的处所，旨在发生和教育相关的活动，而不得用于非法营利。如果终身教育机构“向学习者推销或者变相推销商品、服务等方式谋取利益的，由县级人民政府教育行政部门给予通报批评；有违法所得的，没收违法所得；对直接负责的主管人员和其他直接责任人员依法给予处分”。

（2）违法办学的法律责任。

终身教育机构应严格遵守国家的办学要求，如果有违法办学情形的，应当受到法律制裁。例如，以虚假或不正当手段获得认可和注册的；经查未达到办学标准的；发布虚假招生简章或者虚假广告的；通过不正当手段组织开展教育、培训和学习活动谋取非法利益的；未经批准擅自设立、变更、撤销学校或者招生的；滥发或者伪造学历证书、学位证书及其他证书的；不按规定核拨教育经费或者挪用办学经费的；利用危险房舍设施进行教学及其他活动，造成人身伤亡的；侵害学校、教师、学生合法权益的。

终身教育机构如果有上述行为之一的，应由县级人民政府教育行政部门责令限期改正或者予以取缔；情节严重的，对直接负责的主管人员和其他直接责任人员依法给予处分：对受教育者造成损失的，依法承担赔偿责任。

如果终身教育机构或者终身教育专职人员在终身教育工作中有违反教育法、教师法规定的，要依照教育法、教师法的有关规定处罚。

在终身教育的实施过程中，涉及政府行政部门或者国家工作人员有任何其他未履行职责或侵害公民终身教育合法权益的行为的，应由上级机关或者其所在单位责令改正，情节严重的，依法给予行政处分。凡是违反本法规定，构成犯罪的，还需依法追究刑事责任。

（六）对于立法表述的技术处理①

法律规范一般由法定条件、行为准则和法定后果三个基本要素构成，三个要素不一定都在一个法律文本中出现，但它可以分别存在于同一法律文件的不同条文中，这种情况就对立法表述提出了挑战。简言之，凡是教育立法比较完善的国家都对立法技术予以关注，他们往往对行文目的、用语限定、逻辑结构、文字表述等给以高度重视，并且已经逐渐具备了较为完善的立法技术。如法国教育立法，不仅明确界定相关概念，同时对法律适用范围、委任立法、执法情况的检查监督等事项都给以明文规定；加拿大的教育立法，则非常注重教育法规在形式、内容上的规范，其用语严谨科学，不惜用大量篇幅对专门术语的涵义进行具体说明以避免概念不清影响实施，而且教育法规条款的逻辑规范与结构也相对完整。②

---

① 兰岚：《中国终身教育立法研究》，华东师范大学博士学位论文 2017 年。

② 李赐平：《西方五国教育立法的主要特征及我国教育立法的借鉴》，《西华师范大学学报》（哲社版）2004 年第 3 期，第 103—106 页。

为了使我国终身教育立法能够更加严谨规范，笔者以为需要努力做到以下几点：

1. 内容规范

法的内容表述是立法活动中最需要引起关注的重要课题，它也是最具体、最实在的一种需要关注的“技术”。[①]孟德斯鸠在《论法的精神》中曾专门谈到了“制定法律的方式”，主要也是指法的内容表述及其技术。比如他说“法律的体裁要精洁简约、质朴平易，法律不要精微玄奥，它是为具有一般理解力的人们所制定的”等。[②]

对于内容表述的技术实际上涉及的也是终身教育立法的细节问题，如关于终身教育法律语言的运用、条款规定的前后一致、终身教育法的名称规范等问题。具体而言，一是要注意法律文本的结构设计，可以运用分章设条、条文连续排序的立法技术，做到各章节名称规范、逻辑结构完整、条文设置合理、法律责任明确。二是要做到定性准确、详略得当，必要时还需要进行量化规定。也就是说，在终身教育法的构建中必须同时具备设计师和建筑师的秉性和才能。

2. 注意逻辑结构

法律条文所规范内容的逻辑结构也非常重要。法规范的逻辑结构主要是由行为模式和相应法的后果两个要素构成。行为模式和后果模式可以体现在同一个法的规范、法的条文或同一个法的条文中，它也可以体现在不同的规范、条文或法的内容中，但不论是否体现在同一规范、条文或法的内容中，法所规范的上述两个要素都是缺一不可的。例如，我国最新出台的《刑法第九修正案》，就将《教育法修正案》(2015 年)中关于国家考试作弊的相关惩罚措施列入，这样《教育法》中关于国家考试作弊入刑就能在《刑法》中找到相应的处罚依据。[③]教育法律规范的行

---

① 孙潮：《立法技术学》，杭州：浙江人民出版社 1993 年版，第 3 页。

② [法]孟德斯鸠：《论法的精神(下册)》，张雁深译，北京：商务印书馆 1982 年版，第 296、298 页。

③ 中华人民共和国刑法修正案(九)(2015 年 8 月 29 日第十二届全国人民代表大会常务委员会第十六次会议通过)在刑法第二百八十四条后增加一条，作为第二百八十四条之一：“在法律规定的国家考试中，组织作弊的，处三年以下有期徒刑或者拘役，并处或者单处罚金；情节严重的，处三年以上七年以下有期徒刑，并处罚金。”“为他人实施前款犯罪提供作弊器材或者其他帮助的，依照前款的规定处罚。”“为实施考试作弊行为，向他人非法出售或者提供第一款规定的考试的试题、答案的，依照第一款的规定处罚。”“代替他人或者让他人代替自己参加第一款规定的考试的，处拘役或者管制，并处或者单处罚金。”

文一般选用较为理想的表述模式，即在同一个法律条文中具体规定“该做什么”“应怎么做”“由谁负责”“如何惩罚”，并在“什么可以做”和“什么不可以做”中设置明确的“临界线”，这样的法律规范，就既完整，又便于操作；但对于超越教育法立法权限的事项，如刑事制裁措施、民事赔偿程序、行政处罚等，还是需要通过其他相关立法来完成，对此终身教育法亦不能越俎代庖。

3. 立法语言精确简约

立法语言的精确和简约也是一个值得关注的问题。立法中使用的概念的界线是否明确，是衡量立法技术水平高低的一个最重要的依据。立法中不允许含混不清、存有歧义的语言表述。[①]因此我们需要充分意识到：准确性是立法语言的灵魂和生命。立法语言作为法律语言的重要组成部分，随着立法精耕时代的来临，其可能呈现出如下的演变趋势：更加规范准确，更加简明扼要，更加朴实亲民，更加专业严谨。而这些都是我们在终身教育法的立法行文过程中需要重点关注的。总之，若我们在终身教育法的立法技术方面能够做到较好的把握和改进，那就将极大地增强法规的操作性，同时也为我国终身教育体系的法制化和现代化作出重要的贡献。

① 刘用安：《立法技术：精无止境》，《人民政坛》2009年第10期，第14—15页。

第五章　中国公民终身学习[①]现状、需求的实证研究

——以北京市、上海市、陕西省三地调查数据为例

第一节　研究背景与研究设计

一、研究背景

终身学习不仅是个体为适应社会变化而产生的一种生存方式，也是人类可持续发展的重要保障和不竭动力。[②]近几年来，终身学习的价值已经得到了人们的广泛认可，它同时也已成为各国政府制定教育政策的重要依据与理论基础。《教育2030行动框架》则更进一步明确指出，应该将“使人人可以获得终身学习的机会”作为世界教育发展的总体目标之一。[③]为了培养适应知识经济时代高素质的公民，并同时落实人才强国战略，我国自改革开放以来始终将终身学习作为学习

---

① 终身教育与终身学习在很多场合存在混用的迹象。但实际上两者之间却有着根本的区别。终身教育主要指由外部环境，如政府、机构提供的具有公益性质的教育活动，而终身学习则更多的是指学习者自身内在的学习需求与学习选择。后者的需要满足依赖于前者的机会提供，如果一国之终身教育没有充分得到发展，则终身学习等于一句空话。

② 李兴洲、耿悦：《从生存到可持续发展：终身学习理念嬗变研究——基于联合国教科文组织的报告》，《清华大学教育研究》2007年第1期，第94—100页。

③ 徐莉、王默、程换弟：《全球教育向终身学习迈进的新里程——“教育2030行动框架”目标译解》，《开放教育研究》2015年第6期，第16—25页。

型社会建设的重要目标与关键内容来追求，同时它也是公民得以全面发展的有效途径，学术界则更是开展了丰富多彩的理论研究和多元化的实践探索。

众所周知，在终身学习的活动中，普通公民一般居于主体地位，其认知度、参与度和满意度的评价如何，亦是建设学习型社会的根本宗旨和基本问题。①就我国来看，提倡终身学习的活动已经开展多年，但现阶段公民的终身学习现状究竟如何，学习者群体又出现了哪些新的学习需求，对由国家或政府提供的终身学习服务是否满意，这些问题的阐明，对于进一步提升学习型社会的建设成效，乃至构建一个满足全民终身学习需求的新教育体系，则都是至关重要的关键问题。为了了解我国公民对正在实施的国家或地方终身教育政策成效的满意度现状，本课题特展开了较大规模的实证调查与研究，以通过调查明晰现阶段我国终身学习开展的现实状况以及学习者对社会所提供学习计划的满意程度。而对此进行调查，则对把握现状，聚焦问题，完善政策，以及进一步提出新的对策举措都将具有不可或缺的重要意义。

就终身学习的实证研究而言，国际组织也给予了相当的重视，近五年来涌现出了一批具有较大影响力的调查与监测项目。如2012—2014年世界经合组织面向33个国家和地区开展了“国际成人能力评估项目(Program for the International Assessment of Adult Competencies)”的大规模调查研究；②2011—2014年联合国教科文组织以“终身学习的基础——扫盲教育”(Literacy Program)为切入点在非洲五国开展现状调查和发展监测；③2016年联合国教科文组织曼谷办公室以“基于社区的终身学习和成人教育”(Community-Based Lifelong Learning and Adult Education)为主题对中国、日本、韩国、孟加拉国、越南、泰国、尼泊尔等亚太七国

① 陈乃林、许益军：《关于公民“终身教育和学习型社会”认知与践行状况的实证研究——基于江苏省南京市的调查》，《教育发展研究》2007年第10A期，第75—79页。

② OECD. (2012). Program for the International Assessment of Adult Competencies. Retrieved October 23, 2017, from https://nces.ed.gov/surveys/piaac/.

③ Bolly, M., & Jonas, N. (2015). Action research: measuring literacy program participants' learning outcomes: Results of the final phase (2011—2014). Retrieved September 14, 2017, from http://unesdoc.unesco.org/images/0023/002351/235159e.pdf.

开展现状调查;①欧盟则主要通过“欧洲终身学习指标体系”(European Lifelong Learning Indicators)“成人教育问卷调查”等项目实现对各成员国公民终身学习现状的连续监测。②这些调查虽然由不同类型的国际组织开展,但均有严格的调查设计和完善的过程管理,在充足的经费、专业的人才和有效政策的支持下,呈现出了规模大、周期长、数据翔实、内容丰富的典型特征。

为了探究公民终身学习的现状与需求,国内学者亦从不同视角开展了调查研究,如陈乃林、许益军从终身教育与学习型社会的认知与践行两个方面对南京市民开展了调查研究;③丰云从终身学习的认知、需求与实践情况等三个层面对湖南省长株谭三地农民工进行了深入调查;④郑勤华等构建了包含学习准备、学习过程管理等五个要素的终身学习素养模型,并对北京市成人开展了大规模调查研究;⑤汤林春从参与学习的比例、时间、经费、场所、内容、途径等七个方面对上海市市民的终身学习现状进行了调查,而基于调查的指标设计也更加系统化;⑥于燕等则从学习成本与效果、学习目的与需求、学习环境和影响因素等几个方面对广州市居民的终身学习需求进行了全面调查和深入分析。⑦国内终身学习的调查研究多由研究团队或个体实施,其与国际组织实施的调查相比,往往集中在某个区域,范围和规模相对较小,但是调查内容与本研究的切合度较高,并且能够为调查问卷的设计和调查结果的解读提供丰富的参考资源和一定的比较基准。

---

① Office U B. (2016). Community-based lifelong learning and adult education: situations of community learning centers in 7 Asian countries. Retrieved October 28, 2017, from http://unesdoc.unesco.org/images/0024/002464/246480e.pdf.

② 王海东、王全珍:《全球视野下终身学习的理念与发展测评》,《中国远程教育》2017 年第 8 期,第 12—18 页。

③ 陈乃林、许益军:《关于公民“终身教育和学习型社会”认知与践行状况的实证研究——基于江苏省南京市的调查》,《教育发展研究》2007 年第 10A 期,第 75—79 页。

④ 丰云:《农民工对终身学习的认知、需求与实践调查——以长株潭 532 名农民工为例》,《职业技术教育》2013 年第 25 期,第 63—68 页。

⑤ 郑勤华、马东明、陈丽等:《北京市成人“终身学习素养”现状及特征分析——基于 2012 年大规模抽样调查数据的探讨》,《现代远距离教育》2014 年第 1 期,第 3—15 页。

⑥ 汤林春:《关于上海市市民终身学习状况的调查》,《上海教育科研》2014 年第 4 期,第 5—9 页。

⑦ 于燕、弓鸿午、施径科:《广州居民终身学习的需求分析与对策研究》,《广州广播电视大学学报》2016 年第 5 期,第 1—6 页。

基于课题的需要，本研究编制了“中国公民终身学习现状与需求调查问卷”，并同时在北京市、上海市、陕西省三地实施问卷调查，并鉴于研究发现的突出问题，提出相应对策和建议，以期为促进我国终身学习和终身教育环境的改善以及科学构建终身教育体系提供实质性的参考依据。

二、研究设计

(一) 概念界定

终身学习一词最早由埃德加·富尔在《学会生存》的报告中提出，其核心观点是人们不应被动地接受教育，而应成为学习的主体，并终身不断地学习。可见，终身教育是从教育供给的视角完善与重构现有的教育体系，而终身学习关注的则是学习者个体的成长与发展，旨在突显学习者的主体地位和权利。①世界银行从时间和空间两个视角对终身学习做了进一步的界定，提出了被国内外研究者广泛认可的概念框架，即“终身学习涵盖整个生命周期，并发生在不同的学习环境中，包括正规、非正规和非正式学习”。②本研究即是从学习者视角对终身学习的现状与需求进行调查，故采纳该定义作为终身学习的基本界定，并认为终身学习具有终生持续性、方式多样性、学习自主性等关键特征。③

(二) 调查工具

终身学习的内涵十分丰富，其现状和需求的考察需要从多层次和多视角进行。在世界银行发布的终身学习概念框架的指导下，本研究小组以 2008 年张翠珠等编制的“公众学习需求调查问卷”为基础，参考国内外已有的终身学习测量工具，通过修订改编等过程形成了由基础背景信息、终身学习现状、终身学习需求和

① 朱敏、高志敏：《终身教育、终身学习与学习型社会的全球发展回溯与未来思考》，《开放教育研究》2014 年第 1 期，第 50—66 页。

② Bank, W., Washington, & Network, D. H. D., Lifelong learning in the global knowledge economy: challenges for developing countries. World Bank Publications(1), 2003, p.161.

③ 郑勤华、马东明、陈丽等：《北京市成人“终身学习素养”现状及特征分析——基于 2012 年大规模抽样调查数据的探讨》，《现代远距离教育》2014 年第 1 期，第 3—15 页。

终身学习服务满意度评价四个部分组成的《中国公民终身学习现状与需求调查问卷》(见表 5-1)。基础背景信息主要涉及性别、年龄、文化程度、职业、收入和居住地六个常用人口学变量,其他三个部分则是核心调查内容,主要设计思路详述如下:

1. 终身学习现状的调查问题设计

《汉语大辞典》中对“现状”一词的解释是“当前的状态”。因而随着时间的推移,其具有动态发展的特性。根据欧盟提出的终身学习指标体系可知,公民的终身学习具有典型的参与性特征,一方面会受到自身学习观念和学习动机的影响,另一方面也会受国家教育政策、经济发展水平、学习环境等多种外在因素的影响。而在不同的社会发展阶段,还会出现不同的意识形态和行为特征。①考虑到终身学习现状的复杂性,本研究重点从公民终身学习的认知、动机、行为参与三个子维度进行调查。其中,终身学习认知方面参照世界银行提出的概念框架进行问题设计,即通过正规、非正规、非正式三类学习活动考察公民对终身学习内涵的理解程度。②终身学习动机方面主要依据博希尔提出的成人学习动机五维分类法进行问题设计,具体选项包含职业发展、社会交往、社会刺激、社会福利、认知兴趣。③终身学习的行为参与指标较为丰富,汤林春在对上海市公民的调查研究中将其系统划分为学习比例、学习内容、学习途径等七个方面,④本研究小组对该指标进行了进一步的归类与优化,并充分考虑信息时代技术对学习行为的重要影响,⑤并最终形成了终身学习认知、学习投入、学习活动、学习动机、学习途径和信息技术运用六个关键变量。

---

① Hoskins, B., Cartwright, F., & Schoof, U., Making lifelong learning tangible: the ELLI index Europe 2010. Blood, Vol.87, No.10, 2010, p.335—340.

② Bank, W., Washington & Network, D. H. D., Lifelong learning in the global knowledge economy: challenges for developing countries. World Bank Publications(1), 2003, p.161.

③ 冯丽华、段建、杨玉宇:《成人学习动机调查及分析》,《中国成人教育》2010 年第 16 期,第 106—107 页。

④ 汤林春:《关于上海市市民终身学习状况的调查》,《上海教育科研》2014 年第 4 期,第 5—9 页。

⑤ Gorard Stephen, Seluyn Neil, “Toward a learning society? the impact of technology on patterns of participation in lifelong learning,” *British Journal of Sociology of Education*, Vol.26, No.1, 2005, p.71—89.

2. 终身学习需求的调查问题设计

在教育心理学中，学习需求/需要是指学习者的现有水平与期望状态之间的差距。根据马斯洛的需要层次理论，终身学习集中体现了公民希望参与社会交往、获得社会尊重和自我价值实现等高层次的诉求。①终身学习需求不仅是公民产生终身学习行为的关键内因，其还将影响自身对学习内容、方式、场所等学习环境因素的选择。于燕等对广州居民的调查研究将终身学习需求细化为学习意愿、学习目的、学习内容、学习机构选择等六个指标，②由于该问卷现状部分已经考察过学习动机，因此进行适当去重，并采纳其中的内容需求、方式需求、场所需求及学习意愿四项。同时，考虑到学习需求的有效实现受制于公民的经济承受能力与遇到的学习阻碍等因素，因此又增加了费用分担和学习困难两项，最终依然是六个关键变量，但具体选项内容和于燕等有所不同。

3. 终身学习服务满意度评价的调查问题设计

公民对社会提供的终身学习服务满意程度是衡量学习型社会建设成效的重要指标。本研究采用封闭性满意度测量和开放性意见建议相结合的原则进行综合考察。其中，满意度设置为李克特三点量表，以确保选项之间较高的区分度；意见建议则允许公民自由回答，产生的质性数据采用内容分析法进行处理。

为了深入了解公民的实际情况，本研究设计了五种问题类型(见表 5-1)，其中单项选题为有明确、唯一答案的问题，主要考察公民的分类选择情况；多选题主要是考察哪些选项是公民重点关注的对象；排序题主要用于确定选项之间的重要程度；李克特量表题的特点主要是用于考察公民的态度倾向，问答题主要用于搜集公民对终身学习开放度的意见。其中，排序题要求被调查者按照重要程度选择三项，分别赋值为 1、2、3，数值越小代表越重要，问卷所有排序题计分方式相同。问卷初稿形成后，由上海、北京、陕西三地的 8 位终身学习领域专家又进行了三轮修正和优化，最后确定为 24 道试题。整个问卷结构清晰，但要素较多，综合性比较强，相比量表类问卷具有一定的作答难度。

① 胡家祥：《马斯洛需要层次论的多维解读》，《哲学研究》2015 年第 8 期，第 104—108 页。

② 于燕、弓鸿午、施径科：《广州居民终身学习的需求分析与对策研究》，《广州广播电视大学学报》2016 年第 5 期，第 1—6 页。

表 5-1　终身学习问卷设计框架

调查维度	具体指标	问题类型
基础背景信息	性别、年龄、文化程度、职业、收入、居住地	单选题
终身学习现状	学习认知	矩阵单选题
	学习投入	单选题
	学习活动	多选题
	学习动机	排序题
	学习途径	排序题
	信息技术运用	量表题
终身学习需求	学习意愿	单选题
	学习方式	单选题
	学习内容	多选题
	学习场所	排序题
	学习费用	排序题
	学习困难	排序题
终身学习评价	满意度	量表题
	建　议	问答题

（三）抽样方法

鉴于课题组的时间、人员和经费均有限，同时考虑到国内课题相关研究的基础和抽样的典型性和科学性，课题组决定抽取上海、北京和陕西三个省市作为主要调查区域，以体现不同地域分布和不同经济发展水平下公民终身学习的现状和需求。

其中，北京市自 2000 年以来从完善终身教育体系和终身学习服务体系、推进学习型组织建设、营造终身学习的环境和氛围入手，大力推进了学习型城市的建设。2007 年，北京市委、市政府提出，“以现代终身教育体系和学习型组织为基础，以广大市民的良好素质为支撑，建设一个教育事业最发达、学习资源最丰厚、学习氛围最浓厚、学习条件最优越、优势人才最集中、能够通过学习带动各项工作创造一流业绩、充满创新精神和发展活力的知识化、国际化大都市”。2013 年，首届国际学习型城市大会在北京召开并发布了《建设学习型城市北京宣言》；2015

年,北京市又获得联合国教科文组织颁发的第一批“学习型城市奖”。以北京市为抽样代表,在于能够为全国学习型城市的建设提供有益经验与思考。

上海市作为我国东部沿海的一个快速发展的国际大都市,为满足社会经济发展所需数量庞大的各种人才,以及物质极大发展所带来的居民日益旺盛的教育文化需求,顺应国家宏观政策指引以及本地实际,围绕普及终身教育而制定、执行了一系列公共政策,并取得了辉煌的成就:如在管理体制上,形成了政府主导、专门部门主管的行政保障,跨部门协作、多主体参与的模式;制度创新上,率先进行了地方立法和顶层设计,推动了标准与规范建设;理念创新上,关注市民与城市的和谐和统一发展;学习模式创新上,倡导因人而异发展多种学习形式等。以上海市作为东部沿海城市样本之一开展实证研究,一方面可较为准确地反映出我国较发达且终身教育发展较成熟地区的终身教育发展现状、经验与瓶颈,为课题提供翔实的实践参考;另一方面,上海正在持续推进创新驱动发展、经济转型升级,大力建设国际经济、金融、贸易、航运中心,以加快建设具有全球影响力的科技创新中心,努力建成社会主义现代化的国际大都市,这些发展目标都对终身教育的推进提出了新的要求,因此本调研也能为当地终身教育的发展提供有益参考。

陕西省作为西部地区的重要省份之一,地理位置承东启西,在经济、教育、文化等方面都具有较强的代表性和示范性。陕西省政府积极响应国家发布的学习型社会建设的相关政策文件,建立了“陕西全民终身学习网”等综合服务平台,同时汇集了青少年教育、农民教育、家庭教育、老年教育等方面的丰富资源;连续十余年开展全民终身学习周活动,并通过遴选百姓学习之星和终身学习品牌项目等宣传终身学习的先进典型,涌现出了“乐学西安市民课堂”“青少年终身学习大课堂”“小家·大家·手拉手”等丰富多样的品牌学习项目;陕西省并积极推进终身学习与社区治理融合的发展,其中西安市碑林区、宝鸡市金台区、宝鸡市渭滨区先后被评为全国社区教育示范区。已有文献显示,我国以“终身学习”或“终身教育”现状和需求为明确主题的调查研究主要集中在北京、上海、南京、广州、长沙等中东部发达地区和城市,占全国人口约27%的西部地区,目前具有代表性的研究成果却相对匮乏。因此,开展西部地区的调查研究具有填补空白,并全面反映我国不同地区公民终身学习真实状态的现实意义。

（四）调查实施

为了依据样本并获取的便利性，课题组通过纸质与在线两种方式定向发放调查问卷。其中，纸质问卷主要由研究人员面对面地发放，并对问卷协助收集人员进行了培训，以确保问卷指导语、作答要求、作答时间等基本一致。2017 年 4—10 月，课题组共发放问卷 2 300 余份，回收有效问卷 2 175 份，其中北京 1 039 份、上海 391 份、陕西省 745 份。

第二节　调查结果及分析

一、调查对象基本情况

本次调查对象的基本人口学特征如表 5-2 所示。从性别看，男性 865 人，占 39.94%，女性 1 301 人，占 60.06%。从年龄结构看，16—20 岁者占 11.97%、21—35 岁者占 32.92%、36—45 岁者占 17.77%、46—55 岁者占 11.83%、56 岁以上者占 25.51%。简言之，各年龄阶段均有样本分布，且有效突出了 21—55 岁之间的有效社会劳动力主体和老年人群体，因此与调查目的相符。从文化程度看，初中及以下者 9.60%、高中 32.56%、大专 30.35%、本科 20.76%、研究生及以上者 6.72%，基本呈正态分布。从职业结构看，企事业单位职工 32.25%、在校学生 12.95%、自由职业者 9.37%、党政机关公务员 3.29%、商业与服务业人员 3.25%、农民/牧民/渔民 1.30%、无业/失业/半失业者 2.27%、离/退休人员 28.63%，调查结果能够在一定程度上反映出各职业人员的终身学习现状与需求。再从收入水平看，月收入 2 000 元以下者占 7.89%，2 000—3 999 元者占 38.24%，4 000—5 999 元者占 26.22%，6 000—7 999 元者占 8.82%，8 000 元以上者占 4.45%，无收入者占 14.39%。从居住地来看，被调查者中城市居民（含省会城市、地级市、县城三类）占 81.48%，乡村居民（含乡镇和农村两类）占 9.52%，其他占 0.74%。

表 5-2　被调查者基本信息表(N＝2 175)

变量	取　　值	人数	百分比	变量	取　　值	人数	百分比
性别	男	865	39.94	职业	党政机关公务员	71	3.29
	女	1 301	60.06		企事业单位职工	695	32.25
年龄	16—20 岁	260	11.97		自由职业者/个体从业者	202	9.37
	21—25 岁	238	10.96		农民/牧民/渔民	28	1.30
	26—35 岁	477	21.96		商业与服务业人员	70	3.25
	36—45 岁	386	17.77		无业、失业、半失业者	49	2.27
	46—55 岁	257	11.83		离、退休人员	617	28.63
	56—60 岁	157	7.23		在校学生	279	12.95
	61 岁以上	397	18.28		不便分类的其他劳动者	144	6.68
文化程度	小学及以下	14	0.65	收入水平	无收入	310	14.39
	初中	194	8.95		0—1 999 元	170	7.89
	高中	706	32.56		2 000—3 999 元	824	38.24
	大专	658	30.35		4 000—5 999 元	565	26.22
	本科	450	20.76		6 000—7 999 元	190	8.82
	硕士	129	5.95		8 000 元以上	96	4.45
	博士	17	0.78				
地域分布	北京	1 039	47.77	城乡分布	城市	1 934	89.74
	上海	391	17.98		乡村	205	9.52
	陕西	745	34.25		其他	16	0.74

二、 公民终身学习现状分析

(一) 对终身学习认知有限,对非正规、非正式学习活动的辨别能力有待提升

陈乃林、许益军①的研究表明,公民对终身学习的认知情况与终身学习的行

① 陈乃林、许益军:《关于公民“终身教育和学习型社会”认知与践行状况的实证研究——基于江苏省南京市的调查》,《教育发展研究》2007 年第 10A 期,第 75—79 页。

为密切相关。如果不了解终身学习的相关概念，公民就很难抓住相关的学习机会，形成良好的终身学习意识和习惯。因此，本研究列举常见的正规、非正规和非正式学习活动，让被调查者辨识其所属的类别。考虑到被调查者年龄、文化程度差异较大，问卷选项中将非正式学习并入非正规学习活动之中，不再作区分，同时并设立了“不确定”选项，以减小分类难度。统计结果如图5-1所示，“中小学生在校课程学习(89.58%)”“高职院校学习汽车维修(70.67%)”两项正规学习活动的识别正确率较高，但自学、参观、研讨等各类非正规学习、非正式活动的识别正确率均低于61.00%。可见，目前我国公民对终身学习内涵的理解以正规学习为主，整体不够全面和清晰。联合国教科文组织曼谷办公室(2016年)的调查研究揭示，“各类终身学习活动均有助于提升公民的读写能力、生活能力和职业能力，亚太七国对面向青少年的正规教育非常重视，但对面向成年人的非正规和非正式学习关注不足”。上海课题组指出，尽管上海市终身教育体系发展较为领先，但是居民对学习的理解仍比较狭隘，大多局限于学习应当有明确学习目的、有较固定的学习场所、形式也侧重于符合传统的读写等方式，对于摆脱功利性目的，以自我发

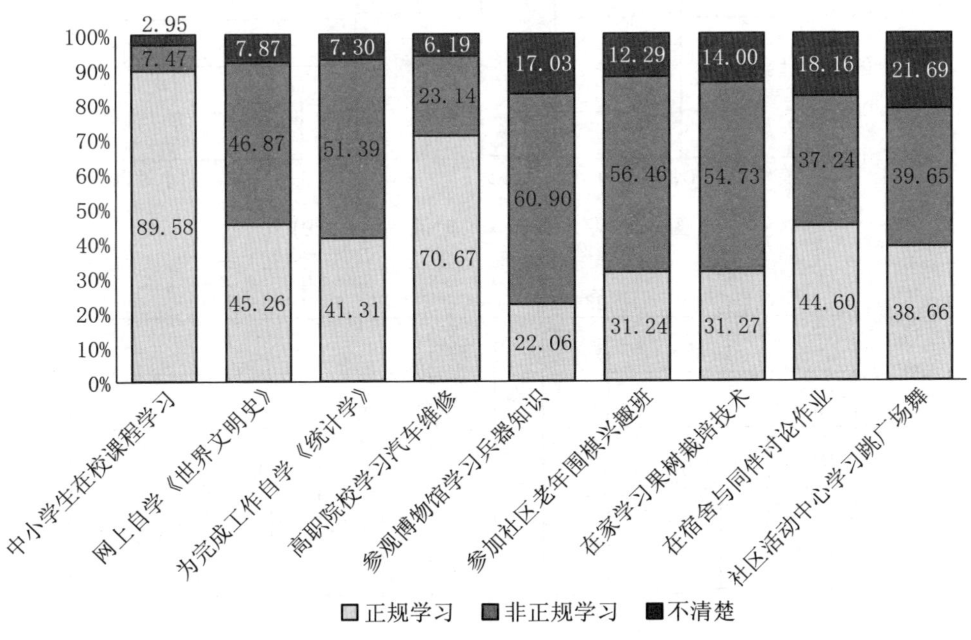

图5-1　终身学习活动认知与辨析(N=1900)

展为趋向的，强调自主、自我、自由的学习方式则认知有限。然而，建设学习型社会的核心在于实现全面的终身学习，其关键在于激发每个个体的内在学习积极性，实现个体的自发、自主、自由的学习，而这依赖于居民较高的学习认知与学习动机。因此，我国应当继续充分营造终身学习氛围，政府部门则应进一步组织、提供、扶持、宣传各类学习计划，推动广大居民对学习的敏感度与辨识率，以让学习由一种“手段”转变为一种“习惯”和“生活方式”。

（二）终身学习时间和费用投入有限

终身学习时间和费用投入的统计结果如图5-2和5-3所示。从平均每天学习时间看，选择比例较高的三项分别是1—2小时（32.50%）、1小时之内（28.00%）和2—3小时以上（15.61%），但有7.34%的人不学习。从平均每月花费的学习费

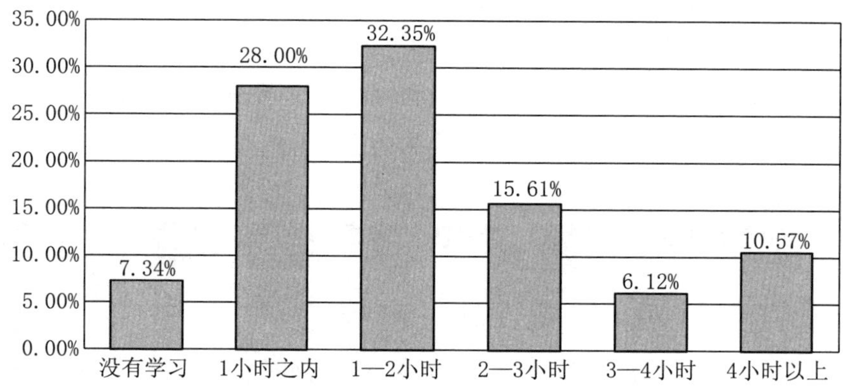

图5-2 平均每天学习时间(N=2 139)

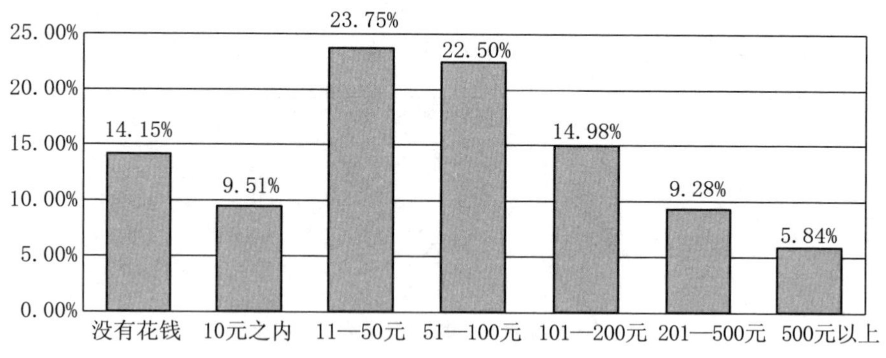

图5-3 平均每月学习花费(N=2 156)

用看，选择比例较高的三项分别为 11—50 元（23.75%）、51—100 元（22.50%）、101—200 元（14.98%），同样存在 14.51%的人没有学习费用投入。

再从三地公民的学习时间投入看（见图 5-4），北京有 41.66%的人平均每天学习时间不足 1 小时（包括不学习的人），陕西省该部分比例为 34.58%，上海则仅有 18.85%。可见，从居民的学习时间投入看，上海公民的终身学习投入相对较多，终身学习氛围较好。上海课题组的子报告进一步指出，不管是社区教育机构，还是老年教育机构，在上海普遍存在“一座难求”“一课难求”的现象，居民学习需求旺盛，且学习时间充足。

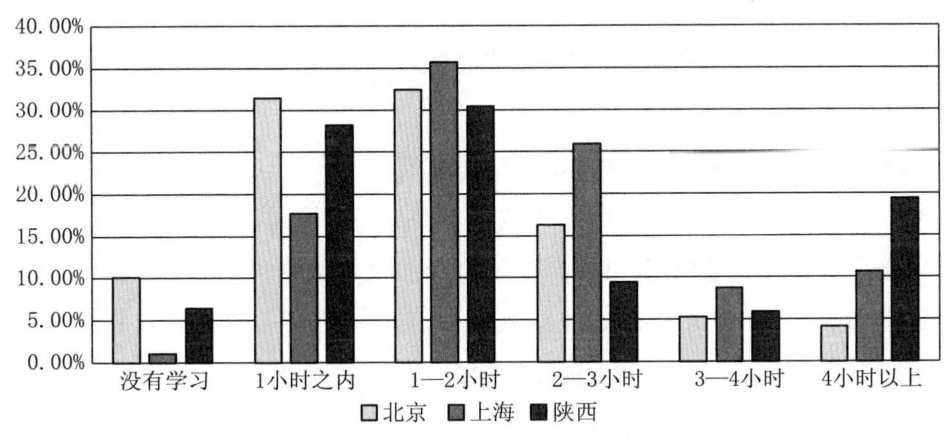

图 5-4　三地公民的平均每天学习时间(N=2 136)

从三地公民学习费用的投入看（见图 5-5），平均每月学习投入集中在 11—100 元，其中上海的比例依然最高为 55.21%，而北京（43.99%）与陕西省（44.73%）基本持平，差异不大。由于各地区的免费终身学习政策不尽相同，该数据仅能从部分上反映公民投入的差距，如三地的社区教育、老年教育，大多采用以政府投入为主题的模式，对居民不收费用或收取较少费用。需要指出的是，这种单一的投入模式，虽然在短时间内激发了居民参加终身学习的积极性，但是难以满足长期需求，未来必须进一步拓展经费投入的方式，扩大终身教育的辐射范围与普及率。

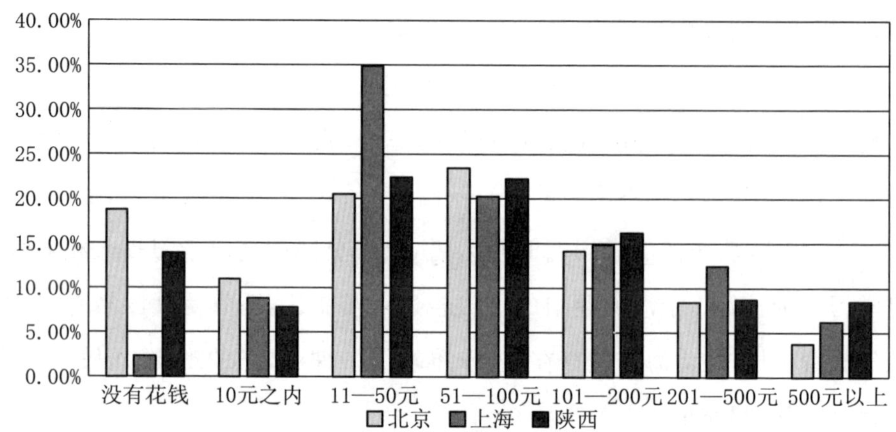

图 5-5　三地公民的平均每月学习投入费用(N=2 156)

(三) 终身学习活动类型丰富,兴趣培养类、医疗健康类和学历教育类学习最受关注

近三年公民参与的学习活动统计结果如表 5-3 所示。观察个案百分比可知,终身学习活动类型非常丰富,选择人数最多的是兴趣培训(37.34%),健康类讲座课程培训(29.70%),说明公民十分注重自身的兴趣培养和生活品质。学历教育(23.95%)和岗位技能培训或农业绿色证书培训(20.60%)也具有较高的选择比例,说明公民提升自身学历和职业技能的内部需求依然非常强烈。

表 5-3　近三年学习活动参与情况统计(N=2 121)

	响应		个案百分比
	N值	百分比	
没有参加任何学习活动	315	9.48%	14.85%
学历教育	508	15.28%	23.95%
英语计算机等实用技术培训	356	10.71%	16.78%
劳动力转移培训	136	4.09%	6.41%
岗位技能培训或农业绿色证书培训	437	13.15%	20.60%
书法、绘画、音乐、舞蹈等兴趣培训	792	23.83%	37.34%
健康类讲座课程培训	630	18.95%	29.70%
其　他	150	4.51%	7.07%
总　计	3 324	100.00%	156.72%

针对近三年拥有终身学习经历的被调查者(共 1 888 人),进一步追问其学习机构(见表 5-4),观察其个案百分比即可知,社区学院(29.87%)、普通高等院校(24.84%)仍是学习者首选的终身学习机构。值得注意的是,在线学习平台(24.74%)以其便捷、优质、低收费的典型特征已经跃升至第三位,成为信息时代公民开展终身学习的主要渠道之一。

表 5-4　近三年学习机构统计(N=1 888)

	响　应		个案百分比
	N 值	百分比	
普通高等院校	469	17.04%	24.84%
广播电视大学	408	14.82%	21.61%
网络学院	263	9.55%	13.93%
社区学校(院)	564	20.49%	29.87%
老年大学	413	15.00%	21.88%
在线学习平台	467	16.96%	24.74%
其　他	169	6.14%	8.95%
总　计	2 753	100.00%	145.82%

(四) 终身学习动机明确,主要表现为满足职业发展、获得更高学历和增加收入

终身学习动机均值升序排名前三的依次是满足职业发展(1.46)、发展个人兴趣爱好(1.81)和增加收入(1.90),见表 5-5。终身学习受内外动机的共同影响,其中外在动机主要表现为获得晋升机会、提高薪资水平、增加竞争能力等,而内在动机则包括体现自我价值、提高生活质量、增加幸福指数等。从调查结果看,目前我国公民参加终身学习的主要动机以满足职业发展和增加收入等外在动机为主,认知兴趣、自我实现等内在动机则有待进一步激发。于燕等(2016 年)的调查研究表明,“大部分广州居民将终身学习与提升自身专业素质和获得更好的工作机会、晋升联系起来”,其论点与本研究的结论相似。

表 5-5 学习动机描述统计(N=2 079)

	N 值	全距	极小值	极大值	均值	标准差
满足职业发展	863	2	1	3	1.46	0.742
发展个人爱好、兴趣,提高修养	1 272	2	1	3	1.81	0.755
增加收入	606	2	1	3	1.90	0.698
获得更高学历	623	2	1	3	2.00	0.801
为了教育子女	538	2	1	3	2.17	0.805
提高生活质量让生活更有意义	1 278	2	1	3	2.19	0.763
为了结交朋友	604	2	1	3	2.29	0.833
其　他	24	2	1	3	2.46	0.884
提高社会地位	168	2	1	3	2.65	0.609

(五) 终身学习途径多样,实现了传统媒介与现代媒体的有机结合

终身学习途径均值升序排名前四的依次是书籍报刊(1.58)、广播电视(1.86)、互联网(1.93)、移动网络(1.93),见表 5-6。现阶段公民参加终身学习的主要途径已经有效实现了传统媒体与信息技术的有机结合,互联网成为非常重要的一种学习途径。近几年来,我国互联网发展迅速,截至 2017 年 12 月,我国网民规模达 7.72 亿,普及率达到 55.8%,超过全球平均水平(51.7%)4.1 个百分点,超过亚洲

表 5-6 学习途径描述统计表(N=2 120)

	N 值	全距	极小值	极大值	均值	标准差
书籍报刊	1 190	2	1	3	1.58	0.788
广播电视	960	2	1	3	1.86	0.695
互联网	1 140	2	1	3	1.93	0.777
移动网络	669	2	1	3	1.96	0.758
单位或社会组织的培训	685	2	1	3	2.15	0.848
工作实践或生活经历	562	2	1	3	2.39	0.738
文艺体育活动	328	2	1	3	2.42	0.797

平均水平(46.7%)9.1 个百分点①。由此证明,我国依托互联网开展终身学习活动已经具备较好的环境条件和民众基础,但亟需开展网络环境下的终身学习理论研究和实践探索,以形成更为便捷高效的终身学习新途径。

(六) 信息技术应用普遍,经常依托计算机和移动网络开展终身学习

终身学习信息技术应用情况,通过李克特三点量表题(1 = 从不使用,2 = 偶尔使用,3 = 经常使用)考察,统计结果如表 5-7 所示。其中,从使用人数(>2 000)和均值(1.98)可以看出,绝大多数公民经常使用计算机网络和移动网络进行学习,二者的应用频率基本持平。

表 5-7　信息技术运用情况描述统计

	N 值	全距	极大值	极小值	均值	标准差
使用移动网络学习情况	2 022	2	1	3	1.98	0.767
使用计算机网络学习情况	2 043	2	1	3	1.98	0.744

进一步考察计算机和移动网络的主要接入渠道(见图 5-6),其中计算机网络的接入比例从高到低排名前三的是移动 40.60%、电信 28.51%、联通 24.18%,移动网络接入比例排名保持不变,移动 47.33%、电信 26.25%、联通 21.50%,这可能

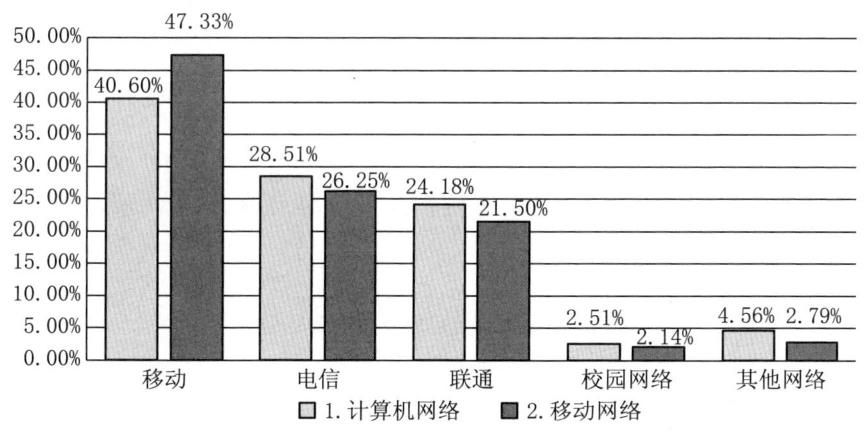

图 5-6　信息网络接入渠道(N_1 = 1 712, N_2 = 1 684)

① 中国互联网络信息中心:第 41 次《中国互联网络发展状况统计报告》,中国网信网,www.cac.gov.cn/2018-01/31/c-1122347026.htm,2008 年 1 月。

与国家推行的“三网合一”政策密切有关，计算机、电视、手机往往绑定于接入的同一通信网络。值得注意的是，目前公民终身学习主要依靠的是公共商业运营类网络，学习资源丰富的教育网络反而接入面相对较窄，主要分布在各类教育机构。因此，终身学习的深入推进一方面应继续发挥公共服务网络的接入优势，另一方面还需要充分发挥教育网的资源环境，建立渠道多元、价格低廉、资源丰富的网络支撑体系。

三、 公民终身学习需求分析

(一) 终身学习意愿非常强烈，超过 90%的人愿意今后继续参加学习

终身学习意愿统计结果表明 92.60％的人愿意今后继续参加终身学习，仅有 7.40％的人表示不愿意参加终身学习(见表 5-8)，说明公民的整体终身学习意愿非常强烈。进一步考察不愿意参加学习的原因(见图 5-7)，主要包括两方面，一是自身理念问题，如认为不学习一样能够应付工作和生活(25.75％)、学习是一件不愉快的事(8.98％)、浪费时间(5.39％)；二是现实条件限制，主要表现为工作压力大(40.72％)。此外，还有一定比例的被调查者选择了其他选项(19.16％)，指出了家务繁重时间不够用、学习到一定阶段应该以工作为重、经验和人际网络比学习更重要、年龄较大、身体残疾等诸多方面的理由。因此，终身学习还应进一步加大宣传和推广，使广大公民牢固树立“从摇篮到拐棍”的学习理念，并通过采取增加公休时间、提倡带薪学习等措施为公民提供更多参与终身学习的机会。

表 5-8　终身学习意愿(N=2 126)

	频　率	百分比
愿　意	1 969	92.60
不愿意	157	7.40
合　计	2 126	100.00

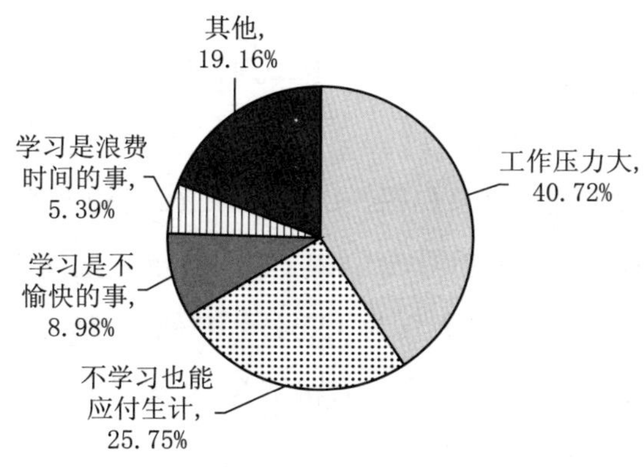

图 5-7　不愿意参加终身学习原因(N=167)

(二) 终身学习内容需求丰富，其中医疗保健、文艺体育、家庭生活最受关注

终身学习内容需求统计结果如表 5-9 所示，从时事政治到致富技能，公民希望学习的内容丰富多样。观察个案百分比可知，医疗保健(58.11%)、文艺体育(41.14%)、家庭生活(37.29%)是最受关注的三类内容，这也充分体现了终身学习关系国计民生，并指向解决公民工作和生活中重大问题的本质特征。此外，科技文化(36.87%)也具有较高的选择比例，说明公民期望通过终身学习获得更好的科学和文化素养。因此，今后终身学习活动的开展应以实用、高效为导向，既要重点满足共同需求，又要兼顾个体差异，以让民众学有所得。

表 5-9　终身学习内容需求(N=2 132)

	响　应		个案百分比
	N 值	百分比	
医疗保健	1 239	20.06%	58.11%
文艺体育	877	14.20%	41.14%
家庭生活	795	12.87%	37.29%
科技文化	786	12.72%	36.87%
子女教育	733	11.86%	34.38%
时事政治	675	10.93%	31.66%
思想道德	574	9.29%	26.92%
致富知识与技能	448	7.25%	21.01%
其　他	51	0.83%	2.39%
总　计	6 178	100.0%	289.77%

（三）公民喜欢利用业余时间开展终身学习，希望学习能够与工作、生活有机融合

终身学习方式需求统计结果如图 5-8 所示，42.62%的人希望利用业余时间学习，15.64%的人希望在工作中学习，21.42%的人希望在生活中学习，7.94%的人选择半脱产学习，愿意全脱产的人仅为 15.64%，其他 2.35%。成年人的社会角色使得他们的学习更多地要与工作、生活有机结合，并选择业余时间学习。同时，工学矛盾、家庭生活负担重，又使少部分人有脱产学习的需求。李茂荣、黄健的研究表明“在工作中学习”是一种非常有效的方式，学习者通过实践参与，不断建构新的知识经验，提高职业技能。①张科丽、吴雪萍在分析欧洲终身学习指标后进一步指出终身学习与工作、生活和社会紧密联系，“学会共同生活”是核心目标之一。②因此，从整体选择比例来看，调查结果证实了上述两种观点，说明公民对终身学习方式有了新的需求，更希望学习与工作、生活有机融合，而非传统的脱产型培训。

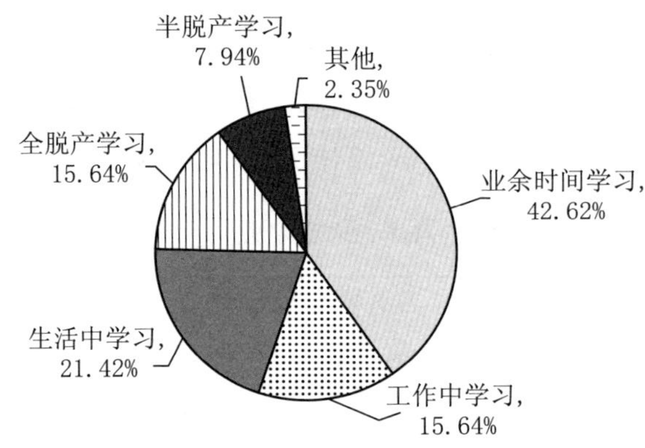

图 5-8　终身学习方式需求（N＝2 040）

（四）各级各类学校是公民最受欢迎的终身学习场所

终身学习场所均值升序排名前三的依次是当地中小学（1.50）、当地大中专院校（1.75）和社区学校（1.75），见表 5-10。各类学校作为具有典型教育功能的场所，学习

① 李茂荣、黄健：《工作场所学习概念的反思与再构：基于实践的取向》，《开放教育研究》2013 年第 2 期，第 19—28 页。

② 张科丽、吴雪萍：《欧洲终身学习指标体系初探》，《教育发展研究》2012 年第 9 期，第 61—65 页。

设施齐全、学习资源丰富、学习环境优雅，因此依然是公民的首选，也可作为今后开展终身学习的主要场所之一；同时图书馆、博物馆等开放性公共文体场所因其学习方式灵活、便于个体参与、不受时间限制等特点亦越来越受到公民的青睐。

表 5-10　终身学习场所需求(N=1 960)

	N值	全距	极小值	极大值	均值	标准差
当地中小学	416	2	1	3	1.50	0.770
当地大中专院校	817	3	1	3	1.75	0.759
街道社区学校、文化中心或乡镇成人学校	828	2	1	3	1.90	0.757
社区学院、广播电视大学等	936	2	1	3	1.93	0.803
单位的专有场地	651	2	1	3	2.11	0.827
社区居委会市民学校或村成人学校	603	2	1	3	2.13	0.739
图书馆、文化馆、博物馆等社会文体场所	1 209	2	1	3	2.13	0.852

在丰富多样的终身学习场所中，各级各类学校已经得到社会的充分重视和建设支持，但是为了满足公民大量的非正规、非正式学习需求，现阶段还有需要优先建设和发展哪些类型的公共基础设施，尚还缺乏必要的实证数据支撑。为此，课题组进一步对公民的具体需求进行了调查，见表 5-11。公民最希望居住地周边建设的五类公共基础设施依次是图书馆(1.30)、村民或居民教育中心(1.99)、博物馆(2.07)、文化馆(2.07)、体育馆(2.15)。综合表 5-10 的调查结果，可以更加系统地看到公民对各类学习场所的需求情况。根据以上调查，各地应根据这些场所的实际建设情况，查漏补缺，有针对性地新建、补建或扩建，并充分发挥各类场所的学习支持功能。

表 5-11　终身学习公共基础设施建设需求(N=2 008)

	N值	全距	极小值	极大值	均值	标准差
图书馆	1 468	2	1	3	1.30	0.637
村民或居民教育中心	332	2	1	3	1.99	0.804
博物馆	428	2	1	3	2.07	0.565
文化馆	617	2	1	3	2.09	0.694

续表

	N值	全距	极小值	极大值	均值	标准差
体育馆	509	2	1	3	2.15	0.753
信息网络及优质资源	408	2	1	3	2.19	0.822
书店、咖啡店、网吧、艺术工作室	410	2	1	3	2.22	0.759
科技馆	506	2	1	3	2.26	0.699
文体活动场所	650	2	1	3	2.32	0.799
电影院、剧院	363	2	1	3	2.34	0.735
美术馆	212	2	1	3	2.43	0.653

(五)愿意分担终身学习费用,但多数公民希望只交稍许费用或得到政府补助

终身学习费用分担方式均值顺序排名前三的依次是只交少许费用(1.70)、政府补助(1.88)、完全自己承担(2.04),见表5-12。可知,虽然公民愿意为终身学习承担一定的费用,但是多数人希望只交少许费用或由政府适当补助。同时,前述终身学习费用投入情况的调查结果也揭示我国公民实际用于终身学习的费用较为有限。因此,政府应设立终身学习专项支持经费,确保专款专用,并有效拓宽经费来源,减轻公民终身学习的费用负担。

表5-12 终身学习费用需求(N=1 988)

	N值	全距	极小值	极大值	均值	标准差
只交少许费用	1 769	2	1	3	1.70	0.849
政府补助	1 555	2	1	3	1.88	0.859
完全自己负担	597	2	1	3	2.04	0.777
开课机构补助	1 279	2	1	3	2.16	0.603
子女/或亲人供给	226	2	1	3	2.44	0.686
其　他	42	2	1	3	2.57	0.770

(六) 终身学习面临多重困难,主要表现为学习地点远、时间有限和文化基础差

公民终身学习中面临的主要困难统计结果如表 5-13 所示,学习地点远(1.63),是反映最为突出的困难,说明我国终身学习场所还亟待发展完善;工作忙、家务重、没时间学习(1.71)则集中体现了现阶段的工学矛盾;最后是文化基础差(2.08)也成为制约公民积极参加学习的重要原因。基础信息部分调查显示 42.16%的被调查者是高中及以下学历,因而高层次学历提升教育仍需得到继续关注和深入推进。

表 5-13　公民终身学习面临的困难(N=1 999)

	N值	全距	极小值	极大值	均值	标准差
学习地点远	1 372	2	1	3	1.63	0.757
工作忙、家务重,没有时间学习	1 316	2	1	3	1.71	0.722
文化基础差	471	2	1	3	2.08	0.800
无法负担学费及交通费	715	2	1	3	2.21	0.716
无合适学习内容	1 031	2	1	3	2.33	0.782

四、 公民终身学习评价分析

(一) 多数公民对社会提供的终身学习服务较为满意

终身学习满意度评价通过李克特量表考察(1 = 不满意,2 = 一般,3 = 满意),统计结果如表 5-14 所示,均值为 2.10,说明公民对社会提供的终身学习服务较为满意。为了探究终身学习服务中存在的问题,明确未来的服务改进方向,进一步对选择“不满意”的人群进行原因调查(见表 5-15),其中 62.41%的人认为终身资源少及获取不便,52.13%人认为终身学习场地有限且设施不完善,45.74%的人认为学习机会较少并途径不畅;39.72%的人认为费用偏高而无法承担。因此,现阶段,我国无论是终身学习设施还是学习资源还都亟需加强建设,同时还必须综合考虑公民的收入水平和学习费用负担,尽量降低学习支出,创造更多的终身学习机会,才能有效提升公民的满意度。

表 5-14　终身学习满意度(N＝2 008)

	N 值	全距	极小值	极大值	均值	标准差
您对社会提供的终身学习服务是否满意	2 145	2	1	3	2.10	0.661

表 5-15　不满意原因统计(N＝282)

	响　　应		个案百分比
	N 值	百分比	
资源少获取不便	176	30.40	62.41
场所有限设施不完善	147	25.39	52.13
机会较少途径不畅	129	22.28	45.74
费用偏高无法承担	112	19.34	39.72
其　他	15	2.59	5.32
总　计	579	100.00	205.32

以地区、性别、年龄三个关键变量为分类依据，通过 t 检验和 one-way ANOVA 的方法开展不同群体之间的终身学习满意度差异分析(见表 5-16)，结果发现，不同地区公民之间的满意度存在显著差异($p \approx 0.000 < 0.001$)。其中上海市公民的满意度最高(2.49)，陕西省公民的满意度居中(2.24)，北京公民的满意度最低(1.85)；虽然男性公民的满意度比女性公民的满意度稍高，但二者之间不存在显著差异($p = 0.059 > 0.05$)；不同年龄段公民之间的满意度也存在显著差异($p \approx 0.000 < 0.001$)，其中 26—35 岁(2.14)以上公民的满意度相对较高，46—55 岁的满意度最低(2.01)。

表 5-16　不同人群终身学习满意度差异性分析

分类变量	取值	人数	均值	标准差	t 值	F 值	p 值
性别	男	855	2.13	0.657	1.889		0.059
	女	1 284	2.07	0.662			
地区	北京	1 031	1.85	0.586		185.631	0.000
	上海	370	2.49	0.630			
	陕西	744	2.24	0.632			

续表

分类变量	取值	人数	均值	标准差	t 值	F 值	p 值
年龄	16—20 岁	260	2.04	0.551		5.372	0.000
	21—25 岁	238	2.29	0.683			
	26—35 岁	476	2.14	0.681			
	36—45 岁	380	2.04	0.604			
	46—55 岁	249	2.01	0.675			
	56—60 岁	153	2.11	0.674			
	61 岁以上	389	2.06	0.703			

（二）终身学习服务意见与建议

针对公民提出的各类终身学习建议，通过“图悦”在线词频统计工具进行内容分析，高频词（>10 次）及权重统计结果如表 5 17 和图 5-9 所示。可知，公民的主要意见和建议集中在学习场所建设、学习资源开发、学习机会提供、学习费用分担四个方面。首先，公民迫切希望政府加强以图书馆（109 次）为典型代表的公共学习场所建设，从具体建议看，公民希望这些场所“免费开放”“离家更近”“环境安静”“方便可达”，该分析结果与表 5-10、表 5-11 的调查结果具有较强的内部一致性，并形成了三角互证。其次，公民希望政府加强职业技能、身心健康、兴趣发展等方面的优质终身学习资源建设（81 次），其中典型建议如“希望政府以后对我们农村开展更多的技术培训，使村民掌握更多科学技术”“增加家庭急救知识，心脏复苏、感冒预防”“开展生活技能和兴趣爱好培训”“开展更多丰富的创业类课程”等；再次，公民多次提出希望政府能够提供更多、更便捷的终身学习机会（57 次），如“增设夜间学习班”“开展农民科技致富学习活动”“多开短期班、假期班”等。最后，公民还希望政府能够拓展经费来源，降低学习费用（词频 31），如“免费开放公共学习场地”“大力推广文化学习资金赞助”“为偏远地区学生提供好的教育和补助”“建议网上学习不收费”等。此外，从年龄分布看，老年人群体的终身学习是公民非常关注的一个主题，具体建议包括“多举办中老年人不收费技能学习班”“在每个社区都建老年大学”“针对退休人员定时进行健康培训”等。

表 5-17　终身学习建议词频统计

排序	关键词	词频	权　重	排序	关键词	词频	权　重
1	学习	435	1	11	政府	44	0.784 2
2	图书馆	109	0.901 6	12	场地	42	0.803 8
3	设施	101	0.870 7	13	课程	41	0.789 6
4	资源	81	0.840 1	14	文化	37	0.768 3
5	建设	77	0.835 1	15	老年人	33	0.785 7
6	教育	65	0.820 3	16	知识	32	0.757
7	学校	64	0.822 3	17	费用	31	0.756 6
8	场所	59	0.829 5	18	环境	30	0.744 6
9	机会	57	0.868 8	19	老师	29	0.750 1
10	培训	50	0.799 6	20	老年	28	0.760 7

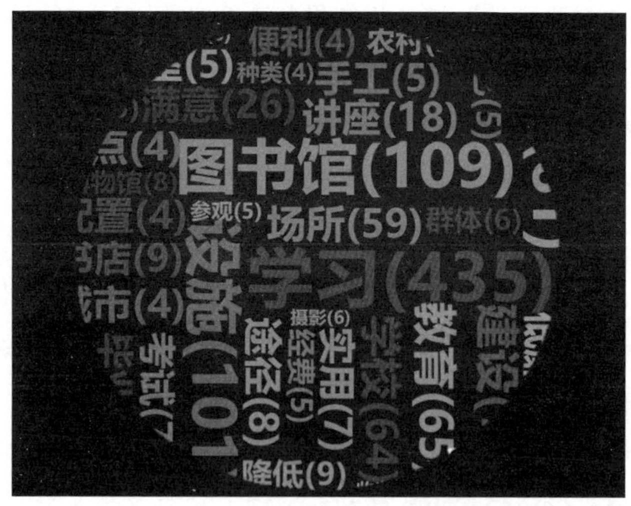

图 5-9　终身学习建议热词图

第三节　结论与建议

一、研究结论

近几年来，我国终身学习的发展路径有日益清晰的倾向，由此也推进了实践活动取得了重大进展。“十三五”期间，我国教育开始进入提高质量、优化结构和促进公平的新阶段，进一步扩大全民终身学习机会，形成更加适应“全民学习、终身学习的现代教育体系”也成为了更加紧迫的现实任务。①而通过对北京、上海、陕西共2 175名公民的抽样调查，大致可以得出以下结论：

（1）从终身学习的现状来看，公民对终身学习内涵的理解尚以正规学习为主，虽然认识不够深刻和全面，但呈现的却是积极参与的特征，而且学习的途径和方式反映的是明显的混合型学习倾向，其中信息技术对终身学习的支撑作用愈加明显。此外，从学习的驱动因素来看，公民的终身学习以满足职业发展和增加收入等外部动机为主，发展个人爱好、兴趣，让生活更有意义等内部动机则有待进一步激发。

（2）从终身学习的需求来看，我国公民参与终身学习的愿望明显呈现强烈的特点，他们认可终身学习的重要价值。首先，公民在终身学习内容方面的需求较为多样化，其中医疗保健、文艺体育、家庭生活是最受关注的三类学习主题，其都集中体现了现阶段亟须解决的民生问题。其次，公民对于终身学习活动开展的时间、方式和场所等环境因素也有着明确的需求和倾向，其中相对于脱产和半脱产两种传统培训学习方式，利用业余时间学习、在工作中学习或者在生活中学习的融合方式则更受欢迎；各级各类学校为代表的学习场所深受学习者的喜爱，并且学习者普遍希望加强图书馆、博物馆、体育馆、科技馆等开放性公共学习场所的

① 国务院：《国家教育事业发展“十三五”规划》[2017-09-04].中国政府网，http://www.gov.cn/zhengce/content/2017-01/19/content_5161341.htm，2017年9月4日。

建设。

(3) 从终身学习面临的困难来看,我国公民当前面临的主要学习困难分别是学习地点远、学习时间有限和文化基础差。其中,“时间有限”的问题已经被多个研究所证实,[①]但“学习地点远”和“文化基础差”则是本研究通过调查得出的两个新的重要论据。

(4) 再从终身学习的服务评价来看,我国公民对近年来由社会提供的终身学习服务比较满意。但是不同地区的学习者之间的满意度存在着显著的差异性($p \approx 0.000 < 0.001$),其中上海市公民的满意度最高(2.49),陕西省公民的满意度居中(2.24),北京市公民的满意度最低(1.85)。由上可见,终身学习满意度与地区经济发展水平并不直接相关,而是受公民终身学习的意识、期望以及终身学习环境的综合影响。

二、 对策与建议

根据北京、上海、陕西三地子课题报告的研究结论,结合调查数据反映出来的主要问题,课题组从与终身学习有关联的理论研究、政策制定、理念推广、环境建设、立法保障五个方面提出了具体的对策和建议。

(一) 统一思想,科学确定终身学习的内涵与外延

上海的子课题组认为,不同于国际共识,我国终身教育实践被“限制”于“现代国民教育体系以外的各级各类有组织的教育培训活动”的范围内,这不仅体现在《上海终身教育促进条例》的明确规定,而且还体现在负责终身教育的有关行政部门(它们同属于市教委下辖的业务部门),都发现了国家层面将终身教育体系和国民教育体系视为两个不同体系的分离状态,也因为两个体系之间的关系没有梳理清楚而在现实的推进中就会出现各种困境。从历史的角度来看,相对于学校教

① 陈乃林、许益军:《关于公民“终身教育和学习型社会”认知与践行状况的实证研究——基于江苏省南京市的调查》,《教育发展研究》,2007 年第 10A 期,第 75—79 页。于燕、弓鸿午、施径科:《广州居民终身学习的需求分析与对策研究》,《广州广播电视大学学报》2016 年第 5 期,第 1—6 页。

育，校外的继续教育形式长期发展不成熟，在短时间内被视为是发展与关注的重点，其具备一定的合理性。但需要指出的是，终身教育关注学校外教育，并不就意味着排斥学校教育，而简单将终身教育体系和国民教育体系予以“分别”推动，固然有助于明确职责、集聚资源，但是“两个体系论”的思路与设计，却极易在实践层面造成混乱与困惑。一方面，终身教育容易被简单地误认为就是学校后的继续教育或成人教育。而把学校教育排除在终身教育之外，不仅狭隘了终身教育的内涵，而且容易造成终身教育在实践中被沦为“边缘角色”，从而为终身教育政策的推进落实造成很大障碍。另一方面，发展终身教育的关键，在于统合包括学校与学校外教育的所有资源，“两个体系论”的思维与设计，从根本上排斥了学校教育原本应该在终身教育体系中所占重要地位和发挥重要作用的意蕴，如果长此以往，则必将对两者后续的“统合”造成更大障碍。总之，将终身教育体系视为“国民教育体系”之外的教育系统，虽然是因为暂时无法达成共识而采取的“不得已”的“折中选择”。但是，伴随终身教育理论与实践的不断深入，人们已在社会实践中获得了越来越多的共识，后续终身教育政策就应当首当其冲地突破这一“障碍”，切实地加强“国民教育体系”和“终身教育体系”的有机融合，以实现各级各类教育有望通过“统合”的机制而按照人一生发展的需要给予支持与提供全面教育机会的设想。

（二）转变观念，增强公民对终身学习的深度认知和内部动机

中国经过近40年的改革开放，经济、社会都有了很大的发展，同时创造了繁荣的局面。这样的经济、社会乃至文化繁荣的局面，既有赖于过去几十年观念转变的先行，也有赖于人们继续转变观念的现实。美国经济学家戴尔得丽·麦克洛斯基认为，让世界繁荣的力量既非资本积累也非制度法律，而是人们的观念或思想。可见，观念和思想形成的重要性。党的十九大报告在优先发展教育事业的部分中强调：“办好继续教育，加快建设学习型社会，大力提高国民素质。”对此北京的子课题组指出，树立与现代社会发展相适应的学习观念和理念，是国民素质的核心要求。随着社会发展的步伐越来越快，只有始终坚持终身学习，才能适应社会发展的需求，并实现思想创新，提升生活品质，追求人生价值。如果没有学习，

就没有个人、团队、组织、地区和社会的进步，同时也就没有繁荣、全面和可持续发展的可能。

调查显示，尽管多数公民认同终身学习对个人发展的重要意义，同时愿意参与终身学习（表 5-8），但由于缺乏对终身学习内涵的深刻理解（图 5-1），导致参加终身学习的内部动机及需求不明晰、不强烈（表 5-5），少量学习者依然存在着学习无用或浪费时间的思想（图 5-7），而致实际学习时间和经费的投入有限（图 5-2、图 5-3）。因此，需要通过多种途径加大终身学习的宣传与推广，以提高公民的关注度和参与度。对此，首先建议应进一步扩大“全民终身学习活动周”的覆盖范围，如目前陕西省主要在各地市和县区开展，今后可逐步拓展到乡镇和农村，并开展终身学习“下乡”活动，以确保全体公民能真正看到、听到并参与其中。其次，各类媒体机构应广泛宣传终身学习的推进动态与实践活动，注重发挥百姓学习之星、学习型家庭、学习型社区等先进典型的辐射与带动作用，以构建良好的学习氛围和学习文化。再次，以国家开放大学为典型代表的终身教育机构应充分发挥自身的系统化、现代化办学优势，①以依托广泛覆盖的省、市、县三级办学机构，组织开展各类正规、非正规和非正式的终身学习体验活动，以让公民充分认识到终身学习的丰富内涵和重要价值。

（三）软件硬件并重，构建开放、便捷的信息化终身学习环境

学习环境是终身学习赖以开展的基础，对公民的学习体验和参与热情具有直接影响。上述调查结果也揭示了我国公民对现有终身学习的服务感到不满意的原因大多与软件与硬件的学习环境有关（表 5-14）。

为了进一步完善信息化终身学习的环境，陕西子课题组提出，首先应积极应用信息技术构建有线无线一体化的开放、便捷与泛在的网络学习环境。鉴于信息网络已经在终身学习中广泛应用并深受公民认可的事实（表 5-4、表 5-6、表 5-7），课题组认为可以进一步增强广播、电视和计算机网络的服务功能，并通过降低服务成本来创新终身学习的实践模式，以此促进信息技术与终身学习的深度融合。

① 毛佳莹：《终身教育视角下开放大学教育功能研究》，华东政法大学硕士学位论文 2015 年，第 45—52 页。

其次，是需要继续优化以各级各类学校为典型代表的正规教育环境（表 5-10），着力于加强图书馆、科技馆、博物馆等非正规和非正式学习支持环境的建设（表 5-11），并亟需考虑在城市社区和广大农村增设一定数量的学习中心、文体场馆，以促进终身学习资源的均衡配置。最后，还需要针对我国公民多样化的学习内容需求，通过开发、购买、征集和共享等方式建设公民急需的医疗保健、科技文化、子女教育等公共教育资源（表 5-9），同时还应发挥区域优势，如陕西省可建立大美秦岭（西安）、红色革命故事（延安）、果树种植培训（洛川）等具有区域性特色的终身学习资源。

（四）加强终身学习多方协调保障机制的建设

三地的子课题组亦都一致认为需要加强终身学习多方协调保障机制的建设。具体的做法是，首先需要借鉴国际经验，促进终身教育立法和相关政策的出台。众所周知，实现终身教育立法化是国外推进终身教育的重要一环，虽然我国部分地区已经出台地方性终身教育条例，但是全国性的教育立法尚未实现，已有的地方立法也存在一定问题，需要进一步修订。因此，在本土化的基础上努力借鉴国外经验，继续加大力度推动终身教育向立法化的层面大步迈进，这无疑是一个十分紧迫的任务。由于国际经验是国家制定终身教育政策的重要参照，而国际终身教育新潮流也是我国努力的发展方向和目标，但是需要避免以往借鉴国际经验停留在表面和形式化的层面，这就需要在借鉴的过程中进行深入的理论研究，对国外经验与先进潮流要有深入透彻的理解，同时对我国教育传统和实践环境要有明确的把握和认识，以实现国外先进经验、先进潮流与我国本土实际的有机结合。

其次，是需要明确职责，建立顺畅有效的终身教育的治理体系。终身教育、终身学习是融入于整个社会的教育和学习形式，它涉及每个人、每个组织、每个部门、每个行业和系统，因此它不单纯是教育部门一家能做的事情，而是全社会的责任。为此，加强终身教育与终身学习的治理体系建设，建立政府、社会、市场等多元主体的合作和共同推进机制，由此才能有效促进终身教育与终身学习服务体系的完善。在具体问卷调查的开展过程中，陕西省课题组也对终身教育管理与实施单位的人员进行了访谈。如陕西省教育厅职教成教处、西安市莲湖区职教成教科、西安/延安/商洛广播电视大学等，其中反映最为强烈的一个问题，就是终身学习目前尚未形成顺畅的管理机制。其具体表现在政府管理机构的缺位、实体职能单位建设的不全、专业人员队伍的缺口巨大等三个方面。现状往往是“一个单位多块牌子、一个人员身兼多职”，这就极大地制约了西部地区终身学习的快速发展。北京地区的调查研究亦指出，由于社区终身教育的实施网络、机构建设的不实，服务社区教育、终身教育的管理人员、教师待遇不高、职称评定受限，由此导致人员不稳、队伍建设十分薄弱。因此，必须继续加强社区教育、终身学习领域队伍建设的调查研究，以切实解决问题，达到稳定发展专业队伍的需求。由于目前我国尚未设立国家级的终身学习统一管理机构，①西部地区省市教育管理部门中大多将相关业务归口于职教成教处(科)，由此终身教育的实践范畴被严重缩小或偏移，导致不能有效实现各级各类学习活动的统筹管理。因此，为了破解终身教育的发展困境，课题组建议我国可参照日本文部省设立终身学习局、韩国设立终身教育振兴院的经验，在国家层面设置终身学习行政管理单位，并形成顺畅的省、市、县三级归口的管理体制。

最后，是需要建立一个统筹协调，形成多方分担的终身教育的经费保障体系。经调查显示，我国公民的终身教育费用及负担还是比较重的，因此希望政府、社会和个人能够合理分担。如西部地区经济发展水平相对落后，被调查的陕西省10个地区中包含3个国家级贫困县(宜川县、商州区、山阳县)，普通民众能够独立承担的学习费用很为有限，因此亟需统筹协调，形成多方分担的终身教育经费保障体系。首先，政府部门应加大终身教育的经费投入，建设服务功能更加完善、覆盖范围更加广泛的终身学习公共设施以及丰富优质的学习资源；其次，是企事业单位应更新人力资源观念，积极通过新员工上岗培训、在岗人员职业技能提升培训、骨干人员拓展培训等多种措施为员工创造多样化的终身学习机会；其三，是教育部门可以通过设立终身学习奖助学金、减免学费、发放终身学习卡等方式减轻我

---

① 吴遵民:《中国终身教育体系为何难以构建》,《现代远程教育研究》2014年第3期,第27—31页。

国公民的学习负担；最后，我国公民亦应正确看待学习费用投入的问题，摆脱那种等、靠、要的陈旧思想，牢固树立“知识改变命运”的信念，同时通过终身学习获得丰富的知识、技能，进而实现教育致富，提升生活质量。

（五）科学决策，建立理论先行、学者建言、民众参与

三地子课题组对于建立一个政府统筹的政策决策机制也达成了充分一致的意见。课题组认为，首先应确立理论研究先行、理论指导实践的政策制定基础。为了解决理论研究滞后带来的政策导向迷失、政策推进无力的困境，就必须确立理论研究先行、理论指导实践的政策制定基础。换言之，在确立政策制定之前，首先应该进行深入的先行理论研究，厘清终身教育、终身学习、学习型社会、国民教育体系和终身教育体系等的理论内涵，同时明确政策制定的价值基础与导向；还要深入厘清终身教育体系与现存的各种教育系统和教育培训系统之间的关系，并深入厘清中国目前终身教育推进过程中的有利因素与阻碍因素，以及深入把握我国终身教育的发展现状等，由此才能为制定深入的终身教育政策奠定坚实的基础。

其次，课题组建议建立学者建言、民众参与、政府统筹的决策机制也非常重要。众所周知，学者是先行理论研究的直接参与者，其一般对终身教育相关理念、中国以及世界终身教育推进的进程方向等都有比常人深入的研究和认识。因此倡导学者建言，就可以保证政策的理论基础和理论导向不出偏差，其也有助于终身教育政策的贯彻与落实。而民众是实施终身教育的直接参与者，如果从政策制定的开始就能保证民众的积极参与，这不仅将有助于提高民众对终身教育的认识水准，而且也有利于政策在制定之初对民情的了解，而这都是保证一项政策得以科学合理制定的基础。又由于政策的制定属于政府的行政行为，因此政策的制定断然离不开政府的统筹，如果有学者的建言、民众的参与，其最终对于一项导向明确、举措有力政策的制定都将具有事半功倍的重要作用，因此建立一个由政府统筹的政策决策机制很有必要。

三、 研究的局限与不足

对普通公民的终身学习现状与需求进行实证调查是一项内容复杂、地域覆盖面广、人员类型多样、年龄跨度很大的调研活动。作为大规模的实证研究，该调查的样本选取虽有一定的代表性，但与国内外相关研究相比，本研究仍然存在以下四方面的不足：一是从样本的覆盖面来看，由于研究人员时间紧、精力有限以及研究经费的限制而无法在选取调查对象上采取基于人口总数的随机抽样，目前仅选择了上海市、北京市和陕西省三个地区的部分人员作为整个调查的样本。又由于本研究缺少行政力量的支持与帮助，因此也较难深入基层开展入户调查，由此导致样本中乡村居民偏少，城乡人口比例不够合理，因此得出的结论具有一定的局限乃至偏差。如果能有效扩大调查范围，在更多的人群中抽样，则结论将更加客观与全面。二是从调查内容来看，由于终身学习的内涵非常丰富，以至于国内外的学者至今亦尚未形成统一的见解。而已有的涉及终身学习现状和需求的调查问卷设计亦多是基于不同的研究框架自主研发，调查项目之间的差异较大。本研究的问卷设计虽然参考了先前的研究成果，但由于有自身特定的调查目的和背景，因此亦仅能作部分参考。三是从调查的问题类型看，由于涉及终身学习的动机、学习的投入、学习的活动、学习的场所、学习的费用等方面的综合信息搜集和重要性的判断，因而多以单选、多选或排序题为主，从而无法形成统一的量表型问卷。此外，部分调查内容还设置了追问，这在一定程度上提高了调查的深度，虽然此举便于进行相关行为的原因分析，但被调查者反映问卷的难度较大，由此也出现了对作答要求理解的不准确现象，从而导致了一定数量无效问卷的产生。四是从数据分析来看，不同问题类型的需要虽然采用了不同的分析方法，但本次调查的因变量大多是非连续变量，因此数据分析只能以描述统计为主，辅以少量的群体差异性分析，较为深度的关联分析和回归分析显得不够充足。本次调查完成后，课题组将根据被调查者的反馈和数据分析中发现的问题对问卷再做进一步的规范和优化，以便在后续高质量的开展全国范围的终身学习调查研究中，能够进一步厘清我国公民终身学习的真实现状和需求，从而为建立科学、先进、高效、适切的学习型社会提供实证依据。

第六章　信息技术在终身教育体系构建中的作用与意义

1972年，联合国教科文组织在《学会生存：教育世界的今天和明天》的报告中提出了学习型社会（Learning Society）的构建，从而使得这一概念开始为国际社会所关注。[①]2002年10月，党的十六大报告亦正式提出要建设“全民学习、终身学习的学习型社会”，自此国内有关“学习型社会”的理论研究与实践探索即如火如荼地开展起来。[②]2017年，党的十九大报告再次明确指出，要“办好网络教育、继续教育，完善职业教育和培训体系，加快建设学习型社会，大力提高国民素质”。[③]简言之，建设学习型社会，其本质就是要建设全民学习、终身学习的社会，就是要构建一个终身教育的国家体系。然而就现阶段来看，虽然终身教育体系的构建自1995年以来就被写进了《中华人民共和国教育法》，但至今尚未取得实质性的突破，其关键之处就在于正式教育与非正式教育之间尚缺乏有效的互联与互通的机制。[④]不过处在一个信息技术的时代，如何充分利用电子计算机、遥感技术、现代通信技术、智能控制技术等来获取知识、传递信息、存储学习资料、显示学习过程，则为上述各种不同类型、不同形态教育之间的互通与互融创造了可能的条件。所

① 顾明远、石中英：《学习型社会：以学习求发展》，《北京师范大学学报》（社会科学版）2006年第1期，第5—14页。

② 刘红英：《学习力：学习型社会的核心能力》，《中国成人教育》2008年第7期，第30—31页。

③ 习近平：《十九大报告》，中国政府网.www.gov.cn.2017年10月18日。

④ 吴遵民：《中国终身教育体系整体构建的策略与思考》，《江苏开放大学学报》2015年第6期，第5—9页。

谓现代信息技术，其英文名为 Information Technology，简称 IT。信息技术主要是应用计算机科学和通信技术来设计、开发、安装和实施信息系统及应用软件。它也常被称为信息和通信技术（Information and Communications Technology，ICT），主要包括传感技术、计算机技术和通信技术。就当前而言，世界各国都在积极利用信息技术的革新来转变教育教学方式，如把多媒体、网络技术、云计算、大数据、人工智能、AR/VR 等技术引入到教学中，这一发展已成为教育现代化的必然趋势。现代信息技术在教育中的应用，也引发了教育模式、教学手段和教学方法的显著变化，同时它也为终身教育体系的构建提供了载体和可能。①

本章的研究将就信息技术与终身教育体系构建的关系进行深入分析，同时探索信息技术在终身教育体系构建中的作用与具体应用，以期为我国终身教育体系的形成提供可行的路径。本研究的文献样本来源于中国知网（CNKI）和 ERIC、Science Direct、Wiley Online Library、Web of Science Core Collection 4 个外文数据库。在 CNKI 中，以其收录的核心、CSSCI 期刊和博、硕士论文为来源，以“终身教育、终身学习”“信息技术、信息通讯技术、IT、ICT、信息化、数字化”并含“体系”为关键词进行主题检索。在剔除会议通知、图书介绍等无关文献后，最后得到有效文献 76 篇。在外文数据库中，以检索式 TS = (("lifelong learning" OR "lifelong education") AND (ICT OR "information technology") 进行筛选，最终得到有效的英文文献 79 篇。

在整理阅读国内外相关论文的基础上，本研究首先对终身教育的概念、源起以及终身教育体系构建的必要性、内涵进行概要性的综述与分析；与此同时，还简单梳理了我国终身教育的发展历程，并结合信息技术在各个发展阶段的不同表现与形式，绘制出了我国终身教育体系下信息技术的发展变化图；然后通过对比分析国内外信息技术在终身教育体系中的具体运用案例，去深入剖析当前发展过程中面临的机会与挑战，并从教学和公共服务的角度提出对应的解决策略，以期为我国终身教育体系的构建寻找合适的推进路径。本章将主要围绕以下三个问题

① 齐幼菊、尹学松、厉毅：《现代信息技术环境下终身教育体系的构建》，《远程教育杂志》2010 年第 5 期，第 79—83 页。

展开：

（1）信息技术在终身教育体系构建过程中的表现形式是什么？

（2）信息技术在终身教育体系构建过程中的重要作用有哪些？

（3）信息技术在终身教育体系构建过程中又有哪些具体运用？

第一节　终身教育与终身教育体系的基本内涵

一、终身教育

自法国成人教育学家朗格朗提出终身教育（lifelong education）理念以来，[①]终身教育即在世界范围得到广泛的传播。1965年，朗格朗在第三次联合国教科文组织召开的国际成人教育促进委员会上提出了有关终身教育的提案，他认为教育应该贯穿于人的一生，并成为一生不可缺少的活动。1995年，联合国教科文组织又发表了《教育——财富蕴藏其中》的报告，该报告将终身教育理解成“与生命有共同外延并已扩展到社会各个方面并连续性的教育称之为终身教育”。换言之，终身教育不仅重视职业训练方面的功能，而且更加重视在人格塑造、个性发展、潜能开发以及批判精神方面的作用。有鉴于此，本研究认为终身教育所追求的应该是一个人全面而和谐的发展，是从摇篮到拐杖贯穿人一生的教育活动，是强调个体不断自我完善与发展的成长过程。

二、终身教育体系

体系也称系统（System），一般系统论创始人贝塔朗菲将其定义为相互联系、相互作用的诸元素的综合体。钱学森则认为系统是由相互作用、相互依赖的若干

---

① 顾明远：《终身学习与人的全面发展》，《北京师范大学学报》（社会科学版）2008年第6期，第5—12页。

组成部分结合而成的，具有特定功能的有机整体，而且这个有机整体又是它从属的更大系统的组成部分。我们此处所研究的对象特点，是在于这个系统是服务于终身教育的。党的十六大报告曾明确指出，完善我国现代国民教育体系和构建终身教育体系是全面建设小康社会的重要目标。就现代国民教育体系而言，它的主体部分是学校教育系统，但终身教育体系不是学校教育的对立面，它应该既包括学校教育、又涵盖超出学校教育范围的部分。所以，终身教育体系的建立，不仅是教育自身发展的必然规律，而且也是现代社会发展的必然选择。

众所周知，我们所处的信息时代是一个知识爆炸的时代，一个人在学校获得的知识和技能并不能满足人一生发展的需要，因此社会必须对每一个人提供对应的教育来满足人们在不同阶段和不同层次的学习需求；再就另一方面来说，在现代社会中，教育不仅只是一种“投资”，而且还是一种“享受”，因为它不仅是人力资源开发的过程，同时更是人实现自我目标的追求。①由此，社会应该为人的发展提供一个相对成熟的教育体系，并最大限度地去创造学习环境和学习条件。

由上所述，我们未来所要构建的终身教育体系，应该是具备全面性、整体性、开放性和灵活性等多种特点，同时又需要与全球化、信息化和老龄化社会的现实需求相适应的，而这才是终身教育体系构建的必备特征。②因此，基于以上的研究思路，本书在行文过程中，一方面认可客观上已经存在着与终身教育密切相关的“体系”，但在另一方面又认为这个“体系”还很不完善，还没有成为“显性”的、明确的体制或机制，因此亟待建立与完善。

三、 信息技术在终身教育不同发展阶段的重要作用

为了科学的论述我国终身教育的发展历程，国内众多学者对此进行了梳理。如吴国等学者通过对海峡两岸与终身教育有关的研究报告、论文、论著等资料的调研、分析与甄别，对两岸终身教育的背景、发展历程和实践展开等进行了比较，

① 谈松华：《建设学习型社会与教育信息化》，《中国远程教育》2003 年第 19 期，第 5—8、78 页。
② 常咏梅：《运用现代远程教育网络构建终身教育体系》，《电化教育研究》2003 年第 11 期，第 50—53 页。

他认为大陆地区的终身教育发展可分为**理念引入期**(20 世纪 70 年代末至 80 年代末)、**酝酿规划期**(20 世纪 90 年代初至 90 年代末)、**实施推进期**(2000 年开始至今)。①华东师范大学的朱敏等结合历史和比较的研究方法,在全球发展脉络中系统的分析了终身教育、终身学习和学习型社会这三大理念的概念及发展,她将终身教育分为超越制度教育、关注全民教育和顺应社会变革三个阶段;②葛喜艳则从国家政策的视角出发,将终身教育的发展分为**理念启蒙阶段**(1993 年至 2002 年)、**目标确定和初步实施阶段**(2002 年至 2009 年)、**政策多样化发展阶段**(2010 年至今);③吴遵民亦通过对历史回顾及现状分析,对我国 30 多年终身教育发展的历史脉络与现实困境进行仔细梳理与明晰分析,他认为终身教育的发展可分为四个阶段:**酝酿期**(20 世纪 70 年代末期至 80 年代中期)、**初始期**(20 世纪 80 年代中期至 90 年代初期)、**摸索期**(20 世纪 90 年代)、**深化期**(21 世纪初至今)。④其中,吴遵民由于一直从事教育政策分析、终身教育的理论研究,因此他提出的终身教育四阶段论依据明确、描述清晰,符合国内广播电视大学、卫星电视教育的开创,全国广播电视大学系统建设的发展,故本研究特采用吴遵民对终身教育发展阶段的划分,分别对信息技术在各个阶段的具体应用进行描述。(见表 6-1)

表 6-1　我国信息技术在终身教育发展历程中的表现形式⑤

时期	酝酿期	初始期	摸索期	深化期
时间	20 世纪 70 年代末期至 80 年代中期	20 世纪 80 年代中期至 90 年代初期	20 世纪 90 年代	21 世纪初至今

① 吴国、叶必锋:《海峡两岸终身教育发展的比较研究》,《远程教育杂志》2013 年第 2 期,第 100—106 页。

② 朱敏、高志敏:《终身教育、终身学习与学习型社会的全球发展回溯与未来思考》,《开放教育研究》2014 年第 1 期,第 50—66 页。

③ 葛喜艳:《中国终身教育发展的回顾与反思——政策分析视角》,《成人教育》2013 年第 8 期,第 20—23 页。

④ 吴遵民:《终身教育发展的中国经验——改革开放 37 年终身教育的历史回顾与展望》,《江苏开放大学学报》2016 年第 1 期,第 10—18 页。

⑤ 杨宗凯、杨浩、吴砥:《论信息技术与当代教育的深度融合》,《教育研究》2014 年第 3 期,第 88—95 页。

续表

时期	酝酿期	初始期	摸索期	深化期
信息技术表现形式	普通高校函授教育向广播电视大学转型	卫星电视教育的开创	全国广播电视大学系统建设 多种媒体远程教学教材建设 “天网”“地网”建设	开放大学终身学习卡制度、电子化社区、数字化学习港、数字化图书馆
政策	1978 年，邓小平亲自倡导并批准创办中央电大	1993 年 2 月，终身教育第一次被写入国家重要教育文献，由国务院印发的《中国教育改革和发展纲要》	1995 年，终身教育写入《教育法》 1999 年，国务院批转《面向 21 世纪教育振兴行动计划》	2005 年 8 月，福建省制定了大陆第一部终身教育地方条例——《福建省终身教育促进条例》 2016 年，《教育部关于办好开放大学的意见》颁布
实施效果	中国广播电视大学得到了飞速的发展，形成了一定规模的全国性远程教育系统	卫星电视教育专用频道开通，然而广播电视大学主营的高等专科教育规模的严重萎缩	普通高等学校纷纷创办现代远程教育，中央广播电视大学加快教育信息化、现代化建设的进程并取得了明显成绩	有比较完善的数字化教育教学系统，开始发展大众化的数字化学习，建设一系列终身学习公共服务的平台

通过表 6-1 对我国信息技术在终身教育发展过程中的表现形式进行梳理，其在不同发展阶段的信息技术应用及作用如下：

（1）酝酿期：20 世纪 70 年代末，“文化大革命”的十年动乱严重摧残了整个教育事业，使本来就不发达的国民教育越发落后，与国民经济和社会发展的目标也严重不相适应。但是，当时出现了广播电视大学，由此亦在一定程度上解决了我国就业人口学历低下，科技人才和管理人才缺乏，文化水平和业务素质普遍不适应现代化经济建设需要的严峻问题。

（2）初始期：在这一阶段，我国卫星电视教育兴起，并同时开通了两个专用教育的卫星电视频道。然而由于教育市场的变化，在该阶段我国高等专科教育的规模出现了严重萎缩的形势，以至于终身教育亦处于调整阶段，信息技术发挥的作用不明显。

（3）摸索期：“天网”“地网”的建设使得这一时期有效解决了教育资源共享的

问题。尤其是电子邮件、双向视频的教学系统、电话和语音信箱等技术的应用，为学习者提供了更加便捷的学习支持服务。在这之前的主要特征是在学校内主要由教师们凭借教室、实验室、图书馆等教学设施，在围墙封闭起来的校园内进行信息教育。但这一时期则在政府的大力推进之下，形成了覆盖全国城乡的开放教育网络，其打破了传统教育的校园限制，使得信息技术为终身教育服务成为可能。也即通过信息技术面向全社会的不同群体，以为终身教育的深入开展开辟广阔前景。

（4）深化期：在这一时期，信息技术的利用也有了新的进展，其对终身教育体系构建的重要作用主要有以下四点：一是提供微型学习方式，即通过信息技术的发展促进了学习方式的革新。具体表现为由传统的学习方式向信息化的学习方式转变，如 E-learning、移动学习、泛在学习、计算机支持的协作学习、翻转课堂的学习等。二是数据量的剧增，信息技术开始被应用于进行学习分析，学习过程诊断，学习效果的提升等方面。由于泛在网络环境下学习数据的高速度增长，加上线上线下学习方式的不断革新，以及学习分析技术的出现，均为学习者学习效果的促进增添了力量。而数字媒体和分析技术的发展，又使得学习和教育方式日趋多元化和立体化。尤其是学习分析开始融合到在线学习、混合式学习、协同学习和虚拟化学习之中，其学习效果大大提升。①利用学习分析的技术分析教育过程中产生的数据，将有利于对学习进行分析预测和干预，再通过持续进行的数据收集以及数据分析，可以形成良性的数据循环。三是提供了协作学习的平台，实现了资源共享。在这一时期，数字化学习港、数字化学习乡镇、数字化学习企业等公共服务体系的开展风生水起，其最大优势就是实现了学习的交互性和资源共享，对于推进教育资源整合、优化和共享发挥出了重要作用。②四是现代远程教育工程建设的发展，其核心就是教育资源建设，即随着计算机网络技术和通信技术的发展，教育成本会逐渐降低，加之国家对于远程教育的重视，从教育部基础教育司、教育部科技司、中央电教馆，到各省市教育委员会、各级各类学校、教育机构及商业机构均先后建立了基于网络的教育资源库，且资源表现形式灵活多样，其亦

① 杨宗凯、杨浩、吴砥：《论信息技术与当代教育的深度融合》，《教育研究》2014 年第 3 期，第 88—95 页。
② 任为民：《学习型社会、数字化学习港与公共服务体系》，《开放教育研究》2007 年第 1 期，第 9—13 页。

充分发挥了多媒体技术的优势。由于在教育资源建设方面取得了丰硕的成果,由此也极大地推动了终身教育的发展。[①]需要指出的是,在教育技术的应用管理方面,“中央电化教育馆(http://www.ncet.edu.cn)”仍然没有更改名称,但是在百度等搜索引擎检索却会很容易发现一些地方电教馆的名称变化,如由“电化教育馆”改为“教育信息化管理中心”的,这种变化对于终身教育体系构建产生的影响还尚需研究。

第二节 信息技术在终身教育体系构建中的具体运用

本研究在对国内外信息技术在终身教育体系中的具体运用经过深入研究以后发现,其主要表现在持续性、普适性和开放性等方面,其同时亦为建设覆盖城乡各级各类学校的终身教育体系、促进优质教育资源的普及共享、提升教育质量和教育公平、支持继续学习、构建学习型社会等开辟了全新的方向与路径。[②]以下摘取 2000 年以来的部分典型案例予以说明。

一、 农远工程

长期以来,在我国乡镇和农村的中小学由于受到经济的制约,教育水平明显落后于城市学校。而要缩小城乡教育差距,提高农村教育的质量和效益,如果按照常规方式则难以在短期内取得突破性的改变。但现代信息技术和远程教育技术的发展,则为加快农村教育的发展,实现城乡优质教育资源的共享提供了可能。2003 年 9 月,在全国农村教育工作会议上国务院发布了《关于进一步加强农村教

① 孙路路、龚建荣:《教育资源共享现状分析及共享平台研究》,《中国教育信息化》2008 年第 24 期,第 69—72 页。

② 谢巍、何晓莉:《以区域数字化教育公共服务体系推进学习型社会共享共建——广州数字化学习港实践成果的思考》,《中国远程教育》2013 年第 3 期,第 22—26、95 页。

育工作的决定》，决定明确启动并全面实施“农村中小学现代远程教育”工程（简称“农远工程”）。实施的目的是为了更好地实现教育公平，同时把优质教育资源引入农村中小学，以提高农村教育的质量和效益。这不仅是我国基础教育信息化发展过程中的一大壮举，同时也是我国教育史上规模最大、影响人群最多的信息化工程之一。①因为它不仅给农村地区带来了先进的教育装备和现代信息技术，而且也使农村教师有机会接触到最新的教学手段，另外由于大量新的教学理念的引入，使得教师们对新课改也有了更好的理解，教学活动更为丰富且有效。②

在实施过程中“农远工程”得到了政府部门的极大重视，教育部、国家发展改革委员会、财政部联合成立了农村中小学现代远程教育工程部际协调小组，研究制定试点工作规划和实施方案，同时对试点工作进行统一部署，组织实施，监督检查以及协调试点工作中出现的重大问题。协调小组的成立有效地保证了对工程的宏观监控与指导。在配套资金落实方面，针对不同地区亦采取了不同的政策，如其中给予西部地区 2/3 的补助，中部地区 1/3 的补助，而东部地区基本上由地方财政投入，由此进一步缩小了发达与欠发达地区教育投入的差距。

尽管如此，“农远工程”作为我国信息化促进农村基础教育发展的首次实践与探索，在建设、应用与发展过程中，也难免会出现一些问题。首先在师资培训和指导方面，表现在硬件设施的操作，能力、教学法和资源的应用上，还没有做到与教师原有的学科相结合，所以难以促进和保证一线教师应用现有“农远工程”的设施和资源开展有效教学。有学者经过调查指出，经过几年的使用之后，大多数“农远工程”试点学校都出现了设备老化的现象，由于缺乏专业人员的及时维护和不断更新，其有效性正在降低。③作为我国农村教育信息化的重要组成部分，“农远工程”要持续有效地进行，就既要兼顾地区差异，更要增强农村教师培训的可操作性，尤其对项目学校应该给予持续不断的教学支持和服务，同时通过保障制度的

① 曾祥翊：《我国农村中小学现代远程教育工程述评》，《中国电化教育》2011 年第 1 期，第 30—35 页。

② 汪基德、冯永华：《“农远工程”的发展对我国基础教育信息化的启示》，《教育研究》2012 年第 2 期，第 65—73 页。

③ 王继新、陈梅芬、陈文竹：《“后农远”项目的思考——对“农远工程”百校五年发展绩效研究的总结与反思》，《中国电化教育》2015 年第 1 期，第 51—55 页。

完善，去促进农村学校的信息化尽快迈上新的台阶。

二、 数字化学习港

数字化学习港（e-learning Port，eLP），是由国家教育部高等教育司在2006年启动的教改项目。它是遵循党的十六大报告所提出的“形成全民学习、终身学习的学习型社会，促进人的全面发展”的教育大背景而创导的一种新型教育模式。简单来说，它是以现代信息技术为支撑，面向社会大众提供终身教育的服务环境。数字化学习港的运行模式与电子商务B2C模式相类似，即学习者作为“买方”，学校作为“卖方”，教育服务提供者作为“第三方”，并共同遵循相应的教育行为法则，面向学习者传输有形产品（如教材书籍）和无形产品（如数字化学习资源）。①

学习资源的共享与共建一直是建设数字化学习港的基础也是难点之一，但通过建立区域数字化教育的公共服务体系则是解决资源共享共建的关键。以广州市为例。广州数字化学习港在政府的主导之下，由广州市广播电视大学和广州远程教育中心携手建设，其立足于广州，致力于低成本、高品质的教育服务，持续探索终身教育与信息技术的融合，同时形成了集建、管、督、教、学于一体的第四代网络教育模式。它提出的第四代网络教育模式注重的是实现信息技术与教育有层次的融合：通过搭建虚拟的校园环境，传递数字化学习港的价值和终身学习的理念，而使各级各类教育受众在拥有信任感的基础上，发现他们的潜在学习需求。而在课程层面，则采用情境化教学等方式增强网络教学的交互机制，保障教学的参与度。与此同时还通过加强服务与信息技术的融合，以满足教育受众者不同的学习需求，并提供个性化辅导和情感服务体系。充分应用先进的信息技术和数字化手段，搭建软件基础设施，汇集整合多种数字化资源，建设公共服务门户平台，则是促进学历教育和非学历教育之间的交流合作，并着力推进终身教育体系建设的有效举措之一。

---

① 陈德人、张尧学：《数字化学习港：构建面向终身学习的学习型社会》，杭州：浙江大学出版社2009年版。

数字化学习港发展至今，也同样呈现出了一些问题与不足。例如平台在运行过程中，并没有很好地从学习者的视角出发，为学习者提供足够自主、个性化的终身学习。又如在运行效果方面，则出现了资源整合效能不足、学习资源使用效率不高的弊端。目前，各教育机构均将着眼点和关注点聚焦于自身的建设与发展上，而这种重视商业化的学历教育方式，过于强调竞争，缺乏合作理念，也导致资源共享出现了问题。再从外部支持来看，政府在资金、政策等方面的推动力度也不够大，因此亦影响了终身学习平台的长远发展。①

三、学分银行

2010年，由国务院发布的《国家中长期教育改革和发展规划纲要》明确指出，探索建立学习成果认证和“学分银行”制度，实现不同类型学习成果的互认和衔接。学分银行(credit bank)概念的提出，主要借鉴了传统银行存储、兑换货币的功能特点，即通过学分积累、学分转换、学分互认、学分评价等机制，使得学习者能够自由选择学习内容、学习时间、学习地点的一种管理模式。②20世纪90年代，由欧洲委员会推出的“欧洲学分转换与累积系统”(European Credit Transfer and Accumulation System, ECTS)是目前世界上可以追溯到的最早也是较为完备的学分银行系统。③ECTS的成功在世界范围内受到了广泛的关注，尔后，美国、澳大利亚、加拿大、韩国等国先后建立了学分银行制度以促进终身教育的发展。

学分转换与成果认证机制一直以来都是学习银行研究的重点课题，针对认证标准、运行机制、工作绩效、学习者满意度等的测试，可以定期评估各级学分银行，判断其是否具备学习成果认证与转换的资质。目前，国内地方学分银行和开放大

① 吴兴华：《终身学习平台建设策略研究——以广州数字化学习港为例》，《福建广播电视大学学报》2014年第3期，第17—19页。

② 黄欣、吴遵民、蒋侯玲：《论现代“学分银行”制度的建设》，《开放教育研究》2011年第3期，第42—46页。

③ 杨晨、顾凤佳：《国外学分银行制度综述》，《中国远程教育》2014年第8期，第29—39页。

学已经取得了一定的成果，但由于缺乏国家层面的统一转换标准，亦出现了地区性发展不均衡的状况。笔者以为，现阶段我国可以在现有成果的基础上（如上海学分银行提出的学分认定标准、国家开放大学编制的系列管理文件等），从需求量较大的专业或行业出发，制定出符合学术和行业规范的学分认证标准，同时实现国家基准的统一化和标准化的学分银行认证框架，以逐步提升学分银行对学习成果进行认证的公信力与权威性。

除此以外，由于学分银行的运作规模庞大而复杂，早期容易造成人力物力的大量消耗。而随着人工智能时代的到来，大数据、云计算、区块链等则可以为学分银行的运作提供有力支撑。①当前，学分银行平台的构建主要以互联网为依托，在大数据技术的背景之下，可以采用多层次、多角度和多元化的管理策略，以实现各类教育机构、培训机构、网络课程学习资源等信息之间的互联互通，以及学分转换、互认和累计。而在微观层面，学分银行的平台也不仅能实现个人信息、学习成功的查询，而且还能在综合分析个人的学习记录、工作经历、学习成果的基础上，智能化地推送相关专业资格学习，以实现个性化服务。再就中观层面来看，通过数据挖掘技术以分析不同地区、不同机构乃至不同职业的整体教育水平和需求，亦可以做到促进行业需求和教育培训的信息互通。最后在宏观方面，学分银行平台的海量数据，还可以进一步完善终身教育档案库的建设，以为政府或教育管理部门提供科学而可靠的教育需求分析与决策支持。

四、 云教室

2012 年 4 月，国家开放大学正式提出云教室建设的试点项目，自此国内首次出现了“云教室”的概念。云教室的最初目的是为了援疆、援藏和支持西部地区发展为重心而进行的探索，其概念主要是来源于“云计算”技术。云教室的设立主要是遵从国家开放大学教室的实施规划，为国家开放大学和分部以及各学习中心而

① 崔蕾：《基于大数据的学分银行信息服务平台构建的研究》，《中州大学学报》2017 年第 6 期，第 89—94 页。

建立的。①作为“互联网＋教室”领域的重要探索，国家开放大学于2013年启动了云教室项目，目的是希望利用云教室系统密切联系开放大学系统属下的各级办学机构，并探索远程教育新模式。②目前，云教室的主要应用场景包括双向互动教学、多地教学研讨、教学实时录播、多地高清视频会议、远程论文答辩与面试、学生考试视频监控、考前辅导、学生比赛等多种形式，同时根据应用场景的要求，接入云教室的设备也可以呈现出多样化的融合模式。③

再就云教室的具体应用来看，其主要有两种方式，一是采取将教师的授课内容录制成视频，放在课程云端，并要求学习者观看视频参与学习。这种录播的云教室授课方式的最大短板是缺乏课堂互动，无法跟踪课堂学习的过程和效果，由此又回到了单向交互的阶段。二是采用异地同步课堂的形式，即其中一间云教室作为主播教室，其余教室为分课堂，采取不同地域的学习者同上一堂课的方式。云教室的合理使用为全社会构建全民终身教育体系和建设学习型社会提供了随时随地可共享学习资源的大型平台。建设与应用云教室亦为实现国家开放大学的“云、路、端”三位一体的目标提供了有力的技术支撑和保障，同时也为实现“六网融合”的教学模式开拓了探索的空间和思路。④

截至2016年3月，我国已建成312间云教室和21间控制中心，其覆盖面涉及国家开放大学的22个分部和近百万师生。目前云教室建设项目主要是将先进的教育技术和教育理念普及到边疆、边远地区、少数民族地区和贫困地区，因此也极大地改善了新疆、青海、西藏、内蒙古等西部地区的信息化教学条件，实现了被援建学校特别是县级教学点的信息化水平和跨越式发展。⑤

在农村城镇化和提倡教育公平的大背景下，“义务教育城乡一体化”或者“教育的城乡一体化”正在深入。而这种变化则对我国终身教育体系的构建提供了更多的受众和机会。同时，“智慧城市”“智慧校园”“智慧教室”也正在被越来越多的

① 刘铭、马小强、侯德强：《基于翻转课堂理念的云教室教学应用模型构建》，《现代远距离教育》2016年第6期，第64—69页。

②⑤ 吴淑苹、蒋国珍、魏顺平：《“互联网＋”时代开放大学云教室建设与应用研究》，《中国远程教育》2017年第1期，第45—51，80页。

③④ 贺媛婧：《“云教室”应用模式探讨》，《软件导刊》2015年第5期，第199—201页。

人们所接受。虽然这些变化对终身教育体系构建的作用还需要做进一步论证，但是这些技术支持无疑对终身教育体系的构建会起到若干积极的作用。

第三节　信息技术在终身教育体系构建中的机遇与挑战

一、机遇

（一）信息时代背景下人才培养目标的变革

处在一个现代社会，信息技术已经成为学习的物质基础，而信息素养、计算思维则是每一个公民必须具备的基本技能，其与国家的命运亦密切相关。比如信息的获取、分析、加工，其与传统的阅读、写作和计算能力同等重要，这也已经成了当代人才培养的最低要求。与此同时，随着高新技术和科学知识的不断变革与发展，工作技能、工作要求乃至工作岗位都在不断变化、不断更新乃至快速取代。以往通过人生初始阶段的几年教育就能获得“铁饭碗”的时代已经成为历史，为此人们必须通过不断学习、不断更新自身的知识储备才能适应社会变动的需要。由此，终身教育也被认为是教育应对当前和未来复杂挑战的不可或缺的因素之一。对中国这样一个人力资源大国，提升教育生态系统的承载力则是终身教育体系构建的关键环节。[①]2010 年 6 月印发的《国家中长期人才发展规划纲要（2010—2020 年）》明确指出，创新人才培养的主要任务之一，就是“构建网络化、开放式、自主性终身教育体系，大力发展现代远程教育”。相对于传统教育形式，中国终身教育体系的构建将更多地依赖于信息技术的应用与发展，如慕课、教育直播课动辄就是几万、几十万的学习者便是最好的例证。

关于得到技术支持的终身教育体系的构建目标，习近平总书记在写给山东青岛开幕的国际教育信息化大会的贺信中曾强调，推动教育变革和创新，构建网络

① 陈丽、林世员、郑勤华、等：《“互联网 + ”时代中国远程教育的机遇和挑战》，《现代远程教育研究》2016 年第 1 期，第 3—10 页。金丽霞：《开放大学师资队伍状态与教师成长实现路径》，《现代远程教育研究》2016 年第 5 期，第 89—95 页。

化、数字化、个性化、终身化的教育体系，建设“人人皆学、处处能学、时时可学”的学习型社会，培养大批创新人才十分重要。习近平总书记的指示为我们进一步通过信息技术的支撑发展终身教育指明了很好的方向。

（二）信息成本的降低与网络提速

2018年3月5日，十三届全国人大一次会议召开，李克强总理在《政府工作报告》中明确提出，加大网络提速与降费的力度，加快实现高速宽带城乡的全覆盖，取消流量“漫游”费，移动网络流量资费在年内至少也要降低30%。对于终身教育而言，“降费提速”政策不仅能让互联网的使用惠及包括农村和偏远地区的广大学习者，同时亦降低了信息消费的成本，从而使得“人人皆学”成为可能。作为“数字世界的基础”，宽带的速度、流量的资费，其在一定程度上会决定在线服务平台、云计算、AR/VR技术等在终身教育体系中的应用与普及。因此，“降费提速”可以将资源获取、传递与共享的人力物力消耗下降，由此最大程度地发挥数字化学习港、数字图书馆、数字化社区的实际作用。

（三）技术门槛的降低

目前，教育与信息技术的融合也在不断影响着传统的教学机制。如在早期开设一门课程，需要专业人才和大量资金的投入，而今随着大量的开源程序和开放性平台的涌入市场，已经大大降低了技术门槛。换言之，各种教育机构可以突破技术的禁锢，聚焦于优质教育资源和人才培养。例如，CC视频可以将互联网视频技术与在线教育相结合，如以云服务为基础，各教育机构可根据自身需求在平台建立、上传和编辑课程，而且操作简单成本也大大降低。当然各地广播电视大学、开放大学、社区学校、企业机构等不仅可以合理利用开放性的平台或程序去丰富教学资源，而且还可以根据教学情境选择合适的技术，并在具体实践中完善成果，以提升自身的教育竞争力。

二、挑战

（一）终身教育体制机制仍然不够完善

就国家层面来看，教育部为深入推进教育管理体制改革，进一步加强了对继续教育的宏观指导，如在2012年就在教育部设立了继续教育办公室，并赋予其推动中国终身教育事务的权限。然而继续教育只是终身教育体系中的一个组成部分，如同用一个下位概念去推动上位概念，继续教育办公室实质上难以承担终身教育推进的重任。又如在地方终身教育事务推进的过程中，亦普遍出现了政府缺位、各部门“踢皮球”、资金投入不到位的状况，于是进而导致了终身教育体制机制建设的阻碍。另外，根据调查研究显示，各地终身教育设施建设的发展也不均衡，东西部地区公民在终身教育时间和资金投入上存在一定差距①。因此，在加快构建终身教育体系中如何兼顾西部欠发达地区，并注意促进东西部教育均衡发展则是当前我国面临的重大挑战之一。

（二）专业师资队伍的缺乏

现代信息技术与教育融合的速度之快，对教师提出了更高的要求。然而，在当前终身教育体系的构建中仍然存在师资质量不高、发展不均衡的现象，如有些教师缺乏信息化素养和将技术应用于教育的能力。再从纵向上看，从国家开放大学到各级地方开放大学，其师资队伍的实力亦呈现出由强到弱的态势，如国家开放大学、省级开放大学（包括广播电视大学）的师资力量相对较强，市级、县级开放大学（广播电视大学）的师资力量就相对较弱。②再从横向上看，师资队伍的发展也存在着地域发展的不平衡现象。相对而言，经济发达的东部沿海地区师资队伍的力量要强于中西部欠发达地区，教育发达地区的师资力量亦要强于教育欠发达地区的师资力量。作为终身教育的关键一环，教师本身同样需要不断学习，需要具备终身学习的能力。因此，在日常教学中具备现代教育技术的基本操作技能就非常重要，如信息检索、文字编辑、多媒体资源的基本操作；同时，还需要了解大数据、云计算、移动技术、人工智能等相关的概念及原理，了解这些技术的最新发展趋势，并能将其灵活地运用到教育中。因此，处在一个现代社会，无论是在理论深

① 沈霞娟、张宝辉：《我国西部地区公民终身学习的现状、需求与对策研究——以陕西省调查数据为例》，《中国远程教育》2018年第7期，第20—32、79—80页。

② 孙立会、张爽：《信息技术环境下终身学习体系构建研究》，《现代教育技术》2010年第9期，第15—18页。

度还是实际操作技能上，都应具备良好的专业素养。

(三) 个性化学习服务的空缺

在信息技术的早期，学习者与信息技术的关系是学习者控制信息技术，并利用技术发挥人的认识和思维能力。①但是，过去几年出现的新技术如大数据、云技术、数据分析等则对教育的组织模式和服务方式产生了颠覆性的影响。②其核心诉求是为了有效支持教学，促进学习者个性化发展。因此，个性化学习服务技术将是未来信息技术发展的一个重要方向，即通过个性化学习激发学习者的学习兴趣、学习动机并提升学习成效。③而个性化学习则是现代教育发展的必然趋势，也是学习型社会和终身教育的发展需要。在终身教育体系中，学习者的年龄、职业、知识背景、接受能力、学习方法、学习时间等各不相同，因此面对“知识爆炸”和“信息海洋”的发展态势，如何找到符合自身需求的信息资源，是发展终身教育的关键挑战之一。国外学者提出了关于个性化学习的四大支柱：学习者档案、个人学习路径、灵活的学习环境和基于竞争力的进度。④而利用学分银行制度完善学习者档案，精准定位每位学习者不同的心智特征、学习需求和学习兴趣，并在此基础上提供针对性的个性化服务，推送合适的教学资源与活动，并在此过程中进行持续性的评价，则是帮助学习者实现有效学习的重要途径与手段。

三、加强信息技术作用的若干建议

在信息技术环境下进行终身学习，其学习目的不仅是为了获取知识，而是在于运用知识，并将所学到的知识应用于实际生活之中。终身教育体系的建设也同样，它是一个不断完善、不断更新的过程，因此必须与时俱进。现代信息技术的发展已经为终身教育体系的推动提供了有力支撑，而信息技术的运用则更是为了使

---

① 贺媛婧：《“云教室”应用模式探讨》，《软件导刊》2015 年第 5 期，第 199—201 页。

② 赵继春：《农民现代远程教育个性化学习关键技术研究》，中国农业科学院博士学位论文2016 年。

③ Week E. Personalized learning, A working definition, Author. Retrieved, Nov. 2014, p.14.

④ The Bill & Melinda Gates Foundation, the Michael and Su San Dell Foundation, EDUCAUSE, etc. Personalized learning: A working definition, Education Week, Vol.34, No.9, 2014, p.7—8.

受教育者得到更多接受终身教育的机会。因此，作为一种手段与重要途径，信息技术在终身教育体系的构建中还需要考虑以下因素：

（一）完善终身教育体制机制的建设

当前，我国还仍然没有制定出一部完整的终身教育法，因此，为了更好地保障终身教育体系构建工作的稳步推进，就有必要实行制度先行，并以法律法规带动终身教育事业的规范化、制度化和普及化。众所周知，我国目前已经具备了终身教育立法的一定基础，如在上海、福建等地都有相应的地方终身教育促进条例的出台，因此可以在此基础上进一步修订地方法案，同时根据各地经验制定国家层面的终身教育法律法规。此外，教育部还应重新设置专门的终身教育推进机构，并将我国现阶段终身教育的作用与范畴，从成人继续教育、社区教育拓宽至整个教育领域。而根据不同地区的发展情况，还需要增设终身教育的专项拨款，合理使用信息技术，健全相应设施与学习场所，以让欠发达地区的民众也能享有终身教育的机会。当终身教育的事业在各地深入开展的过程中，各级地方政府也须发挥牵头作用，规划当地社区教育、农村教育、企业教育等，并统一调度和协调教育资源、社会资源，以切实推进公民终身教育活动的展开。

（二）加大终身教育的宣传力度

终身教育的理念传入我国已多年，但人民群众对终身学习内涵的理解却仍存在一定的误区。而处在一个知识经济的时代，每个人都必须具有独立分析、批判质疑和自主创新的能力，因为这不仅要求个体学会学习，更重要的是学会终身学习，以适应技术革新和社会的变革。①因此，终身学习能力的提升乃是学习型社会中每一个个体最必须具备的核心和本质的素养。由于我国人口众多，因此就必须充分利用好互联网以及现代媒体技术等多种手段，特别是新媒体平台如微博、微信、各大视频门户网站等，以通过宣传终身教育思想，形成良好终身学习氛围，并让广大民众深入了解开展终身教育的必要性。而只有做好接地气的深入宣传，才

---

① Zhang, B.H., Looi, C.-K., Seow, P., Chia, G., Wong, L-H, Chen, W, So, H., Norris, C. & Soloway, E., Deconstructing and Reconstructing: Transforming Primary Science Learning via a Mobilized Curriculum, Computers & Education, Vol.55, No.4, 2010, 1504—1523.

能保证终身教育事业的深入推进。

(三) 打造终身教育便捷通道，增强学生终身学习能力

为方便民众参与终身教育，我国的台湾地区曾大力开发简便开放、资源丰富、实用有效的终身教育技术网络，如终身学习资讯网、继续学习网、GEPT 全民英检学习网、中小学师生教与学共享资源网、终身学习人口网等。而大陆地区则主要借助电大系统，或通过成立社区大学、社区学院、社区学校三级社区教育的公共服务体系来推进，而在具体的实施中，也并未将教育信息化充分地运用到打造终身学习公共服务平台上。因此，在我们这方面还有许多拓展的空间，需要在原来的基础上，加强数字化终身学习资源库的建设，以为不同学习需求的民众提供优质、系统、高效、快捷的信息资源。同时，通过建立覆盖全国的、涵盖各种教育形式的服务平台，来实现保证学习者可以随时随地、自由开放学习的管理目标。

至于如何培养学生的终身学习能力，我们则建议培养自主学习能力为突破口，来构建"无缝学习"的环境则是可行的途径。所谓"无缝学习"环境，是指学习者可以在任何时间、任何地点和任何方式通过移动技术的支持来进行学习的环境。在这样的环境中，学生终身学习的知识、观念、能力以及习惯等都是在正式学习中被有目的地设计及培养，例如，首先通过自主学习能力的培养，然后才迁移到非正式学习场合，从而形成可持续的、自主的乃至终身的学习。①

(四) 考虑不同的教学环境下合适技术的运用

面对信息化的浪潮，在教育教学中还需要考虑不同的教学情境，而在实际的应用中，则需要将技术具体化，以提升教育竞争力。技术可以促进学生的个性化发展，提高学生的学习效果，因此，我们在利用技术时也应充分考虑技术对学习者学习表现和问题解决的有效性，并提出相应建议。例如，在直播课的情境下，学生与教师的互动往往更为密切，直播平台也具有较好的双向互动性，互动方式也更

① 张宝辉、Peter Seow、张金磊:《环境教学中挑战型体验式无缝学习的设计研究》,《中国电化教育》2013年第10期,第128—135页; Zhang, B.H., Looi, C.-K., Seow, P., Chia, G., Wong, L.-H, Chen, W, So, H., Norris, C. & Soloway, E., Deconstructing and Reconstructing: Transforming Primary Science Learning via a Mobilized Curriculum, Computers & Education, Vol.55, No.4, 2010, p.1504—1523.

为多样。由于大部分教育直播平台的教师进行的是线上教学，而学生在线上进行学习，师生之间可以通过文字、语音等方式进行沟通，也可以借助弹幕及问答功能进行沟通交流。就是在会话讨论区，学习者也可以对教师的教学做出及时反馈，如通过“送鲜花”“鼓掌”等形式对教师的教学效果进行评价。

(五) 建设学分银行推进终身教育“立交桥”的构建

终身教育立交桥是一种学分互认与互通的机制。[①]在搭建终身学习立交桥的过程中，学分积累和互认则是最基本的单位。各级各类教育和培训之间的互通和衔接，最后都可以通过基于同一标准和要求，来对学习者的学习成果进行认证，并让学习者获得可以积累和互换的学分。为此，就需要建立具有有效性和权威性的学分银行，来推动终身教育立交桥的搭建。由于学分银行可以打通各级各类正规教育与非正规教育、非正式教育，以及正规学习与非正规学习之间的阻隔，[②]因此其具有对现行教育制度进行创新改革突破的重要意义。

总之，本章通过对信息技术在各个不同发展阶段重要作用的分析，深入探讨了其在终身教育体系中面临的机会与挑战，同时并也提出了若干有效建议与对策，以期为中国终身体系的构建提供一些切实可靠的基本数据和实践路径。

---

① 张伟远：《我国终身学习立交桥的搭建：基于国际的视野》，《中国远程教育》2014 年第 6 期，第 28—32，95—96 页。

② 刘剑青、方兴、马陆亭：《从终身教育（学习）理念到学分银行建设》，《中国电化教育》2015 年第 4 期，第 132—135 页。

第七章　中国终身教育体系构建的难题破解与对策建议

通过以上各章的研究，我们大致已经可以得出以下结论：(1)就终身教育体系构建的价值基础与最终目标来看，其应该定位于建设“学习型社会”的方针，同时以实现每个个体“人生真正价值的转换”为目标。按“学习社会”理论创始人赫钦斯的观点，即这一价值既不是个人为了获取经济或职业上的需求和利益，也不是为了所谓国家繁荣或经济建设的目的，而是指个体生活品质和精神教养的提升。按赫钦斯的说法就是实现人的“贤、乐、善”(To live wisely, agreeably and well)。[①](2)在理念或顶层设计层面，必须进一步明确学习者自身乃是终身教育的主体，并始终贯彻“自由、自主与自助”的原则，明确终身教育应是一国之公民应该享有的基本权利。(3)实践终身教育体系构建的关键，在于各种教育资源的“统合”，即指的就是围绕人一生需要的角度，对目前已经存在的无论是学校还是学校外的教育资源，或者正在投入、拓展、新建的正式乃至非正式的教育资源，通过打破因各种历史或现实等原因所造成的被割裂、被分离的鸿沟与壁垒的过程，去最终实现有序和有效的整合。

然而，从目前我国终身教育的政策设计、立法保障的层面，以及对典型城市终身教育实践的现状与调研来看，我国仍然未能建立起体系构建所需要给予支撑的

---

① 参见 R.M. Hutchins, *The Learning Society*, New York: Frederick A. Praeger, 1968。

政策与立法机制，各种教育机构之间的横向割裂和纵向阻断的状态亦依然普遍存在，教育资源的整合也未能达到整合的状态，国家层面推动终身教育的指导管理机构亦未有建立，鼓励全民参与终身学习的奖励机制也仍然处在一个空白的状态；各地终身教育体系的构建与完善，在取得一定的进展之后，也都面临着难以进一步实现实质性重大突破的困境。

那么，阻碍终身教育体系构建的现实问题与当代困境究竟是什么？对此我们又应采取怎样的措施，并进行怎样的努力才能扫清发展的障碍？在本研究的最后部分，我们将就这一问题再做进一步的探讨与研究。

第一节　中国终身教育体系构建的难题与因素分析

在我国终身教育发展演变的历程中可以看到，尽管因为“文革”等历史原因，国内对终身教育理念的推广滞后了西方发达国家约二十年，但改革开放以后在政府的重视与大力推进下，我国的终身教育无论是在理论还是实践层面都获得了突飞猛进的进展，同时并迅速缩短了与世界发达国家之间的距离。然而，在国际发展的趋势中，尤其是世界各国都已经将终身教育理念转化为教育实践及社会改革的重要方针与政策理念的背景下，我国倡导建设的终身教育体系，却依然更多地停留在口头推行、文件批转的层面，纵深推广的突破性成果至今难以获得。以笔者不成熟的观点来看，当前影响与阻碍终身教育体系构建的各种困惑与主要问题大致体现在以下四个方面：

一、“两个教育体系论”导致理论与实践的偏差[①]

长期以来，在我国教育领域一直存在着终身教育体系与国民教育体系的所谓“两个体系论”的政策设计，这不仅引起了学界争论，而且亦导致了终身教育体系在实践的构建中被局限于既有教育体系之外，由此而形成了难以纠正的理论误导

① 吴遵民：《中国终身教育体系为何难以构建》，《现代远程教育研究》2014 年第 3 期，第 27—31、38 页。

与实践偏差。

（一）政策设计中“两个教育体系”的论述模糊不清

众所周知，在教育领域中被誉为“教育基本法”的《中华人民共和国教育法》（以下简称《教育法》），在1995年3月18日召开的第八届全国人民代表大会第三次会议上被通过并施行，该法明文规定“建立和完善终身教育体系”“完善现代国民教育体系”。[①]换言之，上述所谓两个体系的表述在具有法律意义的国家《教育法》中被亦明确提出。

2009年8月27日第十一届全国人民代表大会常务委员会第十次会议以及2015年12月27日第十二届全国人民代表大会常务委员会第十八次会议上，《教育法》先后两次被修订，但上述所谓两个教育体系的论述仍然被保留了下来。目前的基本论述是，“国家适应社会主义市场经济发展和社会进步的需要，推进教育改革，推动各级各类教育协调发展、衔接融通，**完善现代国民教育体系，健全终身教育体系**，提高教育现代化水平”。[②]

如果单纯从《教育法》仅有的条文规定中，我们似乎难以明晰两个教育体系的具体含义与实际边界。但是我们在对教育改革与发展具有深远影响的政策实践中则可以找到它们的理论依据。目前，对我国教育实践具有深远影响的政策导向有两类，一类是中国共产党全国代表大会的报告，其对教育事业的发展有着专门的论述；另一类是教育领域专门出台的中长期规划与五年规划。以下，我们即就上述两类文件就“两个教育体系”的具体论述，来进一步探讨国家宏观政策层面对此进行的内涵界定。

1. 中国共产党全国代表大会报告中的论述

2002年11月，党的十六大召开，江泽民在会上做了题为《全面建设小康社会　开创中国特色社会主义事业新局面》的会议报告。报告特别就教育发展的战

① 《中华人民共和国教育法》，教育部网站，http://www.moe.edu.cn/publicfiles/business/htmlfiles/moe/moe_619/200407/1316.html 1995年3月18日。

② 《中华人民共和国教育法》，教育部网站，http://www.moe.edu.cn/publicfiles/business/htmlfiles/moe/moe_619/200407/1316.html 2015年12月27日。

略决策，提出了“构建终身教育体系”和“形成比较完善的现代国民教育体系”的两个发展目标。①终身教育体系与国民教育体系第一次并列出现在党代会的重大文件之中还是第一次。

五年后的党的十七大，胡锦涛在《高举中国特色社会主义伟大旗帜　为夺取全面建设小康社会新胜利而奋斗》的报告中再次沿用了“两个教育体系”的说法，但描述则较前更为精炼：“现代国民教育体系更加完善，终身教育体系基本形成，全民受教育程度和创新人才培养水平明显提高。”②

2012年11月8日至11月14日，党的十八大召开，胡锦涛在《坚定不移走中国特色社会主义道路　夺取中国特色社会主义新胜利》的报告中，首次没有采用“两个教育体系”的说法，而仅保留了“终身教育体系”的表述，其具体内容为“办好学前教育，均衡发展九年义务教育，基本普及高中阶段教育，加快发展现代职业教育，推动高等教育内涵式发展，积极发展继续教育，完善终身教育体系”。需要指出的是，虽然“国民教育体系”并未被提及，但是与终身教育体系并列的仍然是“学前教育、义务教育、高中阶段教育、高等教育”，本质上则仍然将“终身教育体系”与“既有教育体系”相并列。

显而易见，在中国共产党全国代表大会的报告中，就教育领域的政策设计来看依然明显地采用了“两个教育体系”的论述。并且从表述的方式和内容来看，基本逻辑可以视为，国民教育体系即传统的学前教育、义务教育、高中阶段教育、高等教育的体系，而终身教育体系则被认为是排除了以上教育形式之外的教育体系。

2017年10月18日，习近平总书记在党的十九大上做了题为《决胜全面建成小康社会，夺取新时代中国特色社会主义伟大胜利》的报告。值得关注的是，在此次党代会上并未提及教育体系的建设或完善，也未提及终身教育，而采用了“办好

---

① 《全面建设小康社会，开创中国特色社会主义事业新局面》，中国共产党新闻网，http://cpc.people.com.cn/GB/64162/64168/64569/65444/4429125.html 2002年11月8日。

② 《高举中国特色社会主义伟大旗帜　为夺取全面建设小康社会新胜利而奋斗》，中国共产党新闻网，http://cpc.people.com.cn/GB/104019/104099/6429414.html 2007年10月25日。

继续教育，加快建设学习型社会，大力提高国民素质”的表述。这一表述的方式契合了终身教育体系构建的终极目标，同时亦超越了两个体系的无谓争辩，而是从一个更高的层面为终身教育体系的构建与完善预设了基本方向与推进方针。

2. 教育规划中的论述

2010 年 7 月 29 日，备受关注的《国家中长期教育改革和发展规划纲要(2010—2020 年)》(以下简称《纲要》)正式公布。这是中国进入 21 世纪之后的第一个教育规划，同时也是今后十年内指导全国教育改革与发展的纲领性文件。虽然《纲要》对包括教育发展战略与目标在内的各种方针与政策做了全面阐述，但是关于“两个体系”的界定仍然没有取得重大突破，而只是基本沿袭了党的十七大报告的提法，其具体表述为“现代国民教育体系更加完善，终身教育体系基本形成，促进全体人民学有所教、学有所成、学有所用”。①

需要指出的是，《纲要》对“构建终身教育体系的方针以及完善国民教育体系”的表述，相比“两个体系”论而言已经有了明显的进步。如其指出，唯有在“具体形态”下的“各种”国民教育充分完善了，方能基本实现“理念中”的终身教育体系的构建。但是，同时存在两个相互独立、相互割裂的教育体系，既不符合国家教育改革与发展的方针，同时也不符合终身教育的基本理念。

2017 年 1 月 10 日，国务院又印发了《国家教育事业发展“十三五”规划》(以下简称《教育“十三五”规划》)，详细阐述了“十三五”时期我国教育事业的发展目标、指导思想、基本原则、根本任务、具体对策等一系列宏观教育政策及规划。从词频统计来看，全文提及“教育体系”的有十三次，其中“国民教育体系”被提及三次，“终身教育体系”却并未被提及，而“终身教育制度”则被提及一次；此外，“现代教育体系”被提及两次。从论述的结构来看，“国民教育体系”在表述时，是为了将“某类教育”纳入其中，如将国防教育纳入国民教育体系等。在“加快构建终身教育制度”时则表述为“大力发展继续教育”的路径之一。在教育体系设计中则采用了“现代教育体系”予以论述，如“构建现代教育体系，建设学习型社会”，“形成更

① 《国家中长期教育改革和发展规划纲要(2010—2020 年)》，教育部网站，http://www.moe.edu.cn/publicfiles/business/htmlfiles/moe/moe_177/201008/93785.html 2010 年 7 月 29 日。

加适应全民学习、终身学习的现代教育体系”。

显而易见，国务院的《教育“十三五”规划》更倾向于以现代教育体系的更宏观思维来包容终身教育，并以此指导我国教育事业的发展。仔细斟酌，其核心内容则仍然与终身教育有关。如其提出要构建适应全民终身学习、服务学习型社会建设的现代教育体系，实际上它与终身教育体系构建的基本理念乃至终极目标并无二致，只是规划刻意隐去了终身教育体系而代之以现代教育体系来表述，其用意仍然在于避免陷入“终身教育体系”和“国民教育体系”的论辩之中。但这样一种勾勒与刻画，却仍然没有解决两个体系论的模糊边界。

（二）终身教育体系在实践中被局限并排斥于既有教育体系之外

由于终身教育理论边界的讨论出现重大分歧，导致在政策制定中终身教育体系与国民教育体系被模糊界定，而其直接后果则是在实践过程中遭遇了非此即彼的困境。就现状来看，无论是政府还是一线的实践者，在面对上述体系的论证时，几乎都采取了“两个体系”的逻辑思维，也即把“国民教育体系等同于学校教育体系”，把“终身教育体系归类于校外教育体系”。

这样一种误解甚至出现在多部地方制定的终身教育促进条例中。如福建省、上海市、河北省等地出台的“终身教育促进条例”中，都无一例外地将终身教育定义为“现代国民教育体系以外的各级各类有组织的教育培训活动”。各地在推进终身教育的具体过程中，也基本认同终身教育就是发展社区教育、老年教育等所谓传统学校教育之外的新兴教育形态，以及类似于市民读书、市民学习等各类活动，传统学校教育在终身教育体系构建中完全被忽略，学校教育不仅与终身教育割裂，甚至成为一个“合作者”而被要求开放资源，并为“终身教育”发展提供资源共享与支持。

把终身教育视为校外教育甚至与校外培训相提并论，这与当下国际社会所形成的共识完全背离。目前，国际社会对终身教育体系的范畴应包括“人从出生到老年”一生中的各个发展阶段早已达成一致看法。换言之，终身教育并不排斥学校教育，之所以终身教育把推进重点放置于学校以外，也不是要排除学校，而是因为学校已经是“制度化”了的教育，学校已经获得立法及制度（主要是行政和财政）

的保障。因此，终身教育现在的发展重点主要是放在那些迄今为止仍然处在边缘地位，或还没有被认可，甚至还不被认为是教育活动的领域。而其最终目标则是致力于把学校与学校外的教育加以有机连接与融合，因为唯有如此终身教育体系才算构建完成。

毋庸置疑，若要实现以上体系构建的宏伟目标，最为重要的就是要破除两个体系论的谬误，而关键的举措则是要架起学校与学校外教育之间的立交桥，并有机统合学校与学校外教育资源，以围绕人的一生发展服务。若从这一角度来看，“两个体系”论带来的对终身教育的理解与定位都是错误的，其不仅狭隘甚至违背了终身教育关于“统合”①的核心理念，同时更从根本上削弱了学校教育在终身教育体系中应该具有的作用和地位。更为严峻的是，我国学校教育体系本来就发展不充分、不均衡，难以满足国民的教育预期，如果将终身教育体系与之割裂，那么终身教育在政府和社会上所获得的重视程度必然会下降，由此不要说传统学校教育体系无从获得突破的动力，就是终身教育体系的构建也将成为一句空话。

二、体制障碍导致“校外教育”发展滞后

所谓校外教育，指的是相对正规学校教育而言的各类学校以外的非正规和非正式的教育形态。就人的一生而言，个人接受正规学校教育的时间实际上非常短暂与有限，因而若要推动个体的不断成长与完善，学校后的继续教育乃至终身教育便更为重要。换言之，校外教育的资源能否得到充分利用，校外教育能否取得长足的发展与进步，对于终身教育体系的构建与完善极为关键。

改革开放以后，伴随着人们对教育需求的日益增长，如同正规学校教育一样，包括社区教育、老年教育、职业培训等在内的各种形式的校外教育均获得了长足的进步，而这一状况亦极大地推进了终身教育实践活动的深入展开。但是，由于受制于顶层政策框架设计的匮乏以及校外教育理论研究的滞后，各种形式的校外

① 终身教育是指人们在一生各个阶段当中所受各种教育的总和，是人所受不同类型教育的统一结合。

教育普遍面临着体制与机制的发展困境，甚至一些曾经十分繁荣的教育形态，亦因受到社会形势的急剧变化而面临着各种危机与挑战。

如以社区教育为例，经过三十多年的推动与发展，社区教育在促进居民终身学习、提高居民精神文化素养，以及维护地区稳定与发展方面起到了不可估量的重要作用，但是由于各种体制机制问题长期得不到有效解决，以致社区教育目前面临经费无固定来源、专业人员无专门培养途径以及社会地位无法律保障的所谓"三无"困境。而随着社会形势的不断变化，社区教育则很有可能犹如成人教育一般，陷入困难的境地。具体而言，社区教育所面临的体制机制问题又表现在以下两个方面。

（一）受"两个体系"的影响，社区教育未获得明确地位

在"两个教育体系"的表述中，终身教育体系被定义为"现代国民教育体系以外的各级各类有组织的教育培训活动"；那么，社区教育也就自然而然地被视为学校教育体系之外的非正规和非正式的教育。于是，社区教育在传统的"国民教育体系"中也就当然不可能有"一席之地"。

在此影响下，为了推动社区教育的发展，各地区对社区教育定位无奈采取了所谓"依附型"的折中描述手法，既认可、强调社区教育的发展对整个教育改革乃至终身教育体系构建的重要性，却又刻意回避其与既有教育体系的紧密关系与准确定位。如在 2018 年出台的，由教育部等九部门联合印发的《关于进一步推进社区教育发展的意见》中，虽然继续强调"社区教育是我国教育事业的重要组成部分，是社区建设的重要内容"，但社区教育究竟应归类于哪一种教育形态，归属于哪一个教育行政部门管辖，却丝毫没有触及。由于理论上的模糊，也导致国内第一部关于社区教育的地方条例——《成都市社区教育促进条例》，亦无法对社区教育予以准确定位，只能笼统地把它解读为"教育事业的重要组成部分，社区建设的重要内容"。至于社区教育的具体内涵究竟是什么，在教育体系中究竟处在一个怎样的位置，也即"身份"的困惑，"功能"的界定，也都仍然处在一种虚无缥缈的迷雾之中，而没有一个清晰而明确的定论。由此不仅误导了社区教育的本质理解，同时也误导了社会民众对社区教育理念的基本认识，因此，给社区教育的实践推

进与实际功效也造成了不可忽视的困难与阻碍。

如在实践推进的过程中，由于社区教育的定位模糊，就容易导致社区教育的发展目标不清、发展导向迷茫。例如，一些地区纷纷将社区教育的发展目标定位为“健全网络，就近服务居民学习”。具体内容虽然灵活多样，但总体缺乏目标导向引领，更多地受临时性的需求所影响，如被设计为青少年的“第二课堂”，或被定位成职场人员的“充电站”，或被搭建为老年生活的“新舞台”，或被要求建成新市民的“心灵家园”。显而易见，社区教育由于缺乏功能的明确界定，以及目标的清晰定位，尤其是与既有教育体系的有机衔接，以至于在实践推进中往往被视为一种工具性的“载体”“平台”或途径。而其“因地制宜”性亦导致了“莫衷一是”的无目的性。但是需要指出的是，在实践中，社区教育却早已摆脱了与学校教育互不关联的所谓“两张皮”的状况，作为处在同一终身教育体系之中的两种不可或缺的重要教育领域，社区教育与学校教育早已形成了一种你中有我、我中有你的互动、互惠与互通的紧密关系。

（二）资金、设施、队伍建设不到位，专业发展无保障

由于社区教育没有被列入国民教育体系的序列，其所需的专项经费、管理机制和体制保障，以及教育资源的统合、分配和开放，亦都处在规模有限、尚未成型、缺乏规范的状态，从而面临着一系列的瓶颈与困境。

首先，从资金来源来看，由于过度依赖政府投入，由此造成总体投入远未满足发展需要的困境。例如，以潜在教育人口计算，社区教育经费的需求远远高出义务教育的额度，但是列入财政计划的社区教育经费却远远落后于义务教育。据统计，我国近几年来教育经费的投入占 GDP 的 3.59%，其中用于义务教育的占 50%，用于高等教育的占 45%，剩余 5%的经费还要拨付给学前教育、职业教育等，而剩余的极少部分才被用于社区教育。①更为严峻的是，社区教育经费增长的速度缓慢、增长幅度小，增长率高于国家财政收入和中央财政收入增长率的仅有极少数地区。如以具体数据来看，在社区教育的实验区、示范区中，虽然已有部分

① 张丹海、汪明骏：《我国社区教育研究》，北京：中国计量出版社 2010 年版，第 149—162 页。

地区经费投入超过了人均12元，但仍有部分实验区却难以兑现经费投入，投入标准亦远没有落实到位；而缺乏经费投入标准的非实验区、非示范区的投入则更是少得可怜。现在的一般做法是，政府只是口头上鼓励投入社区教育经费，但实际采取的是“政府拨一点，社会筹一点，个人拿一点”的办法。①然而，这样一种投入机制既非刚性要求，又非弹性规定，因此极其缺乏稳定性和可持续性，同时在实践过程中也往往沦落为单独依赖政府投入的单一拨款模式。现在各地社区教育的日常经费来源中，可以发现政府财政的投入已经高达80%，②呈现的就是这样一种状况。但这种单一型的经费投入，却会产生一种严重的后果，即社区教育事业的发展如果越发达，则需要政府的财政投入就越多，那么政府的财政负担也就越沉重。又由于我国政府的财政投入目前尚没有支撑社区教育发展的专项经费，这就在客观上制约了社区教育获得充足经费的渠道。

其次，是关于社区教育基础设施的困境。目前，社区教育设施建设主要依赖两个途径，一是建设三级办学实体，另一个是推动既有资源开放。虽然两方面都在我国取得了不同程度的进展，但是却远远不能满足社区居民的实际教育需求。目前关于非实验区、非示范区社区教育三级实体建设的情况，还缺乏具体的统计数据，但从社区教育发展比较成熟的实验区、示范区来看况，如以潜在社区教育的对象数为标准，在实验区、示范区，一个区级社区教育中心需要关注近45.42万人的需求，而一个街镇（乡镇）社区学校则需要关注近1.67万人，一个居（村）委会的社区教育学习点也要关注着近3 000人。经过换算，每个人拥有区级社区教育中心的面积约0.02平方米，街道（乡镇）社区学校的面积约0.03平方米，居（村）委会教学点的面积约0.04平方米。显而易见，即便在社区教育较发达的社区教育实验区、示范区，社区教育的基础设施也远远不能满足全体社区居民的教育与学习需求。③更为重要的是，即使已经建立了社区教育的实体，但也并非意味着就已经

① 《教育部关于推进社区教育工作的若干意见》，教育部网站，http://www.moe.edu.cn/publicfiles/business/htmlfiles/moe/moe_727/201001/78909.html 2004年12月1日。

② 张丹海、汪明骏：《我国社区教育研究》，北京：中国计量出版社2010年版，第149—162页。

③ 杨志坚、张少刚：《中国社区教育发展报告（2013—2014年）》，北京：中央广播电视大学出版社2015年版，第80—100页。

完全具备了服务居民的能力。在实际推进过程中，不仅成人学校、广播电视大学、农业广播电视学校、职业院校以及社区科普学校等各种校外机构纷纷成为开展社区教育的主体，而且图书馆、文化馆、博物馆、文化中心等文化机构也都被要求承办社区教育。上述举措虽然在较短的时间内可以让社区教育得到广泛支持，但是这类社区教育机构往往缺少最基本的教育资源，从而直接导致社区教育在无专业设施、无专业人员指导的情况下陷入“运动型”“表面化”的发展困境。与此同时，各类机构对社区教育的开放还停留在比较初级的阶段，大多只是临时性地提供一些讲座或沙龙的学习机会，而并没有和社区建立起稳定的合作关系或合作机制。至于非实验区和非示范区的社区资源开放则就更为滞后了。

最后，是关于社区教育专业工作者的队伍，也面临着无培养途径、无职称系列、无岗位编制的种种困境。若从人员的构成上来看，我国社区教育工作者队伍一般包括专职人员、兼职人员和志愿者三个部分，其中专职人员是指直接负责社区教育工作的管理者与工作人员，以及专门从事社区教育教学、教务或教辅的教师；兼职人员是指在各级各类社区教育机构中兼职的相关人员；志愿者则是指以个体或组织名义志愿从事社区教育服务的相关人员。再就专职队伍的建设而言，包括实验区、示范区在内，各地社区教育的专职人员基本都是由教育事业单位或其他教育行政机构，尤其是各中、小、幼等普教系统转岗而来。社区教育发展至今，也没有形成专门的培养机制与人才储备，更没有建立起具有吸引力的岗位待遇、职称（职务）评聘机制等涉及个人专业发展的待遇及制度。由此不仅造成了人员队伍规模及积极性的限制，而且也导致了因社区教育专业化程度的低下，而无法积极推进社区教育健康发展的困惑。社区教育兼职人员与志愿者，目前是社区教育队伍构成的主体，在实践中他们往往是由社区学校或社区教育主管单位与兼职人员通过签订聘用合同的形式建立聘用关系，而并没有形成成熟的评聘制度和管理机制。由此也会因为聘用人员组织程度的不高，素质的参差不齐而致整体教学效果的不理想，并且人员的频繁变动与流失的情况也十分普遍。

总之，就目前的情况看，我国社区专业队伍不仅面临总体数量的匮乏、人员来源的纷杂、素质的质量低下等突出问题，而且在岗位设置、职责定位、技能要求乃至职称评定、薪酬待遇等方面亦都面临着难以突破的障碍与困境。无疑，这与当下日益受到重视的社区教育发展形势是明显不相适应的。

由上可见，由于“两个体系论”的误区所形成的终身教育被排斥在“国民教育体系”之外的现状，就造成了“校外教育”亦无法在国家教育体系中获得明确地位的弊端，而“学校教育”本身又因为过度功利化的追求，而致使其越来越与现代日新月异的时代脱节。如果这种状况再延续下去，那么若干年以后，我们不仅整体教育水平会大幅度地落后于世界先进国家，而且在改革开放的大好形势下得以迅猛发展的“终身教育”将也会与以往的成人教育一样，陷入难以为继的困难境地。

三、终身教育立交桥难搭建，各种教育资源缺整合

众所周知，终身教育在倡导之初，联合国教科文组织当时使用的英语术语为life-long integrated education，而integrated即有“统合”之意。按终身教育理念的创始人，法国成人教育专家保罗・朗格朗的观点来看，统合指的是“每个个人在自己不产生矛盾的情况下，就教育训练的不同阶段作出统一和协调的努力”。[①]就终身教育体系构建的本质而言，其原本就是要为人一生不同阶段的发展提供教育帮助，因此统合学校与学校外教育的各种资源，并使其围绕人一生发展的需要，发挥促进与提供服务的作用，无疑非常重要。这不仅是构建终身教育体系的意义之所在，同时也是形成终身教育体系的关键之要素。

因此，若要构建一国之终身教育体系，就必须首先对学校与学校外教育的资源进行有效的“统合”(整合)，也即在两者之间架起有机连接的“立交桥”，并对学校外各种因历史原因、行政组织的归属原因，乃至利益博弈的关系原因，而造成的纵向割裂，横向阻断的体制机制予以整体变革，以期通过顶层设计的方法而使各种原本互不关联、互不融合的教育资源得以连接、贯通并加以有效利用，从而达到协调与统合的目的。无疑，实现以上目标不仅是构建终身教育体系的关键所在，

① [法]保罗・朗格朗:《终身教育入门》，波多野完治译，全日本社会教育联合会1984年版，第58页。

而且也是打通各种教育壁垒与阻隔的重要手段。

然而，这一重要理念的实现却在我国恰恰遭遇了最为严重的困难与阻碍。且不说学校与学校外教育资源的整合，这首先就遇到一个所谓“正规”与“非正规”，“体制内”与“体制外”的障碍问题，而即使都在“体制外”的非正规教育，也因为各自的归属不同，行政管辖的机构不同而呈现出难以有效整合的困境。如社区教育属于街道管辖，而其他成人教育则由教育部门或民间机构举办，还有各种社会团体或个人推进的。因为归属的不同，加之利益的关系，单纯学校外教育资源的整合就呈现出所谓“剪不断、理还乱”的状况，而这一问题若得不到有效解决，则终身教育体系的构建基本就是“云里雾里”，无法真正落到实处。

其中，最为严峻问题体现在两个方面：一是终身教育始终无法以立法的形式实现顶层设计，由此难以为资源统合提供强有力的制度保障；二是学分银行建设仓促上马，与终身教育“立交桥”的定位相去甚远，难以实质性推动教育资源的有效整合。

(一) 国家终身教育立法为何难以制定①

进入 21 世纪以后，在教育部公布的《教育事业“十五”计划和 2015 年发展规划》中曾第一次明确提出“研究起草推进终身学习的法律法规”的设想。②受其影响，自 2002 年开始，研究并起草“终身教育法”就已经成为每年教育部年度工作的要点。③但是，以上倡议已经提出十几年了，国家层面的“终身教育法”却仍然处在空白状态。而国家终身教育立法的止步不前，也真实地反映了我国终身教育难以深入开展的困顿局面。

2005 年 7 月 29 日，作为地方性终身教育立法，福建省《终身教育促进条例》首先获得地方人大会议通过，这部地方立法不仅明确了政府推进终身教育的职责，明确规定了设立终身教育促进机构(终身教育促进委员会)以及建立终身教育

---

① 黄欣、吴遵民：《中国终身教育法为何难以制定——论国家终身教育法的立法思想与框架》，《开放教育研究》2014 年第 6 期，第 36—41 页。

② 《全国教育事业“十五”计划和 2015 年发展规划》。

③ 国卉男：《中国终身教育政策研究》，华东师范大学博士学位论文，2013 年。

活动日，而且还规定了媒体的宣传职能等法定内容。这是我国第一次以法律的形式明确了在我国现有条件下区域性终身教育事业如何开展与推进的一个实例。福建终身教育地方条例的制定，不仅极大地推动了我国终身教育的立法实践，而且亦为终身教育从一个理念、一种思潮转为具体可行的政策乃至立法原则作出了贡献。但是，由于此条例在起草之初即由学者及民间团体为主来推动，因而政府职能基本处在缺失状态。政府的缺位亦导致了该法在实施过程中的空乏与无力，如实质性的终身教育体制机制并未建立，教育资源的整合与衔接亦未有重大突破，终身教育经费来源没有给以明确规定等。由此这一地方条例亦变成了一部仅具象征意义的“空法”。①同样的问题也出现在 2011 年公布实施的《上海市终身教育促进条例》中，如该《条例》狭隘化了终身教育的内涵，各级各类正规学校教育均被排除在终身教育体系之外，大量在社区开展的各种具有教育意义的文化休闲乃至娱乐身心的活动也都不在推进之列，这就使得期待依托立法而展开的各种扎根社区的终身学习活动失去了赖以生存的法定基础。

简言之，如何通过立法充分发挥各种教育资源的作用，同时加大统筹各类教育与文化资源的整合力度，以提供多元与多样的满足公民学习需求的各种教育课程或学习活动，无疑对促进公民的终身学习具有重要作用，而这样一种局面的形成则都需要在立法层面进行必要的法律规范与规定。

（二）学分银行建设偏离设计预期②

倘若将国家开放大学分认证中心算入在内，中国内地已设有学分银行超过五十家，而山东、天津、湖南、四川等众多地区亦“按捺不住”，纷纷“蓄势待发”等待开张，我国学分银行的具体实践可谓一片“繁荣”。然而，从本质上来看，我国各地学分银行的创建因“仓促上马”、批量化的推进，加之缺乏整体设计和统一规划，因而导致创建范式各不相同、彼此之间的功能互不相通甚至存在冲突，各教育机构之间的学分也不能互认，这样一种政策设计与当初赋以“立交桥”的政策期待与导向

① 吴遵民、黄欣、蒋侯玲：《终身教育立法的国际比较与评析》，《外国中小学教育》2008 年第 2 期，第 1—9 页。

② 国卉男、赵华：《多模式下我国学分银行发展的理性反思》，《教育发展研究》2016 年第 17 期，第 52—57 页。

无疑是背道而驰、相去甚远。

1. 颇受诟病的单向通道

诚如以上所述，在学习成果认证上，学分银行要求涵盖各级各类的教育形式。然而，我国学分银行的实践范式，大多是根据教育领域中的具体需求而设定的，如果各类教育形态之间的沟通是单向的，那么学分银行也必然受其限制，而沦为单纯服务于某教育领域（如高等教育、职业教育、技术培训）的学分银行。比如，目前有“市民学分银行”，其功能就仅为市民终身学习成果的数字化管理服务。也有“开放大学学分银行”，它就仅成为开放大学为实现自身科学运作所建立的支撑系统。又如有高等继续教育学分银行，那么它也仅是继续教育联盟之间的学习成果转移机制。仅有的上海市终身教育学分银行，其实际上也尚未覆盖整个教育体系。总之，我国学分银行对各级各类教育的学分认定、累积与转换虽然已经实现了突破，但各种教育形式之间的沟通与衔接则还处在一个不断探索的过程之中。

2. 难以逾越的地域限制

再就一国之学分银行而言，其不仅应该涵盖各类教育形式，同时还应在全国形成统一标准。然而，就目前教育的实际状况来看，我国鼓励的学分银行实践采用的则是所谓“自下而上”的试点模式。其多为某地域诸如一省、一市或一个区建立的学分银行。其目的是试图在基层积累经验之后，再在全国展开。因此，当前我国学分银行的实践仍然处在的是“散点”的状态，彼此之间各行其是，甚至完全失去学分银行应该具有的“融通”机能。而就国际学分银行建设的趋势来看，则无论是“自下而上”，还是“自上而下”，其都趋于由国家统一建设、统一标准、统一制度。因为学分认定与积累毕竟涉及的是国家标准问题，没有国家层面的顶层设计，其推广与效率就都将无从谈起。

3. 莫衷一是的框架结构

把学分银行看作是连接各种教育资源、教育形态的“立交桥”，从而实现终身教育体系的整体构建，这一直是国家与政府对学分银行寄予的重要期待。然而，我国的学分银行实践，仅仅实现了领域狭隘的框架标准。比如，为了对市民的学习经历、考试成绩进行学分记录，就成立了市民学分银行，并制定了一套标准；为了对开放大学宽进严出的学历及课程进行认定，则建立了开放大学学分银行，其标准亦由开放大学自行制定。如此标准不一的框架结构、功能不同的认证标准，虽然适应了实践的需求，但没有统一基准的“莫衷一是”的多样化却为其后彼此间的有效衔接与有机贯通设置了更多的障碍与难度，同时也削弱了学分银行在终身教育体系构建过程中应该发挥的权威性与公信力的重要作用。

4. 多头分离的机构运作

学分银行的统一性体现的实际上就是国家规则的权威性，因此其不仅应当体现在资格框架的标准制定中，还应贯彻于具体的运行机制中，即应由独立机构履行基于国家标准的公正与公平的规则。然而，在我国学分银行的实践过程中，各运作机构其实并不具备独立的、基于第三方为原则的资质。比如，市民学分银行往往是由社区教育机构运营的；开放大学学分银行及其分支机构，则由国家开放大学及各地方开放大学教务处负责；即便是上海终身教育学分银行也由上海开放大学设立综合办公室负责。这种既做运动员又当教练员甚至裁判员的机制又谈何公正与权威？除此以外，上述机构除了承担学分银行的机构服务之外，还在学分银行的实施中“分饰”多角，即既制定标准体系，又进行管理认证，更负责监督保障，这不仅直接降低了认证结果的公信力，而且也难以实现跨领域、跨机构之间的学分转移与融通。

5. 软弱无力的公信保障

作为普通市民学习成果的认证制度，学分银行应当提供强有力的质量鉴定保障功能。然而，我国学分银行的现行机制只是凸显在对市民学习成果“真实性”的记录：如市民学习是否诚信考勤、考试与作业是否按时完成；这只是对学分来源进行的考查，以及学习认定与认证过程的真实性保障等。但其忽略了最重要的自身诚信的保障：一是“第三方”独立评价身份的确立，如此才能做到公正与公平；二是确保认证结果的“权威性”，这需要机构自身资质的保证，以及相应制度的建立，否则会因为公信力的丧失而难以获得社会的认同。简言之，“打铁还需自身硬”，学分银行公信力的形成，必须建立在具有资质的第三方机构以及公正独立评判的规则基础上。

6. 其实难副的成果转换

作为终身教育体系构建的重要举措之一，学分银行还担负着架构各类教育形态之间有机连接的“立交桥”作用。即通过对学习者学习成果的认证，来使各类不同的教育或学习过程获得有效认定。就国际学分银行的通常做法，是首先需要国家制定认证的资格框架，建立规范的学分积累或兑换的规则。但我国学分银行的实践因为受到单向限制的局限，加之缺乏国家层面的统一资格框架，以及资格转换的保障基础，以致学分转换往往“盛名”之下“其实难副”。如上述市民学分银行，其实就是非正式学习成果积累后的物质兑换；上海终身教育学分银行虽关注学历教育、职业教育和文化休闲教育之间的互换，但目前具可操作性的只是从职业教育转向上海开放大学学历教育的单向转换。因此，为实现终身教育“立交桥”的顶层设计，如何破解资格转换的藩篱，确立社会的公信力则是首当其冲的关键问题。

第二节　中国终身教育体系构建的顶层设计与政策建议

一、构建终身教育体系的理论模型

关于现代中国终身教育体系的构建模式，笔者设计了以下理论模型图(见图 7-1)：

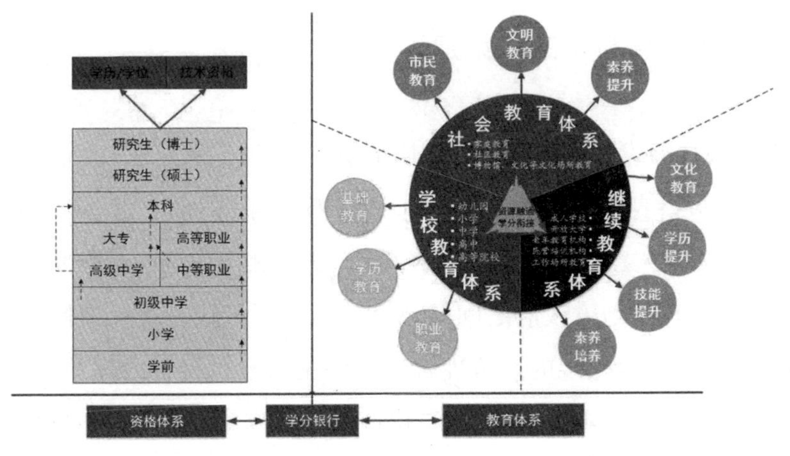

图 7-1　我国终身教育体系的理论模型

从未来所要实现的理想来看，一国之完善的终身教育体系，其所要构建的就是能让所有的社会民众，在其所经历的学校、工作乃至退休后的整个人生阶段，都可以随时通过学校、社区、社会等各种正规或非正规教育机构的支持与服务，从而获得其个人所需要的各种学习机会，并能够得到由专门机构出具的学习成果证明，以最终实现以提升个人素养、发展职业技能及充实生活品质为目的的教育理想与需求。因此如图 7-1 所示，未来所要构建的比较完善且可操作的终身教育体系，其在功能和运作机制层面大致可以体现在以下三个部分：(1)构建能融通各种教育资源的教育体系。其囊括了个体所能接触到的所有正式、非正式或非正规的教育机会。具体又包括三个系统，即学校教育系统、继续教育系统和社会教育系统。终身教育体系构建的关键，就是要打破上述三者之间横向割裂、纵向阻隔的障碍，并建立起一个能够整合与融通三者之间教育资源的有效机制。(2)建设能够有效积累各种学习成果的机构——学分银行。其核心功能是认证、积累学习者在各种教育系统中获取的学习成果，而这也是打破各种教育体制机制之间的壁垒，实现教育资源融通的基础与要素。(3)制定能够适应本土特征的既互相衔接又互相融通的资格框架与体系，以实现自下而上可以无缝对接的学历/学位、资格/资质所构成的学习成果认定与互换体系，这则是实现学习者学有所成、学有结果的评价机制。

二、 完善终身教育的政策建议

(一) 中央层面设置终身教育管理协调机构

我国在发展终身教育的推进过程中，由于政府部门之间的不同职能与不同归属，往往会造成政令无法通达、功能无从融合、机构无以协调的困顿状态。上述状况也使得中央政府与地方政府之间的政令传达与政策执行及反馈修正的效果大大减低或延迟，而由此出现的政策理解层面的失误及执行上的偏差，就更可能使终身教育的推进举步维艰。因此，为了保证终身教育政策在执行与推进过程中能够保持上通下达的渠道顺畅，建议在国家层面设立专门的类似于“终身教育指导委员会”的协调机构就无疑是一项重要举措。换言之，确定终身教育的发展方向、制定终身教育推进的具体方针、监测终身教育实施的实际效果，同时及时协调与完善终身教育推行过程中的各种错综复杂的关系，则都需要具有权威性的专门机构予以统合与推进。尤其需要指出的是，由于终身教育包含的对象十分复杂，涉及的范围非常宽泛，因此“终身教育指导委员会”又必须由国务院有关部门直接领导或管辖，由此才具有可资协调的能力与力度。

再就地方来说，也需要建立由地方政府直接管辖的专门协调机构或部门。换言之，终身教育必须由地方政府主要负责人直接参与领导，如此才能打通部门之间的壁垒与鸿沟，并促进协调与合作。因此，在地方设立具有调节指导作用与地位的机构非常重要，如省市终身教育促进委员会，而不是如上海在教委之下设立终身教育处，那样的作用会小很多。事实证明，上海近年来在终身教育领域虽然做了不少具体工作，但突破性的成果却并没有出现，比如立法的修正、教育资源融合、机构之间的合作、市级层面终身教育体系的构建等。而要突破上述难题，没有一个强有力的指导协调机构去予以推进则是无法想象的。

关于协调机构的设置问题，在国外早已有了很好的经验。如日本为了促进终身教育体系的构建，早在1990年就颁布了《终身学习振兴法》，并同时在中央和地方两级政府设立“终身学习审议会”。中央审议会的主要任务是负责审查终身教育政策的相关提案；地方审议会的主要职责是负责监督终身教育政策的推进情况。他们还在文部省内撤销原来的社会教育局而改设终身教育局，以此作为最高行政机构予以大力推进。法国则在1971年颁布《终身职业培训法》，随后法国政府即设立了“国家教育发展署”，其主要功能就是一方面研究终身教育的理论并对其发展状况做出预测，另一方面则通过这一机构对全国终身教育的政策制定及实践的推进进行指导与评估。由于上述重要机构的设置与建立，就使得这些国家有关终身教育的政策推行顺利，发展迅速，实践成果也非常丰硕。其经验亦可以为我国建立类似的指导与协调机构带来有益的启示。

（二）提高终身教育理论水平为政策制定提供决策基础

本研究表明，终身教育政策在推进过程中经常存在对政策文本理解的“偏差”

或“误读”的现象，究其原因则是因为终身教育的制定者、决策者乃至执行者对终身教育理念理解的误区，很多凭着自己的经验与想象来对其进行分析与预判，由此南辕北辙的失误也不在少数。比如以上提到的对“终身教育体系”和“国民教育体系”概念的误读，在 1998 年教育部出台的《面向 21 世纪教育振兴行动计划》中提出以“终身学习”取代终身教育的超越阶段发展的激进做法等，都说明理论研究的滞后，乃至理解的偏差可能对政策决策造成的误导及误判。

出现以上问题的原因很多，一是因为终身教育理论的内涵极为丰富，即使初倡者朗格朗亦未能对终身教育的内涵做出明晰界定；二是随着理解的加深与环境的变化，国际社会的认识也在不断深化；三是理论研究的滞后造成的片面理解与主观认知的偏差。对此，笔者以为若要推进终身教育决策的准确性并减少误判，首先需要的就是在整个社会加强对终身教育理论的研究与理解的深化。除此之外，政策决策者与执行者理论素养和专业水平的提升以及执行能力的加强，都是保证终身教育政策制定的有效性所不可或缺的基本条件。其次，还需要在全社会加强对终身教育重要性与紧迫性的认识，因此通过大众媒体的宣传及各种教育活动的组织，以使社会民众充分认识什么是终身教育，终身教育为何重要，以及作为公民个体的终身学习权又应如何保障等问题，都需要有一个比较清晰的理解。第三，政府还应该参照发达国家设定的发展终身教育的评判基准与目标，由此对我国地区乃至国家层面终身教育推进所需的财力、物力等进行测算，以通过与他国的对比与分析，来及时审视我国终身教育政策制定与推行过程中的本土成果、优势与差距。

(三) 构建公开与透明的终身教育政策决策机制

就我国终身教育政策的制定而言，以目前的状况来看，基本上还是采取“自上而下”，即完全由政府主导决策的模式。虽然这种带有导向性的政府强行推进在终身教育政策实施的初期确实能够起到很好的效果，但随着终身教育政策本土化进程的逐渐深入，由于行政色彩太浓、实践基础薄弱以及政策价值立场的贯彻不通畅等弊端，则也会导致问题丛生。换言之，如果处于主导地位的政府决策者对终身教育理念的理解还不够深入、不甚准确的话，就会导致各种问题的出现。因此，建立一种民主、透明与公开的政策决策机制，同时采取学者咨询、公众参与、政府统筹的多元决策模式，是确保终身教育政策更加科学合理并具有可持续发展的前提。理由很简单，首先是因为专家学者均是终身教育理论的研究者，对于终身教育的基本理论以及国际化的趋势了解较为深刻，因此若有专家学者的参与，就可以保证政策制定的目标导向和价值基础不偏离航向，由此科学性与合理性也可以得到基本保障。其次，普通民众是终身教育的直接参与者，其对终身教育的理解与需求，则直接决定了终身教育政策目标与内容的确立。因此，加大民众参与政策制定的力度也非常重要。具体实施方法则可以通过社区教育的途径，即通过设立社区学习点的方法，更大范围地了解民众对终身教育的需求，同时通过网络、媒体等多种渠道自下而上地反馈民众对终身教育发展的诉求，并使之成为政策决策的重要依据。最后，政府作为公权力的代表，对终身教育政策的制定无疑起着决定性的推动作用，但如何防止“暗箱操作”、拍脑袋决策的弊端则也是一个非常重要的命题。简言之，制定政策决策的必要程序以保证政策制定的公开、民主与透明则是重要的保证。

（四）终身教育政策的分类试点与逐步推广

通过以上各章的论述与分析，笔者已经明确指出，就中国终身教育政策的制定而言，不可能生搬硬套发达国家政策制定的经验，而是需要结合我国本土社会的实际，包括政治、经济、文化、教育的发展水平，民众的需求及本国以往成功的经验，来对终身教育政策进行新的融入与创新，而这也是一个“接地气”的本土化过程，并且由此才能最终构建一个具有中国特色的终身教育体系。就我国现阶段的基本国情来看，其中一个主要特点，就是各地区发展的不均衡性，沿海开放城市与中西部内陆地区及边远山区在社会、经济、教育、文化等发展水平上都存在着较大的差异。因此，要构建具有中国本土特色的终身教育体系，就必须首先坚持终身教育政策的基本原则与价值基础，在这一前提下，再考虑实施分类试点、分步推广的方法，以避免推进简单化、地区“一刀切”无差别化的做法。简言之，即首先在有条件的发达地区先行试验，总结政策实施的经验，然后再根据各地的实际情况，分类、分层地在全国逐步推行。目前，我国在北京、上海、福建等地已经通过各自区域化政策的推进，基本形成了各具地区特色的终身教育体制与机制，如上所述的北京大力推动“学习之都”的建设、上海普及社区学校的做法、福建的立法先行举措等，这一系列不同的政策立法举措也使得地方终身教育政策的推行呈现出了个性化发展的勃勃生机。但不可否认的是，在大部分欠发达的贫困地区，由于基础教育的“双基”任务都尚未完成，因此终身教育的推进对他们来说则还是一个“奢侈品”。因此，通过其他推进模式，如加强社区与学校的联携的方式来挖掘和整合教育资源则是一个一举两得的好办法。

总之，构建中国特色的终身教育体系，一定要体现分类推进、逐步推广的原则，而不可一蹴而就、一次成功。根据不同地区的不同发展状况，制定相适应的终身教育政策，则是最终完善并形成我国终身教育体系的最佳选择。

第三节　中国终身教育体系构建的基本设想与实践对策

就我国构建终身教育体系面临的困境而言，一是缺乏顶层设计，缺失全面设计终身教育体系构建的规划；二是迟迟无法有效打通横阻在各级各类教育之间的壁垒与阻隔。方法其实也很简单，就顶层设计而言，笔者提议首先必须在中央层面设置相应的协调机构，以全面负责终身教育推进政策的制定，以及各项推进举措的落实。而权威性、行动力，则是保证上述措施落实贯彻的关键。再就打通阻隔的壁垒来看，建立融通与衔接各种教育资源的“立交桥”则至关重要，其中建立与完善国家资格框架和学分累计制度，也即构建“学分银行”这样一种机构则是近期来看比较有效的举措。

一、架构连接学校与学校外教育“立交桥”的具体构想

目前，在创建学习型城市与终身教育体系的部分地区，对“立交桥”的构想已经进行了先行探索与研究，虽然取得了一些可喜的成绩，但是由于国家资格

框架的制定与学分银行的设置仍然处在探索阶段，因此突破性的成果没有呈现。

(一) 构建国家资格框架

以上笔者就终身教育体系的构建做了精细的诠释，笔者认为体系构建的关键还在于各种教育资源的有机统合，而目前较为有效的举措就是设置国家及地方学分银行。因为学分银行具有学习成果鉴定与累积的功能，因此它可以起到衔接各种不同教育形态之间有机连接的作用。但学分银行设置的前提是必须首先要制定一个基于国家标准的资格框架，因为资格框架规定了各种学习成果的实际“分值”以及具体换算的标准。所以，建设学分银行之前先行架构资格框架，则是规范学习成果认定标准及互换规则的基本保证。

那么，国家层面的资格框架又该如何制定呢？笔者认为这又是一个极其复杂的过程，因为其涉及对不同教育类别、不同资格形态、不同学历层次的梳理，并需要提出一个一揽子的整体化资格框架，因此建议必须组建由专业人员和机构形成的团队来完成此项重要工程。

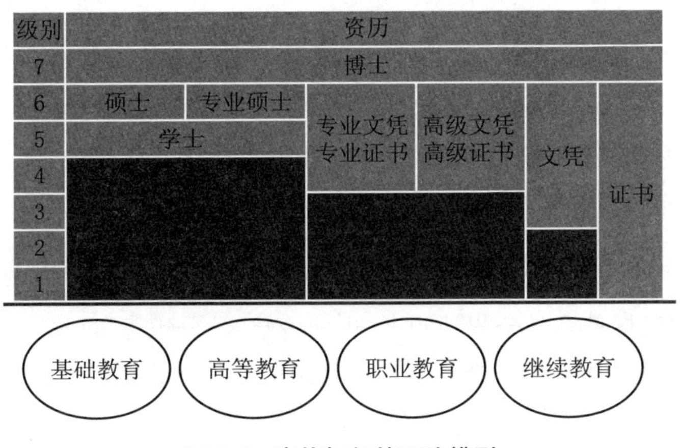

图 7-2 资格框架的理论模型

如图 7-2 所示，就是一般资格框架的理论模型。其涉及基础教育、高等教育、职业教育及继续教育的所有资格、层次、学历、能力标准等。如根据中国香港资格框架的模式，可以将资格标准划分为七个层次，其又衔接了学历证书、职业证书，而仅就学历证书则又包括了基础证书、证书、文凭、副学士、学士、硕士以及博士等。

从目前已经制定资格框架的国家或地区来看，多数形式是趋于建立整体资格框架，即实现宽地域、宽领域的对接。而且一般首先制定国家层面的资格框架，因为这涉及基准问题。换言之，要充分考虑国家对于教育发展的基本思路，特别是对于学历学位、资格证书等的统一规范，以确保地区型资格框架的基准与中央保持一致。

基于以上思考，对于资格框架的制定笔者特提出以下具体建议：

1. 依靠政府自上而下的强力推动

目前，综观我国国家及地方层面对于终身教育立交桥的构想，基本都采用自下而上的模式。如一些省、市的教育机构，或者部分大专院校都在研究和尝试本地或者校际之间教育和培训所获学分的互认与转换。但是由具体机构或院校单独进行资格框架体系的设计与构建，不仅需要花费大量的人力物力，而且即使制定了所谓的资格框架，由于缺乏统一的国家基准，统一的认定机制，上述资格框架只能局限在很小的范围内应用，对于各级各类资历的互认、学习成果的互换仍然造成很大的阻碍。因此，资格框架体系必须由国家牵头统一制定，各系统、各院校亦必须基于国家统一的基准予以执行，由此才能实现真正的互通与互认。但是对于任何一个国家而言，建立资格框架都是一个全新的领域，在既缺乏专业领域的专家，也没有先例的情况下，如何才能制定出既符合国际化标准，又具有本土化特征的资格框架结构，就需要建立强有力的研究团队，在基于国外先进经验的基础上，全面把握本土教育的发展现状，并在专家团队充分认证与研讨的过程中，完成相对完善的顶层设计。

2. 建立各级各类教育资源互通的资格级别及能力标准

终身教育体系在完善过程中，各教育领域亦逐渐形成了自身较为独立、较为完整的评价标准与资历体系，然而既有的资历体系则可能既是建立新的资格框架体系的基础，但也可能是阻碍。这是因为这些资历结构在为新资格框架体系提供参考依据的同时，却也加深了与其他领域资格资历相衔接的困难。因此，建立一个完整的资格框架体系应当分步进行，逐渐统一。依照国际经验来看，一个完整的资格框架的构架通常有两个部分：一是资格框架中各教育形态的子框架，如高等教育资格框架、继续教育资格框架、职业教育资格框架、技术培训资格框架等；二是由低到高的资格级别，如中学证书，中学文凭，大专证书，大专文凭，大专学历，本科证书，本科文凭，本科学位，硕士证书，硕士文凭，硕士学位，博士证书，博士学位等。从整体上看，大的资格框架下的各子框架都要遵循框架内各个级别的统一标准和要求，并进行相应的沟通和衔接，从而形成一个完整的体系。因此，国家资格框架体系若要确立统一资格和学分的标准要求，就首先要建立一个互通的资格子框架和资格子级别，以完善各教育领域内的整体资格框架，并用统一的资格级别来进行互通与衔接。

3. 统一各级资格的通用标准和能力标准

互通的资格子框架和资格子级别建立之后，还必须建立一套统一的要求和标准，以为学习成果的认证提供参照标准和科学依据。在国际上，各层次资格级别的通用标准包括知识、技能和能力三个维度的评价指标，其需要由政府支持下的不同学科专家团队，制定基于资格级别的统一要求和标准，以及建立一套科学的、细致的、可评价的各类资格和学分的内涵要求及评审标准。各级资格的标准和要求的建立，为教育和培训机构的课程建设提供了可予遵循的学习成效和目标要求，由此可以保证无论学习者采用正规学习还是非正规学习或非正式学习的方式，只要达到相应资格和学分的学习成效及目标要求，就能获得相应的学分和资格；同时也为学习者过往学习成果和经验的认可提供了评价标准。换言之，个体已有的知识、技能和经验通过评审就可以转换为一定的学分，从而减少了不必要的重复学习，同时也保证了个体个性化的终身学习权利，并真正实现了通过资格框架体系的建立而架起终身教育“立交桥”的功能。对此，我国可以根据社会发展的需要，制定各级资格评价的通用标准，同时在评价知识、技能、能力等硬性指标的基础上，适当考虑增加公民意识、社会责任、团队精神、创新思维、生涯发展等软性的人文因素，由此制定一套完整的、周全的各级各类教育资格的标准，并预设严谨的课程和单元的学习目标，以保证学习者学习成果测评的公平与公正，以及可供在不同领域、不同范围内的转换与积累。

4. 建立严谨完善的质量保证机制

诚如以上所述,资格框架体系服务于学习者学习成果的认定。显而易见,其成败关键在于所认证的结果在社会上的公信力,即认证质量的高低决定认证系统和结果的有效性。以国际经验为例,各国在建立资格框架体系的过程中,均将保证教育和培训所提供的资格和成果的公信力视为关键,为此并建立了专门的质量保证系统、评价机制和评估工具的体系,最终还通过法律认可的第三方学术和职业资格评审机构的认证,使得学习者无论是通过正规、非正规还是非正式学习的学习成果,都可以通过学术和职业评审机构得到认定。但是需要指出的是,如果要确保资格框架体系的良好运作,不仅需要建立能衔接不同教育形态获取的不同教育成果的统一资格、统一评价、统一测量标准,同时更需要建立专门的质量保证体系和评审机构,以保证学习者所履修的课程、获得的学习成果具有基于统一标准的质量内涵,并能够获得社会认可。为此,在确立资格框架体系的过程中,就应当尽可能将资格框架体系所确定的资格、标准通过立法予以保证,同时对评定机构必须确立具有"第三方""独立资质"的原则,由此才能确保认证过程的独立、公开与公平,以及评定结果的权威、公正与公信。

5. 实现资格框架建设的多方合作

资格框架的设立势必涉及既有的各教育相关领域,而如何破解诸多利益之间的纷争与博弈则是一个艰难的过程,其中包括政府实行的公共教育及职业培训、私营的教育及职业训练、行业组织的各种培训及资质评审、认证机构面对的各种资格与资质的认证等。因此,如果要确保资格框架为社会各方所接受,并能实现良好运作,就必须确保政府、机构、团体等主体的共同参与和合作。国际上的经验是,一些国家在建立资格框架体系的过程中,为了充分考虑各主体的参与,一般趋于通过第三方的咨询机构,去关注和采纳各主体、各具体领域的意见与建议,以最终形成为各方所能接受的制定基准。故此,我国在确立资格框架体系时也可采纳这一经验,即尽可能地吸取各单位、各部门、各种团体与领域的意见,并形成一个联合共同体,以形成最大合力、达成最大共识。因此,考虑设立一个资格框架构建的协同机构,以利于广泛协调与充分讨论,则是可以推行的一项重要举措。

（二）建设国家学分银行

综上所述，就我国目前构建终身教育体系的举措来看，最有效的非学分银行莫属，因为通过学分银行可以打破各种教育形态之间阻隔与障碍的问题。因此，在构建体系之前先完成对学分银行的建设重任，这已属当务之急。在这一小节中，笔者就要对学分银行应该如何建，又应由谁来建的问题作一清晰的梳理。

关于如何建的命题，这里主要涉及的是建设国家学分银行应该具备哪些基本的、必备的条件问题。如国家学分银行应该具有独立于办学机构的"第三方"身份、应该获得法律授权、应该具有制定运作学分银行规则的资质等，这些重要条件及原则却又是目前国内正在运作的，由开放大学组建并配套设置的地方学分银行所缺失的。至于由谁来建才符合条件的问题，则更是一个需要给予考量的命题。就目前国内的综合状况来看，国家教育考试中心所属的自考办又似乎最具备各项相应的必备条件。①

1. 如何建——筹建国家学分银行的必备条件

要把学分银行建设成为国家终身教育体系的"立交桥"，就必须具备以下三项必要条件：

（1）资格的法律授权。要成为国家终身教育体系的"立交桥"，学分银行建设就必须具有唯一性、独立性和法定性，由此保证其认定的学分将具有国家意义的权威性与公信力。为此，学分银行构建主体的"身份认定"就至关重要。具体而言，国家学分银行的建立及筹集主体，首先必须经由法律授权与认可，对于认证机构的地位、资质则需要按照法律程序与规定进行严格审核并予授权，由此才能确立起其开展业务的权威性与正当性，以及认证结果的法律意义与效力。

（2）体系的统一标准。学分银行要架构起学校与学校外教育的有机连接，就需要对范围更为广泛的对象予以成果认定，这里包括学习者的不同学习阶段、不同学习形式以及不同学习成果，而且不仅对学历教育的学习成果进行学分互换，同时也要对非学历教育的学习成果进行认证与鉴定，如职业资格、岗位培训、社区

① 吴遵民：《论建设国家学分银行的路径与机制》，《开放教育研究》2016 年第 1 期，第 43—49 页。

学习等取得的学习成果，甚至一些具有教育意义的文化休闲类的学习成果等。

(3)“第三方”的独立身份。为了确保学分银行认证的公正性，还必须确保学分银行在学分认证、积累及转换的过程中不受到任何组织、机构或个人的干涉与影响。所谓具有独立资质的“第三方”机构，指的就是要避免既当“运动员”“教练员”，同时又当“裁判员”的弊端。换言之，具有公信力的国家学分银行不可以与任何学校或教育机构产生直接或间接的利益乃至隶属关系，而且任何教育机构若要获得学分评价的资格，都必须首先通过统一的资质申请和审核，而保证这一审核机构的专业性与权威性，就必须始终坚持第三方的立场与原则。

2. 由谁建——筹建国家学分银行主体的考量①

自《国家中长期教育规划纲要》提出要“办好开放大学”之后，国家教育体制改革领导小组办公室就先后批准了中央广播电视大学、上海广播电视大学、广东广播电视大学、江苏广播电视大学、云南广播电视大学五所电大先行“组建开放大学，探索终身教育模式”的试点工作。新开放大学的“开放性”，主要体现在入学者不需要参加入学考试即可注册入学，由此突出了其不受已有学习水平、学习年限的限制，以及学习时间和学习地点更富有弹性的特点。但由于最后授予的学历或学位证书系具有与普通高等教育毕业证书同等效力的作用，因此对于开放大学开设的课程及取得的学习成绩就亟须一个独立于开放大学的专业机构来对此进行认定，这也是保证开放大学的课程质量和学历水平获得社会认可的必要条件，而迫切设立学分银行的理由大概也与此有关。然而，原本应该由专业性很强的独立机构来承担的任务，现在却由开放大学自行设置机构，自行完成认证过程，这就完全背离了设置学分银行的初衷，即权威、公正地进行学分的认定、积累与转换。

为了弥补以上重大缺陷，创建国家学分银行，同时制定地方学分银行设立的申办审查制度与具体操作规则，也就成了必须实行的当务之急。那么在我国，国家学分银行的建设又究竟应该由谁来承担、并由谁来筹建才为合乎公正、公信的原则呢？毋庸置疑，国家学分银行不仅需要符合法律的规定，同时也需要投入巨

① 吴遵民：《论建设国家学分银行的路径与机制》，《开放教育研究》2016 年第 1 期，第 43—49 页。

大的社会资源，并经过一定时间的实践才能保证机构的正常运转。从目前的状况来看，借助既具备法定资质又具“第三方”独立认证性质的教育部高等教育自学考试指导委员会办公室（以下简称“自考办”）来筹建国家学分银行，则是笔者认为最为妥当也是最为贴切可行的考量。教育部自考办长期以来从事学生自学、国家考试和学历学位认证及学历授予的工作，从本质上来看，其与国家学分银行具有非常相似的工作性质和业务内容，尤其是自考办在中国已经运作了近三十年，其不仅积累了大量而丰富的经验，而且成绩卓著。因此，依托教育部自考办作为创办主体承担国家学分银行的建设，在当前则是一项十分适宜的举措。诚然，自学考试与学分银行的学分认证及积累并不是完全同类的工作，对此，自考办亦需要进行机构改革及自身机制的完善，以实现机构性质、功能职责的转型。

3. *怎么建——自考办试点改革与完善的建议*①

如果以上建议有可能实现的话，则自考办在承担学分银行建设的同时，还必须完成一系列的改革与转型，目前来看，其至少要完成以下七点改革举措。

（1）延长自学考试考籍的记录时效。自考办的考籍记录有一定的时效性，但其与学分银行中学习者的学分账户的认证记录在本质上是一致的。如果转型学分银行就需要破除时效的限制，而把认证积累时效延伸至人的终身。如此才能实现对各类学习者的各种学习结果与学习经历的终身认证与记录。

（2）引入终身学习理念，扩充学分银行认证范围。自考办如果转型学分银行，还必须扩充认证范围，即既要面向以获得学历为取向的学员，又要涵盖参与各种终身学习的一般学习者；换言之，学分银行不仅要对指向取得学历的学分进行认证和积累，同时也要对不指向学历的普通学习者的终身学习过程和成果进行记录及奖励。这就需要改变以往自学考试以学历为主的认证方式，而对于学习者在社区及其他场所进行的有组织的终身学习都应归入为认证、记录与积累的范围。这里可以包括行业资格、社区学习，乃至具有教育意义的文化娱乐活动等。固然，不同学习内容达成的认证结果及获取评价的标准是不同的。因此，就需要扩充认

---

① 孙冬喆、吴遵民、赵华：《论学分银行建设与自学考试制度转型》，《开放教育研究》2012年第6期，第40—44页。

证范围，拓展认证的涵义。

（3）改革自学考试既有的课程标准，逐步建立学分银行的学分认证与转化标准。简言之，学习者通过各种学习形式获得的学分，其仅代表了不同的专业层次与专业水平，尚还不具备进行机械性的积累和兑换，如需转化还必须依据一定的标准，即必须转换成具有相同层次、相同水平的学分才能进行积累与认证。目前，自学考试已经建立了涵盖范围比较广泛而统一的课程标准，但自学考试的课程标准是依照高等教育的课程标准建立的，其尚不适合职业技能类的以及其他非正规教育途径获取的教育成果。因此，这就需要在终身学习理念的指导下，对自学考试原有的课程标准进行改革与扩充，以使其能够应对不同的学习方式并对学习过程进行有效认证与转换。

（4）必须对自学考试单一性的目标定位进行变革。即自学考试除了同学校合作之外，还应当加强同技能认定、职业资格授予及其他具有学习结果资质认定的单位合作，以实现部门之间的资源整合与优化。换言之，学习者在学分银行所积累的学分，经过认证转化之后，还可以根据个人需要进行多种形式的兑换，即既可以兑换为学历、学位，又可以兑换为技能证书、资格证书等资质类的证明，甚至于还可以兑换成一定的物质奖励、资质证明或素养证明等。

（5）积极利用信息技术手段，实现管理现代化。自学考试在我国已经实行了三十多年，并取得了丰硕的成果，同时也积累了丰富的管理经验。但与自学考试相比，学分银行需要面对更多各种不同类型的学习者，并记录他们终身学习的经历与学习成果，其工作量和工作细分化的复杂程度都会急剧上升。因此，管理也将变得非常庞杂而精细，这就离不开现代信息技术手段的支持。由此在原有的基础上，建立覆盖全国的，涵盖各种教育形式的服务平台，以实现学分银行的现代管理，以保证学习者可以随时随地、自由开放地进行学习与学分积累则至关重要。

（6）必须加强诚信监督，建立强有力的监督机构与监督惩罚举措。由于经过学分银行的认证，学习者通过各种学习方式获取的学分，可以换取学历、学位以及各种技能资格证书，因此为了保证学历、学位及证书的质量内涵，就必须保证学分的含金量，就必须对学分获取的过程进行仔细考察，而学分转化的过程也必须采取更为统一和严格的标准。对此建立必要的监督机制十分重要，同时对可能出现的违规或违法的操作也必须制定严厉的惩罚与制裁的措施，由此才能保证学分银行的公正性与权威性，否则带来的负面影响不可想象。

（7）整合各种教育资源，实现多方合作。以上所论及的各项改革，其实都不是单凭一家机构就可以实现的，因此必须依靠国家与政府有关部门的顶层设计与政策支持。为了保证改革的有效与有序进行，政府就学分银行的创办还应当建立一个专门的机构，以使其能够具有协调各种教育资源的能力。此外，对于学分银行建设，由于涉及的是一项庞杂的系统工程，亦应当充分借鉴世界先进国家的有益经验，如资格框架系统的建立等，并进行充分论证研究之后才能谨慎实施。

二、 各类教育资源融通与连接的整体设想与建议

从目前我国社会发展的水平与程度来看，要为传统学校教育体系之外的其他教育形式建立完善的体制、机制，其关键之举就在于通过融通、连接并盘活既已存在于社会的各种教育资源，并实现快速发展。从各地的具体实践及取得的经验来看，进行模式创新则是实现这一目标的关键。目前值得借鉴的经验很多，其中电大转型介入社区教育、推动校外教育及文化机构设施的整合、建立校内外教育资源的联盟或共同体、搭建数字平台，乃至利用手机终端推进终身学习等都是值得推行的重要举措。

（一）电大转型介入社区教育

广播电视大学（以下简称电大），是“文革”后建立并遍布全国各地且扎根基层的成人高等教育机构，其长期承担着普通高等教育拾遗补缺的重要作用。但其当下却面临着两大困境：一是伴随“两基”教育的完全普及，高等教育的大众化以及“文革”后教育欠账的渐次“偿还”，成人正规学历教育的需求已不再迫切并日趋减弱，以致很多省级电大学历教育的生源数量大幅减少，质量也越来越差。二是传统成人教育的培养目标和办学模式早已不适合现代社会的发展，由此亦严重阻碍了广播电视大学的转型与发展。故此，如何在空间上寻求突破，在终身教育体系的构建中寻求发展契机，并通过机构转型继续发挥作用，则是当前电大发展面临

的严峻挑战和机遇。①

在终身教育体构建的难题中，我们已经指出，以社区教育为代表的“校外教育体系”因体制机制长期面临的发展困境，尤其是资金投入、基础设施、专业队伍的匮乏，已经严重束缚了其内涵发展与功能发挥。因此，能否利用电大自身已有的平台优势转型投入社区教育，或通过社区教育的推动来促进电大的结构性转型，这无疑让正在寻求摆脱困境的电大与社区教育管理者们都找到了一种新的发展契机与窗口。从电大介入社区教育的实践基础来看，由于电大原本就以成人教育为基础，且有覆盖全国城乡的立体办学点，教师队伍也非常庞大，系统优势十分明显，因此由电大转型发展社区教育确实具有非常大的成功可能与实践空间。②

但是电大毕竟是一个特定历史时期产生的教育形态，真要实现转型，还必须完成以下改革举措。

1. 推进办学理念的更新③

终身教育理念的构想之一是实现办学形式的多元化。现代教育与传统教育的不同之处，就在于它的包容性和多样性。在终身教育时代，教育的现代化决定了它的多元性与多样性原则的确立。换言之，基于终身教育理念建立的学习型社会建设目标，必须依靠多元化与多样性的教育才能实现。对此，终身教育体系的构建就既需要完善和优质的学校教育资源的基础，同样也需要广泛而丰厚的社会教育资源的加入，由此才能建立起一个基于终身教育思想的现代国民教育体系。诚如以上所述，电大的产生具有深刻的社会背景，长期以来其形成的也是以学历教育为主的办学模式。但随着高等教育大众化的进程，电大若仍然坚持单一化的学历办学理念，就将遭遇明显的生存危机。故此，转换思路，尽快实现办学模式的转变，即基于终身教育的理念，服务于民众多样化的学习需求，且在原来单一型学历教育的基础之上，拓宽办学思路，把创建融合学历与非学历教育的社区大学作为电大发展的新契机，这是电大转型的可取之路。

需要指出的是，社区教育是基于公益性原则开展的教育活动，同时社区教育也是构建终身教育体系的重要组成部分，推进社区教育可以加强与学校教育的连

①②③ 吴遵民、陈玉明：《电大转型社区教育何以可能》，《开放教育研究》2015 年第 3 期，第 106—112 页。

接并提升国民的整体素养，因此电大转型发展社区教育，乃是实现终身教育理想的重要一环。但电大若转型社区教育，以下观念必须同时坚持。一是必须坚定公益性的原则，即电大转型须与肩负教育使命、提升国民素养联系在一起。诚如陈至立所指出的："电大要着眼于我国教育的发展全局，主动适应日趋广泛和不断变化的社会需求，提升电大教育为经济社会发展服务的能力，使电大成为终身教育体系的主体之一。"①二是需要坚持开放办学的原则。电大一直秉持开放的办学思想，若电大转型社区教育，就必须进一步坚持制度开放、对象开放、教学人员开放、课程选择开放、学习媒体开放、学习方法开放、学习环境开放和教学模式开放的原则。因为唯有坚持开放的理念，电大才能形成与社区良性互动的关系，才能适应社区居民的学习需要，并最终走向社会、走向民众、走向终身学习的学习型社会。

2. 构建双赢的办学体制②

就电大转型社区大学的现状来看，大多实行的是"两块牌子、一套人马"的办学体制。这一做法比较有利于电大拓展办学功能和发挥原有的资源优势，同时又能起到优化办学机制，拓展资源整合及实现效益最大化的双赢目标。一方面，电大向社区教育延伸，可以起到拓展电大教育领域，促进电大内部改革的功效。虽然从表面上来看，转型社区教育不一定马上会带来经济效益，初始阶段甚至还可能需要经费的投入，但其产生的社会效益却是深远的。另一方面，电大转型社区教育还可以产生以下五个方面的影响：一是电大开展社区教育可产生品牌效应，更多的社区居民会因此了解电大、认识电大，并由此扩大社会的知名度，使电大在服务社区的过程中提升自身的社会地位；二是电大开展社区教育亦可反哺电大学历教育的发展，对扩大电大学历教育的生源也可起到促进作用；三是电大开展社区教育又为学历与非学历教育的融合开创了先例，其也可为电大开展非学历型的社区教育积累宝贵经验；四是电大开展社区教育还可拓展教师的多元能力、提升师资的综合实力；五是电大对社区教育的介入，可促使电大教师从原来的学科型、专业型、课堂型教师，向教养型、培训型、指导型教师的专业方向发展，由此形成复

---

① 陈至立：《以"三个代表"重要思想为指导开创电大教育新局面——纪念邓小平同志批准创办电大25周年》，《中国教育报》2003年2月8日。

② 吴遵民、陈玉明：《电大转型社区教育何以可能》，《开放教育研究》2015年第3期，第106—112页。

合与多元的新型师资队伍，从而使电大不仅在学历教育层面而且在社区教育、职业技能培训等多个领域确立主导地位。总之，电大与社区教育的联手与合作，既可以促进各类教育资源的有效整合与优化，同时还可以通过学习手段和教育方式的改革与创新，从而实现合作双赢、共同发展的美好前景。

3. 重新定位电大的教育目的及培养目标①

电大自创办以来，一直坚持面向地方、面向基层、面向农村、面向边远和少数民族地区的办学方针，因此亦实现了培养“下得去、留得住、用得上”的应用型高等专门人才的目标。然而，新型社区大学则因为社区教育对象的广泛性而决定了其培养目标的不唯学历、不唯专业。换言之，社区教育归根结底是一种以满足基层民众各种学习需求为目的的教育活动，因此提高居民综合素质，增强公民社会自觉意识，以及提升个人生活品质乃至精神情趣就成了新型社区大学的教育宗旨。根据以上分析，电大转型以后，原有的培养目标仅针对学历教育就显得狭隘，因此需要根据社区教育的目的重新定位和拓展培养方向，以使其人才培养的方针最终服务于终身学习时代的发展需要。

4. 实现办学模式的部分转型②

如果电大的部分功能确实趋向转型社区大学，就还必须实现办学模式的部分转型，以实现多样化发展的路径。具体地说，电大可以抽出一部分力量来举办社区教育，于是就需要对完全学历教育为主的办学模式进行转换，即积极研究如何转向以职业教育、继续教育、补偿教育、教养教育和闲暇教育等为主要内容的社区教育的办学方式，同时建立起融合学历教育与非学历教育、职业教育与闲暇教育为一体的新型“大教育”办学模式。对此，电大首先需要转换思路，突破传统学历教育的办学意识，并以创建学分银行制度为核心，构建新型社区大学的办学机制。由此打破学历和非学历教育、毕业证书与职业资格证书、学科课程与培训课程之间的壁垒与阻隔，从而使电大实现全方位服务终身教育体系的新目标。

5. 推进管理模式的持续变革③

就当今我国社区教育的管理体制而言，一般仍由地方政府集中管理与协调。

①②③ 吴遵民、陈玉明：《电大转型社区教育何以可能》，《开放教育研究》2015 年第 3 期，第 106—112 页。

但是，未来的发展趋势则应逐渐转向以公共治理为主。换言之，当基层的社区教育形成并发展到一定规模之后，如何建设起一个民主的、有效的，并以地方自治为主的行政管理体制，则是保障社区教育得以健康和正常发展的关键。为了实现这一目标，现阶段首先需要在政府主导下建立起政府与社会互动、公权力与民间力量互补的管理体制与运行机制，以充分利用国家和民间两方面的力量来共同参与社区建设，并由此形成双赢并举的局面。由于社区教育的运作主要依靠基层政府（街道、乡镇），其管理体制亦隶属于基层政府以及区县教育行政部门。而电大则归属于省市一级政府的教育行政部门，因此电大转型社区教育，就首先需要理顺电大的管理体制。笔者认为，新型社区大学的管理归属可以保持现状，但在具体管理机制上，必须将基层政府的力量纳入其中，由此可以充实社区教育的推动力量。另外，政府的管理职能也应进行相应变革，即变管理为治理、变约束为监督、变控制为服务。换言之，政府职能部门将肩负起对社区教育的支持、推进与援助的作用，其功能则主要集中在宏观管理层面，如政策制定、经费划拨、质量监管以及统筹协调等。而具有自主性质的社区大学，则主要负责社区教育的内容企划、设施运营和教育活动的开展。由于我国社区教育目前尚处于推进发展的阶段，其管理与运行还主要依靠政府，因此相对而言公权力仍然是最有效的推动力量。然而，随着社会全面转型和社区教育的深入发展，未来社区教育亦将开创新的局面，届时将在政府的主导下出现多方协作、官民共同推进的格局。彼时管理模式也将会随之发生变革，即由一般性的行政管理与粗放型的管理模式逐渐走向学习管理和精细管理。笔者认为这种管理模式的变革将是持续的，且根据社区教育发展的程度与时俱进地不断得到调整和完善。

6. 重建复合型的教师团队①

如前所述，电大转型社区教育的困境之一来自师资队伍，而这又正是建设社区教育的成败关键。换言之，只有建设一支能够服务于社区教育的师资及专职管理队伍，电大的转型才可能成功。但若要完成师资队伍的建设，电大就首先需要转变一部分教师的传统意识。例如改变传统专业授课的形式，而转为策划、运作、

① 吴遵民、陈玉明：《电大转型社区教育何以可能》，《开放教育研究》2015 年第 3 期，第 106—112 页。

推进等服务型、推进性的工作。而熟悉并深刻了解社区教育的运作方式及提升社区教育理论水平，则是建设一支专业队伍的关键。具体而言，一是可以采取“培养＋引进＋聘请”的建设模式，即构建一支专兼职结合、素质全面、结构多样的师资队伍。二是通过培训和转型，充分挖掘电大原有专职教师的潜能，培育其从事社区教育的能力。三是可以引进具有社区教育工作经验的兼职教师，或与大学联合培养从事社区教育的专业人才，以逐步完善电大原有师资的智能结构。

（二）校外教育及文化机构设施的统合

终身教育体系的构建除了国家层面的顶层设计、运筹帷幄，比如以上所述的制定政策、酝酿立法、设置专门推进机构以外，基层的实践活动也非常重要，其同样起到推进体系构建的重要作用。以上介绍了电大转型社区教育的设想，以下笔者将再介绍一些源于基层、服务于基层的地方型终身教育推进活动与形式，以供有关部门及读者参考。

为了拓展市民自主学习的平台，创新市民学习方式，丰富市民学习内容，上海市通过整合社会优质公共文化和教育资源，尤其是整合高校、文广、社会组织等各类资源，以服务于市民的终身学习。如近几年来，上海市教委联合上海市精神文明建设委员会办公室、上海市文化广播影视管理局等部门，通过“上海市民终身学习体验基地”（以下简称市民体验基地）的建设、以及“人文行走学习链和学习圈”（以下简称人文行走）的建设，构建了强强联合、协同推进的多样化资源整合模式，其积极依托现有的场地、设施设备和优良的公共教育服务资源，为市民搭建起了多元化的终身学习平台。同时，以此为契机，还进一步引发了探索校外教育及文化机构设施整合的热潮，也为地区性终身教育氛围的形成提供了实践的基础。

1. 市民终身学习体验基地

2013 年，上海市社区教育重点实验项目——“整合社会资源，创新市民学习路径的实验”正式立项，市民体验基地的推进亦开始同步启动。6 月 9 日，上海市正式为红色文化、科普教育、文化艺术、智慧生活、海派文化、服饰文化、陶艺制作、创意手工 8 个市民体验基地挂牌（见表 7-1）。需要指出的是，八大市民体验基地还通过了“1＋N”（一个基地多个站点）模式推动了市民体验基地在空间上的延伸与覆盖。具体来说，一是推动了体验基地跨区域设立站点，如创意手工体验基地跨越了 6 个区县并设立了 25 个体验站点，由此实现了市民体验基地的延伸与覆盖。二是“一地多点”的特点，在一地通过组团共建、强强联动拓展体验学习的类型与内容等方法，推进了社区教育的深入开展。如科普教育体验基地，就同时设立了“生活类、综合类、亲子类、科学艺术类、安全类、生态类、城市发展类”七大类别的科普教育学习体验站，并构建了完整的科普学习体系，以尽可能地同时、同地满足更多不同类型、不同层次人群就近参与体验学习的机会。

表 7-1　上海市八大市民终身学习体验基地

基地名称	内　　容
红色文化体验基地	利用陈云故居暨青浦革命历史纪念馆爱国主义教育基地得天独厚红色资源优势，融入开放型的终身教育资源体系。围绕伟人陈云同志的生平业绩，设计“看、听、赏、咏、颂、书、忆、品”伟人的“八个一”系列教育实践体验项目，让市民通过互动式体验，走近伟人，弘扬红色文化
科普教育体验基地	现有上海科技馆、上海城市规划展示馆、上海公安博物馆、上海昆虫博物馆、上海消防博物馆、上海纺织博物馆、上海市禁毒科普教育馆、上海邮政博物馆、上海集成电路科技馆、上海中医药博物馆十个科普专业场馆组成，基地旨在以优质科普教育资源，体验式学习理念，为市民构建一个开放、互动的终身学习科普平台
文化艺术体验基地	整合文广系统优质文化、文物、广播、电影、电视等优质资源，首批设六个体验站：中华艺术宫、上海当代艺术博物馆、刘海粟美术馆、上海世博会博物馆、上海文化广场和上海戏曲艺术中心，它们将成为上海市民体验优秀文化艺术的平台
服饰文化体验基地	设在东华大学，基地依托东华大学优质教育资源为市民终身学习提供优质服务，现有设施包括：上海市纺织服饰博物馆、时装表演展示厅、上海老年教育时装表演艺术教学研究社，基本能满足市民对中国服饰文化的了解和探求
陶艺创作体验基地	地处上海第二工业大学应用艺术设计学院，拥有独立的教学大楼和丰富的实验实训场所，其中陶艺工场、琉璃艺术工场是两个比较有特色的实验场所，经过不断建设，目前已全面运作
智慧生活体验基地	设立于上海市科技艺术教育中心内，基地建有 Wi-Fi 体验教室、平板电脑工作室、智能家庭体验室和数码创作棚等，为广大市民打造体验现代信息技术和现代智能生活方式的学习平台
海派文化体验基地	由聚民族工业文化和现代文化艺术的外滩老码头，集老城厢文化的三山会馆、文庙，汇精致“中华老字号”文化的天宝龙凤金银珠宝有限公司旗舰店、红房子西菜馆等体验点组成，面向全体市民开设包括现代文化艺术、老城厢文化和中华老字号文化在内的三大体验项目，共十项特色体验内容
创意手工体验基地	基地以体验式的教学理念，为市民创设内容丰富、生动直观、开放灵活、创意无限的学习平台。下设创智木艺体验馆、创意布艺体验馆、创新纸艺体验馆和创意手工优秀作品展示厅。

就上海市民体验基地取得成果来看，一是体现了资源融合发展的特点。①如从活动构成来看，红色文化体验基地是依托了陈云故居暨青浦革命历史纪念馆的场地；科普教育体验基地是依托了上海科技馆、上海公安博物馆、上海昆虫博物馆、上海消防博物馆等数十个专业场馆；文化艺术体验基地则依托了中华艺术宫、上海当代艺术博物馆等文化、文物、广播、电影、电视等优质资源；服饰文化体验基地、陶艺创作体验基地又依托了东华大学、上海第二工业大学的应用艺术设计学院等高校优质教育资源；海派文化体验基地和创意手工体验基地则由黄浦区、闵行区社区学院承办建设，他们利用区县教育行政部门和社区教育网络的资源整合优势，统筹协调区域内优质教育资源为市民搭建起多元化的终身学习体验平台。总之，市民体验基地覆盖了不同领域的行业资源、人文教育资源、高校资源、社区资源、校外教育资源，同时立足上下联动、统筹协调的运作机制，再通过组合、拓展、开放、共享和优化等办法，围绕“扶持、培育、激励、引导”的原则，打破资源围墙，主动开放对接资源，由此实现了资源整合、融合发展的大好趋势。

在上海市市民体验基地建立之初时，共设立了42个体验站点、96个体验项目，组织各类体验活动1 508次，参与人数961 400多人；②而到了2017年，上海市8个市民体验基地体验站点就已拓展到129个，体验项目扩大到677项，接待市民学习体验的人数亦上升到204万多。显而易见，市民体验基地取得了显著的成效。

表7-2　上海市民终身学习体验基地2017年度运行情况统计③

体验基地	站　点	项　目	常态体验	专题体验	人次
红色文化	26	26	1 890	16	800 000
科普教育	20	127	3 048	468	757 876
文化艺术	29	218	2 001	536	280 373

① 周嘉方：《“终身学习体验基地：上海市民学习路径创新”研究报告》，《江苏开放大学学报》2016年第3期，第30—38页。

② 上海市学习型社会建设与终身教育促进委员会办公室、上海市学习型社会建设服务指导中心：《上海学习型社会建设(2013)》，上海：上海人民出版社2014年版。

③ 上海市学习型社会建设与终身教育促进委员会办公室、上海市学习型社会建设服务指导中心：《上海学习型社会建设(2017)》，上海：上海人民出版社2018年版。

续表

体验基地	站　点	项　目	常态体验	专题体验	人　次
海派文化	11	25	467	63	70 377
智慧生活	7	35	548	63	73 341
陶艺创作	2	8	96	5	5 869
服饰文化	4	18	172	4	11 000
创意手工	30	220	268	12	44 060
合　计	129	677	8 490	1 167	2 042 896

2. 人文行走学习链和学习圈

2017年，上海市又率先在杨浦、宝山、普陀三区开展了“申城行走，人文修身”的终身学习活动，此举得到了广大市民的响应和参与。其中，杨浦区推出的“三个百年”、宝山区举办的“行知教育线路”、普陀区倡导的“真如寺线路”等人文行走线路，都已经成为普通市民“人文行走”的热门路线（见表7-3）。在2018—2020年间，上海市将逐步在全市16个区完成“人文修身”学习点的设置，同时继续推出红色文化、海派文化、江南文化等重点修身行走线路，并基于市民修身线路和修身示

表7-3　“申城行走，人文修身”人文行走学习路线①

区县	路　线　构　成
杨浦区	围绕“三个百年”打造的“一点一线一圈”路线图已初具规模。其中，国歌纪念广场、东方渔人码头、杨浦水厂、裕丰纺织株式会社和定海路桥“五个学习点”串联起百年工业行走路线，复旦大学学习点已启动，杨浦图书馆、体院绿瓦楼（原上海市政大楼）、江湾体育场等也将建成学习点，串联成行走圈
普陀区	宜川路街道、真如镇街道和桃浦镇等三个街镇先行先试，形成技能体验类、爱国教育类、科学普及类、艺术教育类、历史建筑类、非遗传承类六大类52个“人文行走”学习点，有近万人参与学习
宝山区	以“三源”为基础设计的人文行走路线面向学生和市民进行开放式教育，其中，从淞沪铁路、吴淞炮台旧址、长江河口科技馆、淞沪抗战纪念馆、陈化成纪念馆挖掘淞沪抗战之源；从行知中学、育才旧址、行知公园、行知纪念馆探寻行知教育之源；从尊木会、奇石馆、顾村公园等感受民俗文化之源

① 《申城打造人文行走学习链和学习圈　明年将扩展至16个区》，上海教育新闻网. http://www.shedunews.com/zixun/shanghai/zonghe/2018/07/05/2095920.html 2018年7月5日。

范点的基础，推出一批示范性路线，以推动申城人文行走工作进社区、进学校、进企业、进网络，并由此推动党员干部、在校学生、企业职工、社区居民、外来务工人员，以及外国友人等各类群体参加各种主题鲜明、内容生动、形式多样的教育实践活动。其目的是在全市打造一批人文行走学习圈，构建一批人文行走学习链，从而引导市民修身律己、学以致用、知行合一，传承历史文脉，留住城市记忆，以最终达到丰富市民终身学习和修身养性的目的。

在人文行走学习路线的设计过程中，上海市强调梳理区域资源，对区域文化地标和学习资源进行了深入研究，同时提炼出了能够体现时代特征、上海特色、区域特点的人文修身学习资源，并挖掘出一批具有文化性、科学性、历史性和教育性的学习要素，培育了一批人文修身学习点。而制定科学合理、顺畅便捷的行走路线，则是这一活动受到欢迎的关键因素之一。

以杨浦区人文行走学习路线为例。杨浦区立足“三个百年文明”（百年工业、百年大学、百年市政）的独有优势，将域内分布在杨树浦路滨江沿岸的大量近代工业遗存，以及复旦大学、同济大学、上海财经大学、上海理工大学等著名高校和五角场地区的民国“大上海计划”旧址等人文景观都纳入“人文行走”的学习资源范围。通过分析、筛选，最后选取了杨树浦水厂、杨树浦发电厂、北外滩渔人码头、复旦校史馆、体院绿瓦楼（原上海市政大楼）等一批最具代表性的优秀文物保护单位及文物保护点，并开发成杨浦“人文行走”活动的学习体验点。为了使市民能在“人文行走”中获得更好的学习体验，杨浦区学习型社会建设与终身教育促进委员会办公室，还聘请了区域内“人文公益讲坛”创立人、杨浦区终身学习形象大使樊阳，复旦大学党委宣传部副部长周鹏等专家组建了一支杨浦区“人文行走”项目的专家团队，专门负责“人文行走”线路的开发、设计和制定工作，经过研究，最终确定了“一廊一圈一点”三条“人文行走”线路，即“人文行走杨浦滨江百年工业学习长廊”“人文行走环江湾五角场百年市政学习圈”和“人文行走复旦大学学习点”。与此同时，还依托“区学习办-社区学校”两级管理，组建了一支由指导员、管理员、讲解员构成的高效团队，以帮助参与活动的市民，感受城区的文化脉搏。

显而易见，上海市的人文行走，关键在于挖掘上海城市丰富的文化内涵和历史积淀,同时通过统合与融合,使之成为市民终身学习的新途径和新方式,由此终身学习的影响力和覆盖面也得到了极大的加强。

(三) 区域内终身教育共同体的形成

共同体理论源于企业,国内关于教育共同体的讨论和实践兴起于 20 世纪 90 年代。而由地区内不同的教育机构通过发展共同体的方式,可以实现优势互补并成功建立合作共赢的资源共享联盟,由此亦为地区性终身教育体系的形成与发展提供了新的思路。

1. 形成终身教育共同体的基本特点

从理论上看,发展终身教育共同体将具有以下几个特点:

(1) 非正式组织。终身教育共同体是一种非正式组织,其由区域内各级各类学校、社会机构、民间非营利机构等通过共同接受并遵守的行为规则组成的共同体,其同时围绕鲜明而又松散的目标,实现资源的开放与共享。

(2) 扁平化管理。终身教育共同体打破了传统的科层制管理体制,采取同一层级扁平沟通的方式,即通过共同体成员之间的频繁交往,实现信息传递,迅速应对区域内学习者教育需求的良好局面。

(3) 多样性资源。终身教育共同体是以联盟的形式,以参与共同体机构的共同追求为基础而形成的,共同体正常运作的规则也是通过协商而产生,并且得到了共同体参与者的一致认可,因而也具有更为坚实的凝聚力,其既有利于实现共同体机构资源的共享,也有利于各参与者的优势互补与共同发展。

2. 发展共同体的运作机制

除推进共同体之间教育资源的相互融通之外,终身教育推广与学习型城市的创建,尤其是学校资源的开放与社区资源的联携都是共同体需要解决的课题。从各地的实践现场来看,为了实现这一目标,各地倾向于建立学校、社区的大联盟,并依托制度约束与协商机制,来进行长期有效的运作。针对地区性的实践运作,笔者以为需要进一步推动学校的开放与社区的联携,以下几个方面尤其需要关注。

(1) 制度建设先行,建立长效运作机制。

为了实现区域性的终身教育优势互补与协同发展,首先需要进行共同体的运作制度设计。就宏观层面来看，首先需要建立政府推进、社会参与的激励与保障机制；再从微观角度看，则必须完善共同体章程、规划、项目的申请流程及项目实施的细则等运作制度。

具体而言，各区域应当根据当地行政管理与资源分布的特点，以党委或政府作为牵头单位，以专项资金为保障，组建起以区域内各类文化机构、学校实体等为成员的共同体委员会，同时聘请相关领域的专家担任顾问，并通过制定相关政策制度，来凝聚各成员单位对联盟宗旨和价值目标的认同与共识，规范成员的权利与义务，同时建立共同体项目的申请及实施规范流程，指导成员在共同体内的各项活动，从而为提高共同体的工作效率提供必要保证。

（2）创新教育治理模式，完善多元合作机制。

从本质上看，任何共同体的建立，都是非政府组织的，并且不具备法人资质。共同体内的各成员单位虽然具备相互独立的法人资质，但要实现共同发展，就必须转变传统的治理方式，以为共同体之间的有效合作提供保障。

具体而言，在实践中一要注重推进治理模式的转变，即由传统的投入为主的管理模式，转向平台搭建为主的服务模式。一般来说，就是通过具体协商，为共同体成员建立彼此合作的规划决策机制、激励机制、评价反馈机制等保障机制，然后由各级各类机构结合自身的工作实际，资源及需求的不同，与共同体其他机构进行沟通，最终签订合作协议，并形成资源相互利用的合作项目，再根据相关的保障机制，分阶段、分步骤地推进各项工作，以最大限度地推进校际合作，实现效率的最大化。

实验证明，通过共同体制定的决策机制、激励机制、评价反馈机制而建立的家校合作、校际合作、校企合作、教研合作等新型治理模式，对于进一步推动各级各类机构实现终身教育资源的共建、共享都起到了十分有益的作用。其不仅使既有社会服务功能的范围和内容得到了拓展，而且使得学校与社区得到了有效的互动与促进，尤其是区域内整体教育资源的“存量”通过全方位的合作与共享而实现了“1＋1＞2”的“增量”效果。

（3）搭建供需对接平台，催化资源融合机制。

笔者认为，发展共同体的核心目标在于，实现区域内资源的融通，实现围绕全体居民的一生提供各种适合的优质教育服务。而这其中的关键因素就在于，共同体能够发挥“桥梁”的作用，能够链接区域内的各类资源与居民的实际教育需求。

为此，在实践活动的开展过程中，共同体发展的重心，就要放在搭建区域内教育供需的对接平台以及统筹协调的作用上。其一，是要围绕打破学校围墙，破除教育阻隔为目标，实现最大限度的教育资源共享与共用，其中包括将共同体的先进办学理念、管理模式、优质资源等辐射到共同体内的其他机构成员，以形成资源可以相互利用的如儿童大学、少年创客、芳香校园、海洋文化讲堂、图书共享课堂等具体项目，让所有人都可以依托学前教育、基础教育、中学教育、高等教育及继续教育等资源，为自身发展打开新的局面，积累新的经验。其二，是区域内的所有资源都能够融入教育现场，以为一些个性化的学习者提供特别的资源支撑与实践支持。例如各类文化机构、企业单位、社会场景等都能成为学校知识的源头与归宿，同时帮助每一位学习者连接起“理论”与“实践”、“学习”与“生活”、“学校”与“社会”、“成长”与“未来”。

结束语

在行将结束本课题研究之际，笔者还欲就以下问题提出建议。第一，就中国终身教育体系的整体构建来看，首先必须对陈旧的教育理念与教育观念进行革新，也即必须对制度化教育发展以来的教育形态及教育活动进行反思和重构。换言之，我们一贯以来都把教育活动限定于学校的认识需要予以突破，而在时间与空间上给教育以发挥更大作用的场域，并且从人的一生发展的维度来重新思考和认识教育活动的价值、目标与基础。第二，需要理解终身教育体系构建之本身，实际上就是一场对传统教育制度进行再突破的重大变革。换言之，它不是对现有教育体系的小修小补，而是需要通过一种宏观的改革思维去对现有教育体系进行重新整合、链接与融通。而要实现以上目标，就要在教育管理体系及制度上予以突破，即从顶层设计的高度来对教育活动的类型、内容、结构及各类教育之间的关系重新进行定位及调整，而把各种不同类型、不同体制、不同归属的教育活动予以联结与融通的手段及途径就是大力搭建各种类型的终身教育“立交桥”。“立交桥”的形式可以是多种多样的，如正在探索中的学分银行、终身学习卡、网上学校等都在考虑范围之中并有待进一步的完善与发展。第三，终身教育体系的构建还必须依靠国家政策的推进与立法的保障。在对现有的教育制度进行改革之际，其本身亦会涉及错综复杂的制度矛盾乃至利益的博弈与资源的再分配，而要突破上述制度困境与障碍，就必须依靠政策的指引与立法的保障。换言之，在充分了解教育现状的基础上，通过大手笔的制度改革与机制重建，则是推进终身教育体系得以成功构建的重要基础。第四，终身教育体系的构建不仅需要各类正规学校教育的发展与支持，还更需要通过对非正规的乃至非正式的教育活动的繁荣与推进才能实现，而这也是体系构建最为重要的支持基础。因为如果没有学校以及学校外教育的兴旺发达，体系的构建就会陷入“巧媳妇难为无米之炊”的困境。因此，在继续发展学校教育的同时，加大力度促进社区教育、继续教育等其他教育形态的蓬勃发展，对于终身教育体系的构建不仅十分重要，而且至为关键。

总之，终身教育体系的构建既是一个宏伟的远大目标，同时也是一个实实在在的实践探索与推进的过程，其既需要全社会的意识转变和各类教育活动的蓬勃发展，同时也需要通过顶层设计以实现制度性的突破。而只有通过来自实践的变革与点滴经验的积累，其才可能最终实现社会民众的意识转变。

笔者认为，我们只有上下一心、官民携手、共同努力，终身教育体系构建的宏伟目标才有可能逐步实现，而为社会民众提供范围更加广泛、内容更加多样、质量更加上乘的学习型社会的发展目标也才有可能最终得以实现。

主要参考文献

1. 陈乃林:《面向 21 世纪中国终身教育体系研究》,北京:高等教育出版社 2002 年版。

2. 贺宏志:《我国终身教育体系及其推进策略研究》,北京:首都师范大学出版社 2013 年版。

3. 何齐宗:《教育的新时代——终身教育的理论与实践》,北京:人民教育出版社 2008 年版。

4. 刘汉辉:《我国终身教育体系研究》,北京:人民出版社 2012 年版。

5. 孙世路:《回归教育论》,载瞿葆奎:《教育学文集・教育制度》,北京:人民教育出版社 1990 年版。

6. 王洪才:《终身教育体系的建构》,厦门:厦门大学出版社 2008 年版。

7. 王琪:《终身教育体系的衔接问题研究》,厦门:厦门大学出版社 2014 年版。

8. 吴遵民、黄欣:《实践终身教育论》,上海:上海教育出版 2008 年版。

9. 吴遵民:《现代国际终身教育论》,上海:上海教育出版社 1999 年版。

10. [美]伊利亚斯等:《成人教育的哲学基础》,高志敏译,北京:职工教育出版社 1990 年版。

11. [英]诺曼・朗沃斯:《终身学习在行动——21 世纪的教育变革》,沈若慧等译,北京:中国人民大学出版社 2006 年版。

12. [法]保罗・朗格朗:《终身教育引论》,周南照、陈树清译,北京:中国对外翻译出版公司 1985 年版。

13. [瑞士]查尔斯·赫梅尔:《今日的教育为了明日的世界》,王静等译,北京:中国对外翻译出版社 1983 年版。

14. [以色列]赫拉利:《未来简史》,林俊宏译,北京:中信出版社 2017 年版。

15. [法]雅克·德洛尔等:《教育——财富蕴藏其中》,联合国教科文组织总部中文科译,北京:教育科学出版社 1996 年版。

16. 经济合作与发展组织:《教育政策分析 2001》,谢维和译,北京:教育科学出版社 2003 年版。

17. 联合国教科文组织国际教育发展委员会:《学会生存——教育世界的今天和明天》,华东师范大学比较教育研究所译,上海:上海译文出版社 1979 年版。

18. 国务院:《国家教育事业发展"十三五"规划》,中国政府网,http://www.gov.cn/zhengce/content/2017-01/19/content_5161341.htm,2017 年 9 月 4 日。

19. 中国互联网络信息中心:第 41 次《中国互联网络发展状况统计报告》,中国互联网络信息中心,http://www.cnnic.cn/hlwfzyj/hlwxzbg/hlwtjbg/201803/t20180305_70249.htm 2018 年 3 月 5 日。

20. UNESCO:《关于发展成人教育的建议书》联合国教科文组织网站,http://www.uneseo.org/new/zh/uneseo/resourees/Publications/unesdoc-database/, 1976 年。

21. 常咏梅:《运用现代远程教育网络构建终身教育体系》,《电化教育研究》2003 年第 11 期,第 50—53 页。

22. 陈乃林、许益军:《关于公民"终身教育和学习型社会"认知与践行状况的实证研究——基于江苏省南京市的调查》,《教育发展研究》2007 年第 10A 期,第 75—79 页。

23. 冯国红:《我国终身学习现状的省思——基于南京市的调查》,《河北大学成人教育学院学报》2014 年第 4 期,第 40—44 页。

24. 冯丽华、段建、杨玉宇:《成人学习动机调查及分析》,《中国成人教育》2010 年第 16 期,第 106—107 页。

25. 顾明远、石中英:《学习型社会:以学习求发展》,《北京师范大学学报》(社会科学版)2006 年第 1 期,第 5—14 页。

26. 胡家祥:《马斯洛需要层次论的多维解读》,《哲学研究》2015 年第 8 期,第 104—108 页。

27. 李兴洲、耿悦:《从生存到可持续发展:终身学习理念嬗变研究——基于联合国教科文组织的报告》,《清华大学教育研究》2017 年第 38 期,第 94—100 页。

28. 刘波:《终身教育立法的理论与实践:现状、困境及对策》,《中国职业技术教育》2016 年第 23 期,第 17—25 页。

29. 刘剑青、方兴、马陆亭:《从终身教育(学习)理念到学分银行建设》,《中国电化教育》2015 年第 4 期,第 132—135 页。

30. 谈松华:《建设学习型社会与教育信息化》,《中国远程教育》2003 年第 19 期,第 5—8、78 页。

31. 汤林春:《关于上海市市民终身学习状况的调查》,《上海教育科研》,2014 年第 4 期,第 5—9 页。

32. 王海东、王全珍:《全球视野下终身学习的理念与发展测评》,《中国远程教育:综合版》2017 年第 8 期,第 12—18 页。

33. 吴冠军:《人工智能与未来社会:三个反思》,《探索与争鸣》2017 年第 10 期,第 10—13 页。

34. 吴国、叶必锋:《海峡两岸终身教育发展的比较研究》,《远程教育杂志》2013 年第 2 期,第 100—106 页。

35. 吴康宁:《破除学校神话,走向学习化社会——《去学校化社会》译者导读》,《教育学报》2017 年第 13 期,第 121—128 页。

36. 吴遵民:《中国终身教育体系整体构建的策略与思考》,《江苏开放大学学报》2015 年第 6 期,第 5—9 页。

37. 吴遵民:《中国终身教育体系为何难以构建》,《现代远程教育研究》2014 年第 3 期,第 27—31 页。

38. 徐莉、王默、程换弟:《全球教育向终身学习迈进的新里程——“教育 2030

行动框架”目标译解》,《开放教育研究》2015 年第 6 期,第 16—25 页。

39. 杨晨、顾凤佳:《国外学分银行制度综述》,《中国远程教育》第 2014 年第 8 期,第 29—39 页。

40. 叶澜:《终身教育视界的深刻意蕴:全时空性的全人发展》,《人民教育》2017 年第 1 期,第 13—18 页。

41. 于燕、弓鸿午、施径科:《广州居民终身学习的需求分析与对策研究》,《广州广播电视大学学报》2016 年第 5 期,第 1—6 页。

42. 苑大勇:《国际组织终身学习理念阐释与政策发展》,《成人教育》2012 年第 12 期,第 18—21 页。

43. 张科丽、吴雪萍:《欧洲终身学习指标体系初探》,《教育发展研究》2012 年第 9 期,第 61—65 页。

44. 张伟远:《我国终身学习立交桥的搭建:基于国际的视野》,《中国远程教育》2014 年第 6 期,第 28—32、95—96 页。

45. 郑勤华、马东明、陈丽等:《北京市成人“终身学习素养”现状及特征分析——基于 2012 年大规模抽样调查数据的探讨》,《现代远距离教育》2014 年第 1 期,第 3—15 页。

46. 朱敏、高志敏:《终身教育、终身学习与学习型社会的全球发展回溯与未来思考》,《开放教育研究》2014 年第 1 期,第 50—66 页。

47. Bank, W., Washington & Network, D.H.D., *Lifelong learning in the global knowledge economy: challenges for developing countries*. World Bank Publications(1), 2003, 161.

48. Bolly, M. & Jonas, N., *Action research: measuring literacy program participants' learning outcomes: Results of the final phase(2011—2014)*. Retrieved September 14, 2017, from http://unesdoc.unesco.org/images/0023/002351/235159e.pdf, 2015。

49. Bruno Latour, *Pandora's Hope: Essays on the Reality of Science Studies*, Cambridge, Mass.: Harvard University Press, 1999.

50. Bruno Latour, *Politics of Nature*: *How to Bring the Sciences into Democracy*, *trans*. Catherine Porter, Cambridge, Mass.: Harvard University Press, 2004.

51. Giorgio Agamben, *The Fire and the Tale*, *trans*. *Lorenzo Chiesa*, Stanford: Stanford University Press, 2017.

52. Gorard, S. & Selwyn, N., (2005). Towards a learning society? the impact of technology on patterns of participation in lifelong learning. *British Journal of Sociology of Education*, Vol.26, No.1, 2005. p.71—89.

53. Hoskins, B., Cartwright, F. & Schoof, U., Making lifelong learning tangible: the ELLI index Europe 2010. *Blood*, Vol.87, No.10, 2010, p.335—340.

54. Karen Barad, *Meeting the Universe Halfway*: *Quantum Physics and the Entanglement of Matter and Meaning*, Durham: Duke University Press, 2007.

55. OECD. (2012). Program for the International Assessment of Adult Competencies. Retrieved October 23, 2017, from https://nces.ed.gov/surveys/piaac/.

56. Office U.B. (2016). *Community-based lifelong learning and adult education*: *situations of community learning centers in 7 Asian countries*. Retrieved October 28, 2017, from http://unesdoc. unesco. org/images/0024/002464/246480e.pdf.

57. Richard Edwards, "Lifelong Learning: A Post-human Condition?" David N. Aspin, Judith Chapman, Karen Evans, RichardBagnall (eds.), *Second International Handbook of Lifelong Learning*, London: Springer, 2012.

58. Tara Fenwick and Richard Edwards (eds.), *Researching Education Through Actor-Network Theory*, Chichester: Wiley-Blackwell, 2012.

59. [日]小川利夫:『教育福祉の基本問題』,東京:勁草書房 1985 年版。

60. [日]小川利夫:『教育福祉とは何か』,小川利夫、高橋正教:『教育福祉論入門』,東京:光生館 2001 年版。

61. [日]吉岡真佐樹:『教育福祉専門職の養成と教育学教育』,『教育学研究』2007 年第 74 巻第 2 号。

62. [日]寺中作雄:『公民館の経営』,1947 年,横山宏、小林文人:『公民館史資料集成』,東京:エイデル研究所 1986 年版。

63. [日]松田武雄:『現代社会教育の課題と可能性[新装版]』,福冈:九州大学出版会 2009 年版。

64. [日]村田正幸:『「あとがきにかえて」「地域づくり推進」への実践から』,東京:社会教育資料集刊行委員会 2008 年版。

65. [日]齋藤俊明:『「訳者あとがき」ノーマン・ベリー福祉　政治哲学からのアプローチ』,京都:昭和堂出版株式会社 2004 年版。

66. [日]熊谷五郎:『最近大教育学』,東京:同文館出版株式会社 1903 年版。

67. [日]川本宇之介:『デモクラシーと新公民教育』,東京:中文館書店 1921 年版。

68. [日]川本宇之介:『社会教育の体系と施設経営　体系篇』,日本:最新教育研究会 1931 年版。

69. [日]宮原誠一:『社会教育』,東京:光文社 1950 年版。

后　记

2015 年,“中国终身教育体系构建的路径与机制研究”成功获得国家社科基金教育学重点项目立项。对于终身教育体系构建的整体研究与思考,不仅是推进终身教育思想融入中国本土实践的重要过程,而且也是践行党和政府多年来提出的完善现代国民教育体系、构建终身教育体系重大命题的现实回应。

虽然从终身教育思想传入中国的时间来看其并不很长,但它却很好地契合了中国改革开放以来党和政府对教育发展战略的总体设想,即立足于国民整体素质提升的立场,促进多样化学习需求的满足,以最终为国家宏观经济的发展,和谐社会的建设,以及人民生活质量的提升奠定基础。无疑,上述价值取向的基本内容和目标与联合国教科文组织所倡导的以保障公民学习权为主要导向的终身教育理念基本一致,而终身教育体系的构建也是我国建设学习型社会总体战略目标的一个重要组成部分。

历经三年的思考和研究,笔者及研究团队对这一问题终于有了一个比较清晰的认识与深入的思考,课题研究的过程也可以说是一次回顾国际终身教育理念是如何传入中国,以及从理论探索到实践发展又是如何深入进行的探究历程。因此在探讨关于终身教育体系应该如何构建的研究中,我们不仅看到了理论研究的深入、决策层对于终身教育思想的理解,同时也非常欣喜地看到了终身教育实践在中国本土的繁荣发展。固然其中仍然面临着一些认识上的误区、资源整合方面的壁垒、实践推进中的困境等问题,而正是在这样的背景之下,为了进一步寻求制度层面的整体变革，终身教育体系构建的课题也就被提上了议事日程。换言之，终身教育体系的构建实际上就是对传统制度化教育的反思，其涉及的是教育意识的转变，以及各种教育资源壁垒的突破。这就既需要来自政府的顶层设计，同时也需要依靠一线实践工作者的经验积累，而如何创建一种体制机制以顺利打通各种不同教育形态之间的阻隔与障碍，则成为了构建终身教育体系的关键之所在。

课题组有幸邀请到了对这一问题有着丰富研究经验与实践积累的专家学者，他们各自从不同的思维角度与理解层面去对终身教育体系的构建提出了具有创建性的整体设想与具体思考。本课题的第一章由吴冠军撰写（吴遵民参与了其中部分内容的撰写）；第二章由马丽华、黄家乐、周丹撰写；第三章由末本诚、松田武雄、贝文力、李正连、赵长兴、张咪撰写（何珊、马丽华承担了部分日文的翻译任务）；第四章由黄欣撰写；第五章由张宝辉、张翠珠、沈霞娟、赵华、国卉男、邓璐撰写；第六章由曾宁、王群利、张宝辉撰写；第七章由吴遵民、赵华、邓璐撰写。本人作为课题组组长和首席专家，对课题的整体设计，各子课题之间的衔接与融合，重要观点及对策建议的提出与提炼进行了纲举目张的整体把握及彰显，同时对研究总报告的最后形成进行了系统的梳理、修改与完善等工作，最终还就课题总报告转换为专著的改编承担了主要职责。

在课题顺利完成之际，本人要特别感谢上海人民出版社副社长朱旗、责任编辑陈博成，正是他们的精心策划，精益求精的精神，才使本书得以顺利面世，他们的专业精神令作者肃然起敬。

本书的出版希望能够为决策者提供一种构建终身教育体系的全新思路，同时也为终身教育理论的研究及体系的构建展现一种新的视角，以最终为终身教育的本土实践作出重要而有意义的贡献。

吴遵民

2018 年 11 月 3 日

于上海华东师范大学

图书在版编目(CIP)数据

现代终身教育体系论:中国终身教育发展的路径与机制/吴遵民等著.—上海:上海人民出版社,2019
ISBN 978-7-208-16022-4

Ⅰ.①现… Ⅱ.①吴… Ⅲ.①终生教育-教育体系-研究-中国 Ⅳ.①G729.2

中国版本图书馆 CIP 数据核字(2019)第 168284 号

责任编辑 陈博成
封面设计 夏　芳

现代终身教育体系论
——中国终身教育发展的路径与机制
吴遵民 等著

出　　版 上海人民出版社
(200001　上海福建中路 193 号)
发　　行 上海人民出版社发行中心
印　　刷 常熟市新骅印刷有限公司
开　　本 720×1000　1/16
印　　张 19
插　　页 5
字　　数 272,000
版　　次 2019 年 12 月第 1 版
印　　次 2019 年 12 月第 1 次印刷
ISBN 978-7-208-16022-4/G·1982
定　　价 88.00 元